# 대한민국
# 미래교육 콘서트

# 대한민국 미래교육 콘서트

**근장현**(진로교사, 교육전문가) 지음

# 4차 산업혁명시대,
# 대한민국의 교육혁명을 제안한다

"선생님, 4차 산업혁명시대에 맞는 진로 방향은 어떤 것일까요?"

"지금 우리는 무엇을 준비해야 하나요?"

나는 교육 현장에서 30여 년간 학생들의 꿈을 위한 방향을 제시해오고 있는 진로교사다. 위의 질문들은 최근 나에게 쏟아지고 있는 학생들의 공통질문이다. 그들의 고민은 무척 다급하며 간절하다.

불과 10여 년 전만 해도 실감할 수 없던, 그저 미래예측서 속 현실처럼 막연했던 4차 산업혁명은 이제 현실 세상의 큰 변화를 주도하고 있다. 우리는 부지불식간에 이미 4차 산업혁명시대를 살아가고 있다. 급변하는 환경은 마치 혁명의 울타리처럼 우리를 에워싸고 변화를 재촉하고 있다.

아이들의 절실한 물음 앞에서, 현직교사인 나를 포함한 어른들은 아직도 과거 오지선다형의 객관식 문제처럼 한정된 답을 찾아주려는 인식과 자세에 갇혀 있는 것은 아닐까. 아이들의 질문에 대한 답은 각자의 생각에 따라 다를 것이다. 하지만 그 답을 관통하는 것은 삶의 행복, 단 한 가지 요소다.

기성세대는 최소한 아이들에게 삶의 행복을 향한 큰 방향의 길을 흔들림 없이 알려주고 그 길을 찾아갈 수 있도록 아낌없는 응원을 해주어야 한다. 그리고 현시점에서 구체적으로 지금의 교육 상황을 짚어보고 다가올 미래를 예측하여, 아이들에게는 물론이고 우리 자신들에게도 나아갈 방향을 다져가야 한다.

변화와 변혁이 주도할 미래시대가 열리고 있는 지금, 교육 현장에서 아이들을 어떻게 가르치는지 새로운 관점으로 점검하고 상황을 이해해야 한다. 급변하는 시대에 걸맞은 교육이 이루어지도록 다 함께 움직이는 노력이 필요하다. 30여 년간 학교 현장에서 아이들과 함께하며 진로를 같이 고민하면서 상담해온 진로교사로서, 지금이야말로 앞으로 나아갈 방향에 대해 다양한 시도와 제안을 해야 하는 절박한 시점이라고 생각한다.

어른인 우리는, 또 오랫동안 아이들과 함께하고 있는 교사인 나는 다음 세대를 위해 무엇을 제안하며 어떻게 도움을 주어야 할 것인가!

이에 대한 답을 스스로에게 더욱 선명히 그려가게 하고 대한민국 어른들과 함께 의논하며 힘을 모으고자 하는 것이 내가 이 책을 쓰는 이유이자 목적이다.


생각해보면 1, 2차 산업혁명이 일어나 세상이 엄청나게 달라지고 있을 때도 그 시대를 살고 있던 사람들은 그 변화를 미처 감지하지 못했다.

지금 세상은 그 급변의 정도가 이전과는 비교할 수 없을 정도다. 그래서일까. 때론 불안함을 느낀다는 소리가 여기저기서 들린다.

특히 미래시대를 준비해야 할 우리 아이들은 그 혼란의 정도가 매우 크다. 그러나 자칫 무엇이 중요한지를 놓치고 '변화' 자체에만 방향을 맞추다 보면, 어느 날 삶의 진정한 행복에 대해 후회할 수 있을지도 모른다.

미래를 위한 교육 방향은 현재의 변화를 이해하고 수용하는 것에서부터 출발한다.

혁신적 미래사회에서는 그에 맞는 세상과 사회가 열리기에 지금껏 볼 수 없던 또 다른 행복을 누리게 될 거라고 나는 믿는다.

빅데이터, 인공지능AI, 자율자동차, 드론, 휴먼로봇, 가상현실과 증강현실, 3D프린터, IoT의 초연결시대 등 변혁의 세상이 파도처럼 밀려와 이미 실현되고 있다. '4차 산업혁명'이라는 단어가 벌써부터 진부해 보일 만큼 변화의 세상은 이미 일상에 스며들어 우리 곁에 온 지 오래다.

이 모든 드라마틱한 편리함과 이로움의 제공은 지금까지와는 다른 관점으로 접근해야 할 부분이 있다. 자신의 재능이 활용되어야 하는 일자리 문제다.

세계경제포럼WEF은 2016년 보고서에서 "현재와 같은 변화로 인해 향후 5년간 전 세계 고용의 65% 수준을 차지하는 선진국 및 신흥시장 15개국의 710만 개 이상의 일자리가 사라진다"고 발표했다.

이 보고를 증명이라도 하듯 구글의 인공지능인 알파고와 이세돌이

치른 세기의 바둑대결이 열렸다. 결국 인공지능은 보란 듯이 승리하여 인간을 위협하는 존재로서의 위치를 세상에 입증했다. 이렇듯 가볍게 사람을 대체할 수 있는 기구들의 실현은 매일 그 수와 양이 수치로 계산할 수 없을 정도로 증폭되고 있다.

평창 올림픽 때는 세계 최초로 우리나라의 자율자동차가 서울-평창 간 수백 킬로미터 시험운행에 성공했다. 조선시대 우리 선조들은 이런 세상을 상상조차 할 수 있었을까? 우리 역시도 상상 이상의 속도로 펼쳐질 또 다른 미래세상을 제대로 예측할 수 있을까?

세상은 급변하고 우리에게 익숙하던 많은 일과 역할들이 순식간에 사라지고 있다. 이처럼 우려는 존재하지만 창조적 변화의 시대라는 기준으로 확장해보면 '미래는 새로운 창조가 끝없이 가능한 시대'라는 말과 같은 동의어로 읽힌다. 수많은 기회가 눈 오듯 쏟아지는 세상이 열리는 중이다. 변화의 물결은 현재의 분야를 더 세분화시키고 발전시킬 것이다. 미처 상상하기 어려웠던 것이나 실현되기 어렵다고 생각한 복잡한 일 등 그야말로 기적 같은 '특별한' 일들이 이제 '일상화'되어 클릭 몇 번으로 쉽게 처리되고 점점 가속화되고 있다.

무엇보다 사람의 감성과 판단을 요구하는 분야에서 더 많은 확장이 일어날 것이다. 이것은 더 많은 새로운 '누림'을 향유하는 시대로 나아가게 하는 원동력이 된다. 우리는 이제 기존의 생활 안정 위주의 편리를 넘어선 '경이로운' 신인류의 삶을 만나게 될 것이다. 강조되어야 할 것은 결국 그 변화를 만들어내고 주도하는 것은 '사람'이라는 점이다.

미래는 한 사람 한 사람이 가진 콘텐츠와 다양성이 두각을 나타내는 세상이다. '기회의 세상'이라는 관점으로 보아야 한다.

그럼에도 교육 현장인 교실 안의 모습을 보면 괴리감이 든다. 아이들이 나아가고자 하는 길의 방향 지시등이 잘 보이지 않아서 힘들다고 하소연하고 있으니 말이다.

자원이 없던 척박한 나라 이스라엘을 세계 최고 창업문화와 기술국가로 이끈 '후츠파(Chutzpah, 히브리어로 '담대함', '저돌성'을 뜻한다. 후츠파 정신은 어려서부터 당당하게 질문하고 자신의 주장을 밝히며 도전하는 이스라엘 특유의 도전정신을 일컫는다) 정신'은 오늘날의 강한 이스라엘이 되게 한 원동력이기도 하다.

우리 역시 6 · 25 전쟁의 폐허 속에서 한강의 기적을 이룬 도전정신과 세계 최고의 반도체를 만들어 내는 열정과 창조의 DNA를 가진 민족이다. 이 민족정신이야말로 우리가 가지고 있는 우수한 유산이다. 아이들에게 자랑스러운 정신자산으로 물려주어야 한다.

그렇게 하려면 아이들의 성장을 바라보는 어른들의 시각부터 달라져야 하지 않을까. 신뢰는 쌍방향이다. 주어야 받는다. 변화된 우리의 모습을 통해 그들과 소통하며 '존경받는 어른'으로 회복하려는 노력이 절실하다. 그들의 열정적인 응원자로서의 역할이 어른의 임무일 것이다. 사람 중심의 철학과 스스로를 지킬 수 있는 정신적 기준의 기초, 그것은 어떤 스마트 기기도 대신할 수 없다.


## 진정한 교육이 이루어지는 현장에는 반드시 진정한 어른이 있다

진정한 교육이 이루어지는 현장은 어디인가? 진정한 어른은 어디에 있는가?

교육은 이런 질문에서부터 시작된다.

가정, 학교, 사회가 용기 내어 아이들에게 옳은 것은 옳음을, 옳지 않은 것은 옳지 않음을 제대로 가르치려는 결단이 필요하다.

'교육＝입시'라는 공식에만 집중하는 지금의 교육 상황을 객관적인 시각으로 진단해 우리가 꼭 해야 할 교육이 무엇인지에 대한 깊이 있는 논의가 필요하다.


우리가 자랑스럽게 여기는 '세계 1위의 대학진학률 70%'의 현실은 아이들에게 진정 축복일까? 어떤 학자들은 대졸자의 학력을 필요로 하는 직무가 전체 고교 졸업자의 35% 내외에 불과하다고 진단한다.

'이태백(이십대 태반이 백수)'이라는 단어를 들으면 나는 괴로운 마음이 밀려온다. 이 시대를 살아가는 아이들이 그런 대우를 받는 시대가 오도록 그냥 내버려 둘 수만은 없다는 절박함 때문이다.

혹독한 무한경쟁 속에서 진학만으로 한 사람의 인생 방향을 결정하는 것은 너무 슬픈 일이다.

조금은 늦더라도 자신의 꿈을 위해 스스로 고민하며 선택하여 나아가려는 결단은 그들이 누려야 하는 정당한 권리일 것이다.

누군가는 "세상의 변화에 대해 가장 둔감하게 반응하는 곳 중 하나가 교육 현장"이라고 한다. 교사인 나 역시도 책임이 있으리라. 이 말은 많은 사람이 그만큼 기대를 가지고 바라보는 곳이 교육 현장이기에 시대의 요구에 부응하여 변화되어야 할 곳이라는 의미다. 차세대 교육 현장은 어른들의 모습 속에 있다. 사람은 다른 사람의 살아가는 모습을 보고 학습하기 때문이다. 씨앗 상태인 아이들에게 양분이 되는 어른의 좋은 모습이 제때 잘 공급되어야 바른 성장으로 이어진다.

이제 우리는 이미 견고하게 굳어져 미처 깨닫지 못하는 옳지 않은 방식들이 무엇인지 찾아내 과감히 결단할 필요가 있다.

교육현장의 많은 교사가 '나 혼자 힘으로는 어쩔 수 없는 입시교육의 현장'이라는 낙담 속에 베껴 쓰고 달달 외우게 하는 지식 주입식 교육을 여전히 실행해오고 있다.

정말 우리에게 다른 대안은 없는가?

힘들다, 어렵다고 해서 두려워하거나 포기하고 있는 것은 아닐까?

많은 학부모가 이렇게 질문한다.

"좋은 교육이 무엇인지 잘 알지만 현실을 인정해야 살아갈 수 있지 않느냐"고.

그렇다면 나도 그들에게 이렇게 반문하고 싶다.

우리 자녀가 살아가는 미래세상이 현재의 모습과 같을 거라는 확신이 있느냐고.


현재의 시간은 이제 곧 모두에게 과거가 된다. 머지않은 미래에 그들이 이야기할 과거가 바로 오늘임을 깨달아야만 변화의 시간을 앞당길 수 있다.

지금은 위기이자 기회의 시기다.

그 어떤 혁명 이상의 '4차 산업혁명 속 교육혁명'을 통해 행복한 미래를 맞이하고 누릴 수 있도록, 삶의 방향과 목표를 정하고 설레는 마음으로 기대할 수 있도록 노력을 보태고 싶다.

## 속도전 교육은 이제 끝났다
## 방향을 보라

세상의 변혁, 최첨단 미래교육의 목표에 대한 답은 언제나 사람에 있다. 그렇기에 우리의 방향은 '빨리빨리'가 아닌 사람을 향한 '만만디 (慢慢的, '천천히', '여유 있게'를 의미하는 중국어)'로 전환해야 한다.

아이들에 대한 높은 기대치가 만들어내는 성급한 목표들은 내려놓았으면 좋겠다. 안정된 시간을 통해 자신의 재능과 보람을 찾아가게 하는 '지혜로운 만만디'의 시간이 모두에게 필요하다.

그러려면 사람을 중심에 둔 열정과 도전정신을 응원하는 여건 조성이 중요하다.

실패하고 넘어졌을 때, 다시 일어설 수 있도록 이끌어줄 수 있는 사회적 수용 시스템도 갖추어야 한다.

이제 학생들의 질문에 답하려 한다.

애들아. 걱정하지 마. 지금은 너희가 잘하는 것이 무엇인지 잘 모를 수도 있고, 때론 목표 앞에서 흔들리기도 하겠지만 우리 길게 생각하자. 세상도 너희들의 기대만큼 변화하고 있고 한 사람 한 사람이 가진 재능이 발휘되도록 바뀌고 있단다. 선생님은 눈앞의 진학이나 단순한 일자리를 찾기보다는 네 자신의 행복한 인생을 전체적으로 바라보기를 부탁해. 마음껏 꿈을 꾸고 그것을 향해 나아가도록 어른들이 열심히 도울 거야. 그러니 부디 꿈과 용기가 있는 사람이 되길 바란다. 그리고 기억해. 우리가 살아왔던 세상과는 다른, 완전히 새로운 세상과 기회가 너희들을 기다리고 있다는 것을.

# 차례

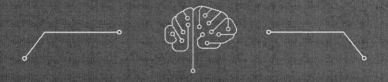

# CHAPTER 1

# 지금까지의
# 교육 방향으로는
# 안 된다

·

교육의 목적은 기계를 만드는 것이 아니라
인간을 만드는 데 있다.

- 장 자크 루소(Jean-Jacque Rousseau)

·

# 잘못된 교육이 대한민국 아이들의
# 미래를 위협한다

'포니'라는 단어를 들으면 떠오르는 것은?

이 질문에 혹시 현대자동차 모델이었던 '포니'가 답이라고 생각한다면 당신은 구세대다. 포니(실명 박혜민)는 유튜브 구독자 수가 500만 명이 넘는 유명한 메이크업 아티스트 이름이다.

시대적 요구에 맞춘 다양한 화장법에 대한 영상을 인터넷에 올려 공유하는 포니. 그녀 한 사람이 웬만한 중소기업 수준의 수익을 만들어 낸다. 그야말로 걸어다니는 알짜 기업이다. 유튜브 스타들에 대해 자녀와 함께 이야기 나누는 시간을 가져보는 것은 어떨까. 아이들이 바라보는 세계에 대한 경험과 공감을 함께할 수 있는 유익한 시간이 될 듯하다.

이제 눈을 돌려 화장하는 학생들을 벌주고 혼내는 학교 현장을 생각해보자.

학생들은 뷰티 유튜버인 포니를 부러워하고 배우고 싶어 하지만 학교 교사나 학부모의 공감대는 전혀 만들어지지 않는다. 그렇다고 해서 무조건 화장하는 것이 옳다는 말은 아니다. 우리 어른들이 아이들이 가진 꿈의 다양성에 대한 생각, 시대의 흐름에 대한 이해를 하지 않고 있거나 혹은 뒤처져 있다는 사실을 모르고 있는 것은 아닌지 짚어보자는 것이다.

4차 산업혁명시대.

주변에서 하도 많이 듣다 보니 어느새 익숙해진 단어다. 그만큼 중요한 화두이자 진로에 있어서도 그만큼 중요한 주제다.

그런데 막상 학교 수업 중에 4차 산업혁명에 대한 질문을 던지면 자신 있게 대답하는 학생은 매우 극소수다.

미래 변화와 트렌드에 가장 민감해야 할 아이들이 왜 이렇게 중요한 이슈에 대해 잘 모르고 있을까? 무관심해서일까?

진로교육에 앞장서고 있는 내가 보기에도 현장의 진로교육에는 곳곳에서 문제가 보인다.

- 네 개의 벽으로 둘러싸여 있는 곳
- 책상이 규칙적으로 줄지어 놓여 있는 곳
- 교사가 칠판에 글을 써내려가며 강의하는 장소

교실 혁신가인 마이클 혼Michael B. Horn이 《블렌디드 blended》에서 묘사한 획일적인 교실 모습이다. 안타깝게도 학교의 현재 모습이다. 그는 이 책에서 학생들이 사방 벽으로 둘러싸인 교실 안에서, 한 사람의 교사가 일방적으로 전해주는 단편적 지식으로 제한된 학습을 받고 있음을 지적한다.

더 나아가 그는 "한 사람 한 사람이 가지고 있는 그들만의 창의성과 개성을 죽이고 '지적학대'가 자행되고 있기에 학교를 법정에 세워 재판해야 한다"고까지 말한다.

정말 공감한다. 그리고 나 역시도 이러한 현실을 만드는 데 일조한 '공범'임을 부끄럽지만 인정한다. 그렇기에 조금이라도 그 죄를 면하고자 이렇게 노력 중이다.

하지만 학교는 항상 그 자리에 있다. 학교는 많은 인재들이 공부하고 유능한 인재들이 배출된 멋진 곳이다. 그곳에서 성장한 그들이 사회 곳곳에서 책임 있는 구성원으로 자리매김하여 살아가고 있다. 또, 다음 세대를 가르치며 세상을 이어가고 있다. 이처럼 그들은 시냇물이 흘러 넓은 바다에서 만나듯 학교를 졸업하고 다시 넓은 세상에서 만나 함께 살아간다.

결국 사회의 원천은 '학교'다.

교사로서 학교 현장에서 크게 우려되는 것은 지금 아이들에게 이전의 교육 시스템, 교육 내용과 방향을 적용하여 수업하기에는 급변하는 현실과 너무 큰 격차가 있음이다. 정신없이 빠르게 변화하는 세상에 비추어 우리의 교육 현실은 아쉽게도 그 수준을 따라가지 못하고 있다. 지금은 '혁명Revolution'의 시대지만 학교는 그에 맞는 교육 방향을 준비해오지 못했다. 전화기에서 스마트폰으로 진화했고 자동차는 이제 스스로 운전하는 놀라운 시대가 되었는데도 말이다.


그동안 학교는 어떤 노력을 해왔는가?

어떤 이는 이렇게 대답한다. "정해진 틀 안에 맞춰 준수와 명령, 통일성 등 효율적인 직업 적성관에 목표를 둔 교육 체계"라고. 그렇다,

우리는 여전히 '붕어빵 찍어내기' 교육을 진행 중이다. 정해진 틀 속에 아이들을 욱여넣어 똑같은 유형의 사람을 만들어 내는 것. 이것이 오늘날 우리의 학교가 자행하고 있는 부끄러운 교육의 민낯이다. 한 사람, 한 사람을 향한 진정한 교육이 부재한 이 현실 속에서, 진로교사인 나도 어쩔 수 없는 한패다.

> 시속 160km의 속도로 기업이 변한다. 가정은 96km, 정부는 40km, 학교는 16km, 법은 1.6km의 속도로 변화하고 있다. 한 사회의 발전을 위해서 각 분야의 속도 차이를 줄이기 위해 매진해야 한다.
>
> 앨빈 토플러, 《앨빈 토플러 부의 미래》
> Alvin Toffler, 《Revolutionary Wealth》

다시 우리 교실을 들여다보자. 대다수 학교에서 많은 학생들이 같은 공간에서, 똑같은 교재로, 모두에게 똑같이 적용되는 동일한 지식을 교사가 전달하고 학생은 일방적으로 학습을 받는다. 예전보다 인원은 줄었고 내용도 급변했다고는 하지만 200여 년 전, 증기기관이 발명된 산업혁명 시대와 오늘날의 교육 내용 사이에는 그다지 큰 변화가 보이지 않는다.

누군가는 "이렇게 만들어진 인력 공급으로 우리나라가 최단기간에 높은 경제성장을 이룰 수 있었다"는 평가를 하기도 한다. 물론 긍정적인 효과가 있었음을 부인할 수는 없다. 하지만 우리는 거기에 너무 오래 머물러 있어 새로운 세상을 향한 준비가 이루어지지 않고 있다는 데 눈을 돌려야 한다.

더 늦기 전에 세상과 교육의 변화 속도를 맞추려는 노력으로 시선

전환이 이루어져야 한다.

이제 '더 이상 이대로는 안 된다'는 목소리가 곳곳에서 들린다. 그렇다면 우리 교육이 과감하게 미래를 위해 나아가야 할 방향은 무엇일까?

**첫째, 현재의 교육과정과 내용에 대한 대수술이 필요하다**

현재의 교육과정에서 세상의 변화가 반영되지 못하는 부분과, 학생들의 흥미나 수요와는 무관한 과목에 대해 과감한 개선의 결단이 필요하다. 나는 아래와 같이 제안한다.

1   실생활에서 활용도가 낮거나 세상의 변화를 반영하지 못하는 교과 내용은 대폭 교체한다.

2   과도한 학습량을 요구하여 진도 맞추기에 급급한 학습 내용에서 개념과 원리를 찾아낼 수 있는 현실 적용이 가능한 사례 중심, 핵심 개념 중심의 학습 내용으로 재구성한다. 학습 목차에 연연하지 않고 학생 주도의 수업을 통해 흥미를 높일 수 있도록 전환한다.

3   단순 지식 전달, 암기식의 교과 내용을 창의적 사고 과정을 위한 내용으로 대폭 교체하여 창의·융합형 인재를 육성한다.

4   교과 간, 교과 내 유사한 학습 내용을 통합한다. 세상의 변화에

맞게 교과목이나 단원의 이름도 변경해야 한다. 수학의 예를 들면 친근수학, 생활수학, 토론수학, 응용수학, 융합수학 등 세분화하여 '수포자(수학포기자)'를 최대한 줄이고 즐거운 배움이 일어날 수 있도록 유도한다.

5 필수 이수 과목을 축소하고 학생 중심의 선택형 교육과정으로 운영한다. 시대는 경직적이고 전체적인 교육 틀을 버리고 개인의 특성을 강조하며 유연하고 개별화된 교육을 통해 학생들의 진로 설계와 성장을 돕는 맞춤형 교육을 요구하고 있다. 2022년부터 도입되는 '고교학점제'야말로 빠르게 변화하고 있는 세상에서 학생 주도의 진로 개척 역량을 키우는 데 많은 도움을 주게 될 것이다.

6 지금 아이들에게는 창의력, 사고력, 응용력, 융합능력, 인성을 배양할 수 있는 과목을 개설하여 새로운 패러다임에 빠르게 대처하는 역동적인 학교가 필요하다. 하나의 예로 디자인씽킹 (design thinking, 미국 스탠퍼드 디스쿨에서 시작된 교육 프로그램으로 인간의 필요에 공감하고 사람들이 겪는 불편함을 인간 중심 관점으로 찾아내 해결하는 창의적 문제해결 방법), 메이커 교육(Maker Education, 자신이 상상한 것을 디지털 도구나 다양한 도구를 이용하여 직접 만들어봄으로써 창의성, 자신감, 문제해결력 등을 향상시키는 교육), 독서와 글쓰기, 코딩 교육 등의 교과목을 개설하는 방법이 있다. 이렇듯 지식 위주의 교과 내용과 수업 방법을 탈피하여 문제해결 능력을 키우는 데 집중하고 살아 있는 시대정신을 반영하여 교육과정에 적용하는 학교 교

육이 필요하다.

7   사물인터넷IoT, 블록체인, 빅데이터 등 세상을 변화시키고 연결
    하며 현실 속에 등장하고 있는 새로운 기술을 학교에서 가르쳐
    서 접할 수 있게 해야 한다. 그럼으로써 이를 미래직업 생태계
    로 자연스럽게 연결하며 확장해나갈 수 있도록 하는, 실질적이
    고 현실적인 내용의 교육 도입이 절실하다.

**둘째, 수업과 평가방식의 변화를 시도해야 한다**

1   선다형 평가방식을 단계적으로 폐지하고 과정 중심 평가를 확대해야 한다

현재 대부분의 학교에서는 평가의 편의성과 객관성 확보를 위해
오지선다형 정기고사를 시행하고 있다. 사지선다형, 오지선다형으로
도 이해와 적용 능력 중 몇 가지는 평가할 수 있지만 주어진 정답 외에
는 모두 오답 처리된다. 오지선다형 평가는 학생들이 풍부한 분석과
이해, 적용, 응용, 융·복합 등 고등 사고력을 키우는 데 큰 걸림돌이 되
고 있다.

결국은 이 역시 암기 위주의 단순 지식을 평가하는 수준을 유지하
는 것이며, 학생들에게는 진정한 지식보다 '정답 찾기'의 새로운 기술
을 연마시키는 부작용의 폐해가 깊어지게 한다.

즉, 현재 시행되는 선다형 시험의 축소를 위해 한 학기 동안 평가되
는 1차, 2차의 정기고사를 폐지하거나 1회로 줄여서 시행하고, 개인
의 성장을 측정하는 수행평가를 대폭 확대 시행할 것을 제안한다.

각 과목별 특성이 있겠지만 모든 과목의 수행평가 반영 비율을 50% 이상으로 확대·조정하여 학생들이 결과만 바라보는 것이 아닌 학습 과정에 무게를 두게 하고, 이에 대한 평가로 이어지도록 정착하는 방안을 강구하는 것이 필요하다.

'평가를 위한 평가'가 아닌 '성장을 위한 평가'로 평가의 방향을 전환한다면 아이들도 진정한 배움의 가치를 알게 되어 자유로운 학업 방향의 선택이 즐겁게 일어나게 됨은 당연하다. 여전히 우리 교육이 정답 찾기 위주의 객관식 시험을 지향하면 당면한 교육 문제 해결은 요원해진다. 하지만 학교 수업과 함께 다양한 과정 평가가 이루어지고, 또 그것이 학교생활기록부에 반영된다면 학원 수요가 대폭 줄어들어 가정경제를 뒤흔드는 사교육의 부작용도 줄일 수 있다.

중요한 것은 학교가 본연의 역할에 충실해야 한다는 점이다.

왜 그들이 학교를 멀리하고 학원을 향하는지, 무력해 보이는 학교, 성장보다 평가에 치우치는 학교의 모습에 대해 자문해보면 그 답이 보인다.


수업 방식이 바뀌면 기존의 지필평가를 위한 문제 풀이, 정답 찾기 형태의 평가는 자연스레 바뀌게 된다.

연극, 논술, 독서, 비주얼씽킹(Visual Thinking, 사물, 생각, 개념의 의미가 담긴 상징적인 이미지와 간단한 글로 생각을 정리하고 정보를 요약해서 공유하는 기술), 주제 발표 등 다양한 수요를 반영한 형태의 수업과 이로 인한 특성이 잘 반영된 평가라면, 우리 사회의 큰 문제 중 하나인 '사교육 쏠림'을 해결하는 핵심요소가 될 수 있다.

또, 이렇게 '평가'가 필요한 영역이 있기도 하지만 지필 평가가 필요 없는 교과도 있다. 프로젝트 학습 및 새로운 형태의 수업 도입으로 지필평가의 대폭 축소가 가능하고 성장 중심 평가가 도입되어야 한다.

이제 줄 세우기식 상대평가는 반드시 폐지시켜야 한다. 상대평가는 인간을 절대 행복하게 할 수 없다.

## 2 상대평가에서 절대평가로의 대전환이 필요하다

내가 시험을 잘 치러도 다른 경쟁 친구들이 더 좋은 점수를 얻었다면, 내가 만족한 좋은 결과는 결국 좋은 점수가 아니게 된다. 이 얼마나 슬픈 상대평가의 비극인가.

내가 한 문제만 실수해도 100점을 받은 친구들이 많다면 원하는 등급을 받을 수 없는 우리의 교육 현실. 결국 나만 잘하면 되고 나만 최고가 되라고 강요하는 시스템이다.

더욱 아이러니한 사실은 4%가 넘는 학생들이 모두 100점을 맞으면 1등급이 사라지는 것이 현재 내신 9등급의 씁쓸한 체계다. 교사 입장에서는 많은 학생들이 학습 목표에 도달했다면 기쁜 일이지만 학생들의 입장에서 보면 그야말로 최악의 결과가 된다. 이러한 사태를 막기 위해 교사들은 정기고사를 어렵게 내려고 문제를 꼬고 꼬아 최대한 어렵게 출제해야만 하는 현실이다. 학생의 능력을 제대로 평가하기보다는 '어떻게 하면 아이들을 한 줄로 만들어 줄을 세울까'를 고민할 수밖에 없는 기막힌 구조다.

모든 평가는 장점만 갖기가 쉽지 않고 무조건 단점만 있는 것도 아니다. 하지만 더 이상 친구들과 서로 협력하며 어울리는 대상이 될 수 없는, 내가 좋은 등급을 받는 것이 우정보다 더 중요한 목표가 되는 구조를 지금 이대로 두어야 할 것인지 교육자로서, 부모로서, 이 사회의 구성원으로서 고민하게 한다.

고교 내신 9등급제를 폐지하고 절대평가 기반의 성취평가제를 도입하여 친구가 경쟁 대상이 아닌 함께 성장하는 협력의 대상이 되게 하고, 교사는 석차를 고민하지 않고 제자들 한 명 한 명의 미래를 생각하여 '도움을 주기 위한 평가, 성장을 위한 평가'를 실시할 수 있도록 변화시키자.

그 변화 과정에서 혹시 발생할 우려가 있는 성적 부풀리기는 원점수, 평균, 표준편차를 이용하면 된다. 그렇게 하면 학교에서 어느 특정 교사가 성적을 쉽게 건드리기는 어렵다. 내신 절대평가만으로는 학교 교육과정 운영에 어려움이 있다. 수능에서도 영어와 한국사를 절대평가로 전환했듯이 모든 과목으로 이를 확대해야 하고 미국의 SAT처럼 과감히 자격고사로 전환·검토할 필요성이 있다. 그것이 수능 도입의 취지이고 더 이상 고교 교육을 입시교육으로서만 기능하지 않게 하는 길이다. 학생들이 자신의 흥미와 적성으로 교과목을 선택하기보다는 등급을 받기 유리한 과목을 선택하는 현상이야말로 우리 교육의 파행 현실을 극명하게 드러내고 있음을 보여준다.

어떤 유명 강사들은 그것을 분석하여, 1등급 받기 좋은 과목이라며 컨설팅해주고 학부모들은 거기에 현혹되어 아이들에게 들이댄다. 초대형 강당에도 누군가의 '대학입학전략', '점수따기전략'이라는 말이 들어가면 앉을 자리가 없다.

누구의 잘못인가. 교육은 오로지 등급 따기만이 지상 최종 목표인 듯 사람들이 몰린다.

이제 비정상을 정상으로 바로잡는 실행의 과정이 요구되는 때다. 항공기 이·착륙 시간이 수능시험으로 조정되는 등의 요란을 떠는 나라가 우리나라다.

그렇게 중요하고 요란한 수능이 우리 아이들에게 어떤 영향을 주고 있는지 짚어보자. 진정한 인격체인 아이들을 위한 시스템 전반에 대한 대전환에 우리는 머리를 맞대고 의견을 모아야 한다.

### 3    학교는 학생의 진로를 위해 더욱 노력해야 한다

진로개척은 기존의 것을 다르게 바라보려는 관점의 변화와, 시대에 맞는 새로운 영역이 확장되는 시대를 준비하는 모든 것을 포함한다. 그만큼 학교에는 시대의 첨단의 위치와 앞으로 나아갈 방향을 세워야 하는 막중한 책임이 있다.

급변하는 IT 기반 세상에서 학생들의 진로를 위해 생각을 넓힐 수 있도록 전개되어야 한다. IT 기술 진화를 짚어보면 개척해야 할 진로의 방향이 보인다.

1990년대의 컴퓨터는 단순 정보를 빠르게 처리하는 기계에 불과했다. 2000년대에 들어서면서 커뮤니케이션과 협력할 수 있는 기계로써 등장했다. 즉, 유선네트워크 기술이 활용되어 PC, 정보 등을 연결하며 가상공간 등을 활용한 새로운 비즈니스 형태들로 성장했다. 이는 IT 산업의 영역이 확장되는 기반이 마련된 것이었다.

2010년대 이후를 살펴보자. 이제 그 단순했던 기기는 스스로 지능을 갖고 사물과 사람을 융합하는 기계로 진화하고 있다. 또, 생명이 있는 모든 것을 살게 하는 공기처럼 우리들 가까이에서 모든 것을 연결해주며 삶의 전체를 변화시키고 있다. 전화기는 진화하여 스마트폰으로 탄생되면서 그 본래의 역할이었던 통화 기능은 이제 아주 작은 활용에 불과하게 되었다. 우리가 이 IT 기반 사회에서 집중해야 할 것은 무엇인가. 바로 연결이다. 이제 교육도 네트워크의 신개척지를 바라보아야 한다.

2008년에 가트너Gartner가 처음 언급한 '초연결사회Hyper-Connected Society'는 이미 시작되었다. IT는 물론 사람, 데이터, 사물, 프로세스 등등 모든 것은 서로 통신하며 연결되고 있다. 여기서 구축된 네트워크를 통해 새로운 가치와 혁신의 창출이 가능하다.

그 연결 사회를 살아갈 아이들의 진로에 대한 답도 역시 그 안에 있다. 사물인터넷을 넘어 만물인터넷IoE의 세상이다. 이런 세상을 염두에 두며 수많은 가능성을 열어두고 준비하는 것이 진로의 개척 방향이다.


현재 전 세계 인터넷 사용자 수 39억 명. UN 산하 국제전기통신연합ITU이 발표한 2018년 12월 현재 전 세계 51.2%의 인터넷 사용자 수다. 이동통신 가입자 수는 107억 명으로 이미 세계 인구를 돌파했다. 그야말로 전 세계가 하나로 연결되어 장벽 없는 세상이 활짝 열렸다.

그중 우리나라는 초연결사회의 강국으로, 2018년 6월 미국 시장 조사기관인 퓨리서치 발표 자료에 의하면 스마트폰을 보유한 성인 비율이 94%로 전 세계 1위다.

또한 주기적으로 인터넷에 접속하거나 스마트폰을 소유한 성인 비율을 뜻하는 인터넷 침투율 역시 96%로 단연 세계 최고다. 상호작용이 산업이 되는 최고의 나라가 우리나라라는 이야기다. 여기서 우리는 기회를 찾아낼 수 있어야만 한다.

진로 방향은 변화의 흐름을 볼 줄 아는 원시안적 관점을 가지고 대할 때 비로소 보인다. 그것은 마치 산에 올라가야만 볼 수 있는 경치 같은 것이다.

학교와 교육을 이끌고 있는 교사 및 정책가들은 다음 세대들이 변화를 발견하고 나아갈 수 있도록 '교육 대전환'의 길을 여는 것을 두려워하거나 늦춰서는 안 된다.

전문가들은 향후 10년 내 굳건히 자리를 지킬 것 같았던 분야를 포함한 수많은 직업군이 사라질 거라는 전망을 매일 발표하고 있다. 그들은 사라지는 직업과 함께 다양한 신분야의 직업이 생성될 거라고 확신하고 있다.


이렇듯 우리 아이들은 이미 지금 존재하지 않는 새롭고 혁신적인 직업을 선택하게 되는 시대로 진입했다. 그들은 100세 시대를 살면서 여러 번 직업을 바꾸는 게 당연한 세상을 살아가게 된다. 이에 맞춰 학교는 아이들에게 더 먼 미래를 예측하고 그에 맞는 진로를 개척해줄 수 있는 역량을 준비시켜야 한다. 변화에 맞춘 기초지식은 물론이고 자립심, 인성, 공동체성, 대인관계 역량 등의 성장을 위해 필요한 교육 방안을 도출하고 반영하는 교육 대전환이 필요하다.

미래세계는 연결과 공유의 세상이다. 그런 시대의 핵심 요구사항은 '사람의 감성과 인격'이다. 타인을 이해하고 나를 열어 서로가 연결되어 살아갈 수 있는 성숙한 공동체로서의 삶의 질이 높아지게 될 것이다. 답은 사람이며 교육은 '사람됨의 교육', 인본주의가 강화되는 교육

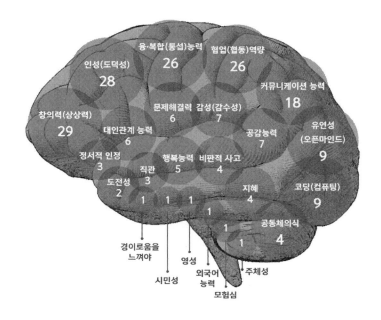

인성(도덕성) 28
융·복합(통섭)능력 26
협업(협동)역량 26
커뮤니케이션 능력 18
창의력(상상력) 29
대인관계 능력 6
문제해결력 6
감성(감수성) 7
공감능력 7
유연성(오픈마인드) 9
정서적 인정 3
직관 3
행복능력 5
비판적 사고 1
지혜 4
코딩(컴퓨팅) 9
도전성 2
1
1
1
1
공동체의식 4
경이로움을 느껴야
시민성
영성
외국어 능력
모험심
주체성

100인이 꼽은 미래역량

자료 제공: 〈중앙일보〉(2013.4.5)

* 각 분야 권위자 100명 대면·서면 인터뷰(복수응답)

의 그림을 그려야 한다.

당연히 현재 학교 내에서 진행되고 있는 진로상담 기능 또한 대폭 강화되어야 한다. 실질적으로 다양한 직업체험의 기회를 통해 미래를 미리 접하고 생각해보게 하는 실질적인 경험의 기회를 주기적인 학습 과정에 맞춰 지속적으로 제공해나가야 한다.

〈중앙일보〉에 의하면 각 분야의 권위자 100명이 미래의 핵심역량 으로 창의력, 인성, 융·복합(통섭) 능력, 협업(협동) 능력, 커뮤니케이션 능력, 유연성 등을 꼽고 있다. 이러한 역량을 갖추기 위해 학교 진로교육의 방향은 어떻게 설정되어야 할까?

사람 중심의 미래사회에서는 한 사람 한 사람이 콘텐츠이며 세분화된 직업으로 구축될 수 있다. 따라서 학생 자신의 특성에 대해 긍정적인 태도를 길러주고 자신의 강점을 찾아낼 수 있게 역량을 개발하는 방향이 되어야 한다. 자신의 능력, 특성, 강점과 약점 등을 있는 존중하고, 다양한 방법으로 자신의 직업 흥미와 적성을 구체적으로 파악할 수 있게 돕는 수업으로의 대전환이 필요하다.

'사람'이 중심이고 산업이 되는 미래세상에서는 강점과 지식 이상으로 서로가 소통하는 관계 능력이 특히 중요하다. 학교는 이를 위해 아이들이 주변 사람들과 적절한 관계를 맺을 수 있게 학교 안에 아이들 스스로 많은 모임을 만들 수 있는 환경을 열어주는 현장으로써 활용되어야 한다. 그 안에서 그들은 상황에 적절한 의사소통 능력이 길러지게 되고 이것은 사회 속에서도 활용되어 '지식과는 다른 능력'으로 발휘될 것이다. 이런 확대된 생각을 할 수 있는 힘을 길러주는 것이 그들의 '진로'를 개척할 수 있게 하는 지식 이상의 강력한 힘으로써 작동될 것이다.


이처럼 학교 안에서의 경험은 세상의 변화와 이에 따라 등장할 새로운 직업에 대한 관심을 갖게 되는 좋은 계기가 된다. 또, 그에 맞게 관련된 진로 방향을 구체적인 근거를 바탕으로 제시하여 미리 생각해 보고 알아가도록 돕는 역할을 한다. 창업과 창직(創職, 스스로 직업을 만드는 것. 세상에 없던 것을 만드는 직업도 포함함) 관련 다양한 활동을 주도적으로 수행할 수 있도록 담당 교사를 연결하여. 구체적으로 적용할 수 있는 방안과 실질적으로 실행할 수 있게 하는 시스템 조성이 중요하다.

학교의 진로교육 영역 강화는 직업의 긍정적 가치와 직업윤리를 이해해가는 데 절대적이다. 이를 통해 자신이 하는 일과 추구하는 삶에 대해 연관 지을 수 있고, 불안하지 않은 미래사회의 모습들에 대해 안내받을 수 있는 실질적인 진로교육이 된다.

또, 학교 내 학습의 중요성과 진로의 연관성을 이해하고, 다양한 방법을 통해 유형에 따른 진학 정보를 구체적으로 탐색하도록 여건을 조성하여 적극 돕는다.

학교는 아이들이 다양하고 적절한 체험활동을 통해 직업 정보를 수집하도록 돕고, 관심 분야의 진로를 발견하도록 관련 직업을 탐색하는 기회를 주며, 현재 그 분야에 종사하는 많은 사람들과 접촉하고 알아갈 수 있도록 만남의 장을 확장시키는 등 가장 개방된 곳으로의 전환이 진행되어야 한다.

이처럼 각 학생과의 긴밀한 소통은 물론 상황을 고려한 진로 의사결정을 통해 진로 대안을 제시하며, 그들의 향후 진로를 막는 다양한 진로 장벽 요인을 구체적으로 찾아낸다. 그럼으로써 적극적으로 그에 대한 해결방안도 함께 세워 자신의 길로 나아갈 수 있도록 실질적인 도움을 줄 수 있어야 한다.

한 학생이 자신의 잠정적인 진로 목표를 정했다면 그를 지원할 교육은 무엇이 있는지, 향후 나아갈 진로의 경로는 어떻게 될 것인지 등등 해당 분야의 진로와 관련된 진학 선택 기준까지도 준비하여 필요한 교육은 물론 상급학교까지도 선택할 수 있도록 지도하는 효과적인 체계를 마련해보자.

미국의 5대 대통령인 제임스 먼로James Monroe는 "교육의 마지막 단계에서 질문해야 하는 것은 학생들이 무엇을 배웠는가가 아니라 어떤 학생이 되었는가"라고 말한다. 우리가 해야 하는 교육은 지식 주입이 아니다. 한 사람의 삶 속에서 교육이 어떻게 작동해야 할지 머리를 맞대야 한다. 우리는 교실 안 학생들이 이룬 표면적인 성과를 바라보는 것에서 그치지 말고, 그들이 교육을 통해 어떻게 변화되어 가는지에 관심과 목표를 두자. 방향성을 기반으로 한 교육의 성찰이 지금 필요하다.

# 미래교육 철학의 기본은
# 사람 간의 소통

포스트모더니즘*post·modernism*.

기존의 틀에 박힌 생각을 벗어나 세상을 상대적으로 보기 위한 시도를 말한다. 사람들이 현대를 '포스트모더니즘 시대'라고 부르기 시작한 지 벌써 60년을 넘어서고 있다.

포스트모더니즘으로 인해 세상은 다양성을 존중하고 개개인의 주관적인 시각도 존중하도록 변화해왔다. 모든 표현의 자유에도 거리낌이 없어졌으며 공동체보다 개인주의를 더 추구하면서 개인의 행복에 초점을 맞추고 있다.

시대가 원하는 이런 철학은 매우 긍정적이고 인간의 행복에 더 적합하다고 생각되어 온 것이 사실이다. 하지만 그로 인해 긍정적인 것으로만 볼 수 없는 현상들이 여기저기 나타나고 있다.

예를 들면, 진리와 선악에 대한 명확한 틀이 있었던 과거와는 다르게 요즘은 개인의 이기주의가 '가치관의 다양성'이라는 이름으로 포장되어 나타나기도 한다.

세상이 아무리 물질만능주의 성향이 극대화되고 자유로움이 중시된다고 해도 바르고 도덕적인 인본철학의 기준이 흔들려서야 되겠는가. 그런 사실을 모두가 잘 알고 있지만 때로는 그 기준이 흔들리기도 한다.

심각하게 우려되는 포스트모더니즘의 불편한 진화의 모습들은 교육 현장에서도 나타나고 있다. 특히 가치 기준의 혼선에서 두드러진다. 옳고 그름과 다름이 혼재되어 있는 시대에 윤리 기준을 제대로 정립하지 못하는 아이들의 모습은 안쓰러움을 느끼게 한다. 학교에서도 종종 개인주의로 인해 극단적 이기주의가 되는 아이들의 모습을 보게된다.

가치관의 혼돈을 겪는 그들에게 가치관의 다양성과 이기주의의 차이를 정확하게 가르쳐 주어야 한다. 학교 현장의 교사들도 이대로 간다면 우리 아이들이 정말로 소중한 것이 무엇인지 구별하지 못하는 혼돈의 삶을 살게 될지도 모른다는 걱정을 많이 한다.

그럼 우리는 무엇을 말해야 할까.

올바른 진리는 시대를 막론하고 인간을 자유롭게 한다. 알아야 자신의 의지를 정리할 수 있다. 우리가 말하는 '지식'에는 행동할 줄 아는, 생활할 줄 아는, 경청할 줄 아는 앎이 포함되어 있다. 결국 우리는 포스트모더니즘을 존중하면서 과학적, 합리적, 감성적인 시대인으로 성장할 수 있도록 기본 방향을 공유해야 한다. 무엇보다 바른 이치와 삶에 대한 교육이 현장에서 회복되어야 한다. 이것이 교육 본래의 목적이다. 초연결시대는 이처럼 사람 중심의 교육이 필요하다. 정직한 사람, 열린 생각을 가진 사람이 살아가기에 좋은 세상이다. 점수에만 집착하거나 스펙을 위한 진학에만 몰두하는 것은 이제 별 의미가 없다는 것을 곧 알게 될 것이다.

전문가란 한 분야를 좋아하고 관심을 갖는 사람이다. 학교 스펙의 나열만으로 전문가라고 불리는 시대는 점점 저물어가고 있다.


## Alone & together

지금은 각자의 개성이 존중되며 개인이 가진 것을 서로 공유하는 시대다. 누군가는 '신인류의 탄생 시대'라고도 한다. 이런 시대에 아이들이 꼭 알아야 할 것이 있다. 자기 내면은 중시하면서 다른 사람들은 쉽게 무시하는 이중적인 모습을 가져서는 안 된다는 점이다. 이와 같은 성숙함과 성찰이 우리 아이들에게 반드시 더해져야 한다.

언뜻 보면 아이들의 눈에는 고리타분한 세대의 뻔한 지적처럼 보일 수도 있다. 하지만 우리 어른들에게는 중요한 것, 소중한 것에 대한 기준을 알려주고 깨우쳐주어야 하는 '큰 의무'가 있다.

수천 년이 지나도 인류의 중요한 가치는 변하지 않는다. 그럼에도 오랜 역사와 사회적 맥락 속에서 형성되어온 교육적 가치와 전통이 급격히 해체되며 교육 공동화 현상을 겪고 있다.

철학이 사라진 현실에 대해 사람들은 슬퍼하고 아파한다. 위기다. 그래서 지금은 그 철학을 아이들과 공유하고 심어주어야 하는 중요한 시기이자 확실한 기회가 되는 시기이기도 하다.

다음은 아이들의 머리와 가슴에 꼭 필요한 질문들이다. 그들은 이 질문에 대한 스스로의 답을 가지고 있을까?

- 나는 왜 사는가?

- 나는 왜 공부하는가?

- 나는 왜 학교에 가야 하는가?

- 가족은 나에게 어떤 존재인가?

- 나는 사회에서 어떤 존재인가?

이 근본적인 질문에 고민하고 답을 찾기 위해서는 자신에 대해 스스로 질문해가는 성찰 과정을 거쳐야 한다. 그래야 인생의 방향, 자신을 찾아가는 진정한 '진로進路'를 발견하게 된다.

4차 산업혁명시대, 우리 교육에서 가장 중요한 것은 무엇일까?

'백 투 더 베이직Back to the basic.'

수백 번 강조해도 지나치지 않는 것은 '기본'이다.

사람이 중심이 되는 미래시대(물론 과거, 현재를 포함하여)에도 '읽기, 쓰기, 말하기 능력'의 기초는 더욱 더 요구될 것이다.

요즘 학생들은 읽기를 싫어한다. 그러다 보니 여러 매체의 타이틀만 훑는 학생들이 늘고 있다. 또, 쓰기를 싫어하여 글이 짧아지는 것도 모자라 어느 나라 말인지도 알 수 없는 신조어가 어마어마하게 많다. 별도의 사전을 만들어야 할 정도다. 갈수록 긴말하기를 피하고 사람들과 마주하는 대화의 시간은 줄어들고 있는 현실을 본다.

'읽기, 쓰기, 말하기'의 세 가지 기본을 튼튼하게 하면 필요한 문제를 제대로 정의하는 힘, 글을 읽고 이해하는 힘이 길러진다. 이것은 내가 생각하는 4차 산업혁명시대에 꼭 필요한 철학의 기초다. 이 능력이 철학적 사고를 하는 미래 지성인으로 성장시켜줄 것이다. 마음이 있어야 말로 표현이 된다.

바른 마음, 바른 생각은 우리 시대에 반드시 필요한 철학의 ABC다.

미래에 직업이 변하고 세상이 필요로 하는 능력들이 변화될 것을 고려해보자.

이제 혼자보다는 팀워크 중심의 일들이 많아질 것이고 각 개인이 처음부터 끝까지 마무리하는 일보다는 각 영역을 나누어 분업하고 초연결되어야 가능한 일들이 많아질 것이다.

이런 세상에 대해 세계적인 싱크탱크로 손꼽히는 브루킹스 연구소 센터 책임자, 데럴 M. 웨스트<sup>Darrell M. West</sup> 역시 "기본적인 글쓰기와 말하기 실력, 비판적 사고력, 협력 능력이 가장 중요하다"고 주장한다. 미래사회에서는 자신을 숨기기보다는 표현하고 드러내야만 가능한 직업, 즉 공유산업이 성장하게 된다.

# 어른이 없다
# 리더가 없다

한 어르신이 아들 집에 들러 며칠간 묵으며 느낀 씁쓸한 감정에 대한 우스갯소리가 있다.

이 집의 최상위 순위는 손자!

두 번째는 며느리!

세 번째는 강아지!

네 번째는 아들!

다섯 번째는 도우미 아줌마!

꼴찌는 아버지!

어르신은 집을 나오며 아들에게 "4등 애비야, 잘 있거라. 6등은 이제 간다!"라고 했단다. 참 씁쓸한 웃음이 나는 이야기다.

효孝의 나라, 대한민국이 이렇게 흔들리는 이유는 무엇일까. 산업화가 강화되어가는 구조로 인해 전통적인 대가족 사회에서 핵가족 사회로 변모해서일까? 생활환경이 바뀌고 먹고살기 바쁜 것도 모두 인정하지만 그래도 그런 핑계만으로는 설명하기 어려운 현상이다.

세상은 점점 스마트해진다. 그러는 사이에 어른들의 목소리는 인터넷에서 쏟아지는 과다한 정보와 스마트폰의 영리함을 쫓아가지 못해 시대에 뒤떨어지고 귀찮은 꼰대들의 잔소리쯤으로 여겨진 지 오래다. 농경시대에는 빛났던 경험을 통한 어른들의 지식과 삶의 지혜를 지금은 인터넷과 스마트 기기들에서 찾고 있는 시대이기에, 기능적인 눈으로만 바라보는 이들에게 그 대우가 예전만 못함은 당연한 일인지도 모르겠다.

'어른'의 사전적 의미를 찾아보았다.

> 1 │ 다 자란 사람. 또는 다 자라서 자기 일에 책임질 수 있는 사람.
> 2 │ 한 집안이나 마을 따위의 집단에서 나이가 많고 경륜이 많아 존경을 받는 사람.
> 3 │ 나이나 지위나 항렬이 높은 윗사람.
> 4 │ 결혼한 사람.
>
> 「표준국어대사전」

'자기 일에 책임질 수 있는 사람'은 가정에서는 아버지, 어머니, 사회에서는 교사, 의사, 정치인, 경제인, 문화인, 직장인 등 각자의 맡은 분야에서 책임질 수 있는 사람을 말한다.

책임을 지는 이에게는 그에 맞는 정당한 권위도 주어지게 된다. 권위는 그 역할을 잘 감당할 때만 가질 수 있다. 때론 그 감추어진 의무와 책임의 노력을 보지 못하고 밖으로 보여지는 부분만 중시하면서 그로 인해 누리게 되는 것처럼 보여지는 권리, 즉 '기분 좋은 권위'만 요구하는 것 같아 걱정이다.

요즘은 흔히 '어른이 없는 세상'이라고 한탄한다.

많은 이들이 자신은 어른으로 인정받고 싶어하지만 모순되게도 다른 어른들을 어른으로 인정하고 싶어 하지는 않는다. 무엇이 문제일까? 세상의 변화와 스마트 기기 탓으로만 돌리기에는 부족한 또 다른 이유가 있는 것은 아닐까? 우리가 어른으로 인정해달라고 주장하기에 앞서 '어른다움의 회복'에 대해 먼저 생각해보아야 하지 않을까?

어른다움의 회복이 가장 먼저 실현되어야 할 곳, 가정으로 들어가보자.

진정한 어른의 역할, 영향력은 가정에서부터 시작된다. 가장 가까운 자녀들에게부터 인정받아야 한다. 자녀 앞에서는 TV 막장 드라마, 유튜브의 음란하고 상업적인 채널을 즐겨 보면서 아이들에게는 건전함을 요구하고 있다면? 언행일치가 없는 어른의 요구는 그들에게 '날아가는 소리요, 울리는 꽹과리'일 뿐이다. 그들에게는 오히려 마음의 상처로 돌아오는 어른, 부모의 모습일 수 있다.

이처럼 당당한 어른이 되려면 아주 작은 부분까지도 바른 결단이 필요하다. 살아 있는 삶의 멘토로서 본보기가 되기 위한 눈물겹고 뼈를 깎는 노력이 필요하다. 말은 그저 공허하게 사라지는 말로만 끝날 뿐이다.

부모가 자녀들 앞에서 거친 언어로 누군가의 흉을 본다면 내 자녀 역시 왕따를 당하고 누군가로부터 미움을 받을 수 있다는 두려움을 가져야 한다. 달라지지 않는 부모들 아래서 성장하는 아이들이 어떻게 바르게 잘 자랄 수 있을까?

어른의 자리는 힘든 자리다. 저절로 되는 게 아니다. 상상하지 못할 정도로 부단한 노력이 필요한 특별한 자리다. 또, 무거운 책임이 동반되는 자리다. 노력을 다했을 때 그 결과로 존경받는 눈물겨운 위치다. 말은 경계하고 행동으로 말을 대신해야 한다.

말로는 바름을 논하면서 행동이 그와 다른 어른이 매일 좋은 말을 해준다고 해도 그를 지켜보는 아이에게 그 말은 전혀 스며들지 않는다. 오히려 반감만 불러온다.

어른의 행동과 말을 보고 배우는 스펀지 같은 아이들은 좋은 것이든 나쁜 것이든 그대로 보고 배우며, 역시나 그들이 보고 배우는 어른들과 똑같이 살아갈 확률이 높다는 보고도 있다. 자녀가 잘되기를 바란다면 부모는 말이 앞서기 전에 스스로 그렇게 살아야 한다. 그래야 권위와 설득력이 생긴다.

어른의 권위란 이처럼 어렵지만 소중한 보석이다. 그 영향을 가장 크게 받는 우리 아이에게서, 또 아이들 세계에서 인정과 존경을 받을 때 불편하고 고집만 가득한, 말이 통하지 않는 '꼰대 어른'으로부터의 탈피가 가능하다.

학생들이 골목길에서 담배를 피우다 어른이 지나가면 깜짝 놀라 부랴부랴 허리춤으로 숨기던 모습을 다시 보고 싶다. 그러나 그것은 이제 그립고 보고 싶은 옛날이야기가 되었다.

지나가는 어른을 향해 당당히 담배연기를 뿜어대는 요즘 아이들에게는 요즘 어른들도 별다른 관심을 주지 않는다. 그저 귀찮은 남의 자식일 뿐이다. 때론 그들을 피하고, 거칠어 보이는 그들을 두려워하기도 한다. 요새는 그 누구도 이 아이들을 내 자식, 내 손자라고 생각하지 않는 분위기가 되었다. 괜히 담배 피우는 아이들에게 한마디 한 어른들이 폭행을 당했다는 뉴스가 심심찮은 요즘이니 말이다.

사실, 가능하면 그런 뉴스는 방송국에서도 조금 정제해서 방송해주었으면 좋겠다. 아이들을 위한 교육 차원에서 고민하는 방송문화가 아쉬운 요즘이다. 어쨌든, 이렇게 슬픈 현실은 어쩔 수 없이 어른인 우리가 만든 것이다. 그들의 행동은 우리의 거울이다. '동방예의지국'이자 '효의 나라'로 불리던 대한민국은 지금 어디에 있는가. 아무리 급변해도 변해서는 안 될 것까지 변하는 것을 방관하는 어른의 실수가 많은 세상이다.

생각해보면, 어른들은 이 시대의 아이들에게 정말 미안한 게 많다. 아이들의 태도에는 그들의 마음이 드러난다. 사회에 대한 조롱과 어른들에 대한 무시가 은근히 몸에 배어 있기도 한다. 잘못을 더 이상 지적하지도 못하는 어른들…. 어른의 존재를 인정하지 않는 아이들….

점점 더 말이 먹히는 어른의 자리가 그립다. 이제는 아이들에게 그 길로 가면 안 된다고 말하는 어른들을 찾아보기도 쉽지 않다. 이런 아픈 현실의 어른들이니 우리 아이들이 기대고 의지하지 않는 것은 아닐까.


2018년 일어난 '미투Me Too 운동'은 이러한 어른들의 자화상을 그대로 보여준다.

미투 고발에 연루된 대부분의 사람들은 오히려 남의 잘못에 대해 철저하게 지적하는 자리에 있었던, 널리 이름이 알려진 사람들이었다. 남들을 향해 '그렇게 살면 안 된다'고 가르쳐왔던 우리 사회의 리더들이었다.

그들을 보며 우리도 살면서 자신의 문제에 대해서는 너무 쉽게 용서하고 잊고 있는 것은 아닌지 생각해본다. 인터넷 댓글을 살펴보면 어떤 글에든 비난의 글들이 쏟아진다. 이제 타인을 향한 시선에서 자신으로 시선의 방향 전환이 필요하다.

우리는 각자 크기는 다르지만 다양한 문제들을 가지고 살아간다. 그것들로부터 자신을 성찰하고 반성하면서 새롭게 노력하는 모습 또한 사람만이 할 수 있는 위대한 일이다. 아이들에게 좋은 영향력을 갖는 성숙한 어른의 모습이다.

갑질 문화, 왕따 문화, 물질 만능주의, 폭력 문화, 자극적 문화 같은 용어들이 우리에게 낯설지 않은 현실이 힘들다. 때론 어른들의 모습을 아이들이 그대로 답습하는 듯해서 두렵기까지 하다. '이 정도쯤이야' 하며 스스로가 만든 허용치를 제거해야 어른의 권위는 다시 제자리를 찾아갈 것이다.


이 시대를 살아가는 우리 모두는 하나의 공동체다. 서로에 대한 배려는 함께 살아가는 데 가장 중요한 요소다. 특히 어른의 모습은 아이들에게 실질적인 모델이 되고 멘토가 된다.

누군가는 약간의 업무적 우위에 있는 것을 힘으로 착각하기도 한다. 슬프게도 어떤 이는 그것을 무기로 활용하려는 최악의 태도를 갖기도 한다. 이런 가벼움에 흔들리지 않고 무엇이 중요한지에 대해 잘 가르쳐 줄 수 있는 어른으로 자리하고 싶다.

나약하기 때문에 무법지대로 살아가는 그들이야말로 '진정한 약자' 임을 아이들에게 알려줄 수 있어야, 어른의 역할을 제대로 하는 것이 리라.

어른은 존재로서 말해야 한다.

아이들을 정말 사랑한다면 지금부터라도 '어른의 삶'을 비춰 보아 어른의 존재감을 회복해야 한다. 응원의 눈빛을 담은 어른이면 되지 않을까. 존재 자체만으로 믿고 따를 수 있는 어른의 모습. 그 안에는 따스한 애정이 담겨 있어야 하고 우직한 정직함도 있어야겠다.

말과 행동이 같은 어른, 아이들의 이야기를 들으려고 마음과 귀를 열어주는 넉넉한 모습, 그들이 하고자 하는 방향에 절대적인 지지자로 있어 주는 어른이 되고 싶다. 무한 신뢰로 응원하며 자신도 최선을 다해 살아내는 모습을 보여주는 그런 우직한 어른이 많아졌으면 좋겠다.

내 자녀, 남의 자녀를 가리면 어른이 아니다.

모두가 우리 아이들, 내 아이들이다.

'나는 우리 시대 어른들이 너무 좋다.'

아이들로부터 이런 이야기를 많이 들을 수 있는 사회가 건강한 사회다.

# 세계 최고의 대학진학률은
# 우리의 자랑?

지난 스승의 날은 진로교사로서 보람을 한껏 느낄 수 있는 날이었다. 특성화고에 진학한 지성이(가명)가 나를 찾아왔기 때문이다. 다른 많은 아이들도 특성화고에 진학했지만 지성이는 특히 자신의 미래에 대한 목표가 확고했고 무엇보다 부모님의 탄탄한 지지와 응원이 있었다. 선생님, 부모님과 많은 이야기를 나누며 진학을 결정했기에 참 대견하고 기특한 마음이 많이 남아 있는 제자다.

사실 처음에는 지성이 부모님도 특성화고에 가는 것에 매우 부정적이었다. 가족의 기대가 큰 외아들인 지성이가 부모 세대의 교육과 인식처럼 보란 듯이 대학을 목표로 하지 않는 학교에 간다는 것도 그랬고, 훗날 사회생활을 시작하고 나면 흔히 말하는 승진 등 여러 부분에서 제대로 대접을 못 받지 않을까 하는 불안함 때문이었다. 이것은 비단 지성이 부모님에 국한된 모습이 아니라, 자녀 진로를 고민하는 대부분의 부모 세대 모습이라는 생각이 든다.

그렇게 많은 고민과 검토를 하며 부모님과 진로교사인 나와 함께 많은 이야기를 나누면서 내린 지성이의 결정이었다. 교무실을 들어서는 지성이를 보고 나도 모르게 다가가 와락 끌어안아 주었다.

"참 대견하다, 지성아. 계속 널 지켜보며 응원하마."

교사인 나에게 이런 만남은 세상 그 어느 직업에서도 느낄 수 없는 보람이자 기쁨이다.

우리 부모 세대는 자식이 힘들게 농사를 짓거나 바다에 나가 고기를 잡으며, 열심히 땀 흘리면서 육체노동으로 먹고사는 것보다는 죽어라 공부해서 '도시에서 펜대 잡고 월급 받으며 사는 것'이 훨씬 편하게 사는 거라고 믿었다. 한때는 그게 통하던 시대도 있었고 그런 시기를 경험하고 살아온 세대가 있는 것도 사실이다. 현재도 몇몇의 전문적 분야에서는 비슷한 상황이 이어지고 있는 것도 부정할 수 없다.

그러나 그것은 여전히 현재의 상황이고 다음 세대가 살아가게 될 세상은 지금과는 다르다.

의사인 한 친구는 이렇게 말한다.

"의료기술을 컴퓨터가 장악하기 시작해서 기계 없이는 의료행위를 하지 못할 정도야. 조금 과장해서 말하면 이젠 기계를 다룰 줄만 알면 쉽게 의사할 것 같더라."

남들이 부러워하는 '전문가'의 의미 있는 고백이다.

모든 사람은 제각기 다른 재능을 가지고 태어난다. 75억 지구촌 사람들이 다 다르다. 당연하지만 놀랍기도 하다. 누구는 머리를 잘 쓰고 집중하는 능력이 있다면 또 누군가는 손 기술이 있고 또 누군가는 예

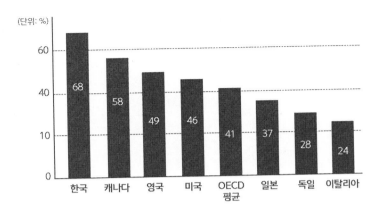

(단위: %)

OECD 국가 중 어디가 대학 많이 가나

출처: 2015 OECD 교육지표

술이나 다른 분야를 잘하도록 태어났다. 그것은 좋고 나쁘고의 기준
이 아니다. 주어진 재능이 다를 뿐이다. 하지만 우리는 언제나 새하얀
와이셔츠가 빛나는 자리, 빵빵한 월급 통장만 그리워하며 달려왔다.

세상은 변하고 있다.

편협하게 재단된 진로의 길을 걸어온 부모들만 아직 그런 생각에
갇혀 있을 뿐이다. 앞으로 수많은 변혁과 다양성이 인정되는 세상에
서 살아가야 하는 아이들을 부모가 아는 과거 세계가 전부인 양 단
편적인 생각으로 몰아가는 어른이 되어서는 안 된다. 자신이 가진
잣대만으로는 도저히 측정 불가능한 그들의 무한한 능력을 몇 가지
기준으로만 평가하려는 갇힌 어른, 아이들이 바라보기에 '대화가 안
되는 어른들'이 너무 많다. 슬프게도 아이들은 그런 우리를 '꼰대'라
고 부른다.

대학진학률 세계 최고인 우리나라.

언뜻 보면 학구열에 불탄 자랑스러운 결과처럼 보일 수도 있지만 현실을 반영해보면 걱정되는 부분이 한두 가지가 아니다. 무엇보다 대졸자의 학력을 필요로 하는 일자리는 전체의 절반도 안 된다. 특히 인문 계열의 취업률이 낮아 '인구론(인문계 90%는 논다)'이라는 씁쓸한 용어가 등장할 정도다. 2013년 이후 해마다 청년층 실업률은 신기록이 갱신되고 있는 상황이 벌어지고 있다.

높은 대학진학률과 낮은 대졸자 취업률은 학력과 직업군의 균형이 맞지 않음을 보여준다. 산업 구조상 고등 학력자의 일자리도 없는데 대학진학률이 높은 것이 과연 어떤 결과로 이어지겠는가. 이를 해결하기 위한 두 가지 방법이 있다. 대졸자를 수용할 수 있는 구조로 산업 구조를 변화시키거나 아니면 대학진학률을 낮추는 것이다.

독일 등 서구 사회에서 볼 수 없는 높은 대학진학률은 우리에게 많은 생각을 하게 한다. 대학을 가지 않으면 뭔가 이상하게 여기고 대하는 비정상적 사회 흐름에 대해 우리 사회 구성원들이 어떤 생각을 가지고 있는지 되돌아보자.

직업의 차별 문화를 생각해본다. 나 역시도 그런 부모 아래서 성장했음을 고백한다. 하지만 학생들의 미래를 위해 앞에서 도와야 하는 교사로서 많은 진로의 방향을 찾아가고 알아야 하기에 이전의 생각에서 조금은 벗어나 있고 그런 노력을 많이 기울여 왔다고 생각한다.

특히 현장에서 아이들을 가르치는 진로교사로서 그들과 진로를 이야기하다 보면 과거에 국한된 편협한 생각이 정말로 잘못되었음을 느끼게 된다. 막연한 생각으로 대졸, 고졸 직업의 귀천을 두는 우리나라의 차별문화는 도대체 어떻게 하면 변화할 것인가. 한 개인이 한 나라의 문화를 바꿀 수 있다고 생각하지는 않지만 그래도 그냥 있을 수는 없다. 틀린 건 틀린 거다.

대학까지 졸업하는 데 드는 비용이 인당 약 2~3억 정도 든다는 통계가 있다. 그 많은 비용을 들여 대학을 졸업했다면 배운 지식을 사회에 내놓아 자신의 전문 자리에서 일해야 하는 것은 당연하다. 하지만 언제부터인가 전공에 맞게 자신의 직업을 선택하는 경우는 많지 않아 보이기도 한다.

최근에 만난 30대 초반인 박사 후배는 매일이 룰루랄라란다. 결혼하고 가정을 꾸리니 적성에 맞지도 않는 회사를 쉽게 떠날 수 없었는데 고민 끝에 퇴사를 하고 구청 9급 공무원에 합격한 후 매일 행복하다는 것이다. 자신의 꼼꼼하고 정확한 성격이 지금의 일을 신나게 할 수 있는 원동력이 되고 있단다. 한편으로 박사 출신 9급 공무원들이 나날이 늘어나고 있다는 소식은 나라를 위해서는 긍정적이겠지만, 그들이 학업에 들인 시간과 비용을 생각해보면 효율성의 문제가 극명하게 나타나는 예다. 그래도 자신의 적성을 찾았으니 다행이기는 하다.

누군가는 중·고등학생 자녀에게 학원을 보내거나 과외 등 사교육을 시키지 않고 그 비용으로 굴착기 두 대를 사서 한 대는 자기가 운전하고 다른 한 대는 기사를 고용하여 운영하면, 대학 졸업자보다 경제적으로 좀 더 여유 있게 살 수 있다고 말한다. 충분히 설득력 있는 이야기다.

이제는 '펜대만 굴리면' 먹고살 수 없는 세상이 되었는데 자녀를 가르쳐 성공시키겠다는 우리 윗세대들의 생각은 여전히 과거에 머물러 있다. 세상이 변하고 개인 콘텐츠로 살아가는 이 21세기에 20세기를 살아온 부모는 여전히 자신의 경험과 눈높이를 고수하고 있다. 두둔하자면 기성세대는 미래를 바라볼 여유가 없었기에 두렵고 불안해서일 것이다.

자녀를 반드시 대학에 보내야 하는 이유는 무엇인가.

확고한 생각을 가지고 자신의 진로를 위해 공부하려는 아이는 대학 진학을 위해 공부해야겠지만 그렇지 않은 경우에도 우리는 여전히 대학에 '목숨을 건다'. 수험생 부모는 수능시험을 위해 절과 교회, 기도원을 찾고 학교 앞 교문 앞에서 매달린다.

아직도 좋은 수능 성적과 명문대학진학이 자녀의 진로를 결정한다고 굳게 믿고 있는 것은 아닌지 부모님들께 묻고 싶다.

마이스터고나 특성화 고등학교 졸업자에게 주어지는 특별 공무원 채용이 있다. 이를 이용하면 대학과 공무원 시험을 준비하는 학원에서 젊음을 낭비하지 않아도 되고, 그에 따른 경제적인 손실도 막을 수 있다.

하지만 그런 좋은 제도가 있음을 알아도 우리는 그 길을 가지 않고 활용하지 않는다. 대중은 대중 속에 있어야 편안했던 시절도 있었겠지만 이제 그 대중 속에서 나와 자신의 길을 개척하는 것이 더 즐겁고 명확한 길을 발견할 수 있는 세상인데 말이다. 특별 공무원 채용과 같은 다양한 진로의 길, 새로운 변화의 물결을 찾아내어 나아가게 되면 그것은 오히려 지름길이 되고 아이에게 배움의 즐거움을 제공할 수도 있다.

고등학교 졸업자에게만 주어지는 '선취업 후진학 제도'를 통해 일해보고 적성을 찾아본 다음 대학진학을 결정하는 방법도 있다. 이런 다양한 길을 부모 자신이 가보지 못했기에 불안해하면 자녀들은 더 불안해한다. 아이들은 부모와 교사의 영향 아래 있다. 그들이 폭넓게 자신의 길을 열 수 있게 최선을 다해 돕지 않는다면 그것은 '방관'이다.

대학진학이 의미가 없다고 말하는 것이 절대 아니다. 다만 '묻지 마 진학'은 분명히 진지한 고민의 대상이 되어야 함을 말하고 싶다. 대학 진학률이 70% 달하는 세상에서 졸업장의 위력은 그리 크지 않을 거라고 예측할 수 있다. 인재를 채용하는 기업에서도 이미 대학 중심의 채용에서 변화를 보이고 있다. 지원자가 무엇을 잘하는 사람인지, 무엇에 관심을 두고 집중해온 인물인지에 채용과 면접의 초점이 맞추어지고 있다.

우리 아이들은 이미 학교를 통해 이런 변화와 다양한 제도를 잘 알고 있다. 자신의 특성을 생각하며 활용하기를 원한다. 그럼에도 잘 실행되지 못하는 이유가 부모에게 있는 경우를 학교 현장에서 종종 발견하곤 한다. 이제 부모는 인식을 바꾸어야 하고 자녀를 믿어야 하며 학생의 상황과 능력을 객관적으로 파악해온 교사에 대한 신뢰 역시 복구해야 한다. 교육과 입시 문제에 대해 단순히 사회문제라고 치부하기보다는 내 아이를 바라보고 객관적으로 응원해주는 '부모인 나부터' 변화의 중심에 있어야 한다.

오랜 시간 형성되어 온 직업에 대한 편견을 이제 버리자. 지구촌에서는 이 부분에 대해 자유로운 나라들이 많다.

덴마크의 경우를 예를 들어본다. 덴마크에서는 의사와 벽돌공의 월급이 비슷하다. 어떤 직업을 선택해도 최선을 다하고 인정받는 생활인으로 살아간다. 무엇보다 자신의 일을 즐기며 건강한 경제인으로 살아간다. 직업에 대한 사회적 편견이나 차별이 우리보다 현저히 낮기에 가능한 일이다.

우리 사회도 충분히 그럴 수 있다.

# 선취업
# 후진학 제도

 

앞서 소개한 지성이는 '선취업 후진학 제도'를 적극 권한 경우다. 이 제도는 특성화고를 졸업한 후 먼저 취업을 하고 실질적인 업무와 사회경험을 쌓아가다가 나중에 필요할 때 진학하는 방식이다. 물론 진학을 원하지 않으면 안 하면 된다.

오로지 대학만 준비하다 자신의 장점을 살리지 못하는 경우나 향후 대학 졸업 후에도 만족할 만한 직업을 찾지 못하는 경우보다 훨씬 다양한 선택을 할 수 있는 장점이 있다.

취업 후 진학을 원하는 경우에는 '재직자 특별전형'을 통해 대학에 진학하면 된다. 지성이처럼 특성화고등학교 졸업자들에게 그 자격이 부여된다. 물론 직장에 3년 이상 재직 중이어야 가능하다. 전형 방법은 서류전형 및 면접으로 이루어지며, 서류전형은 학생부와 자기소개서를 기준으로 평가된다.

하나의 예를 들었지만 지금은 이런 다양한 선택을 할 수 있는 방향이 있고 그 외에도 다른 많은 선택을 할 수 있는 시대다. 그럼에도 오로지 대학만을 기준으로 한 진로 선택에 대해서는 여러 가지 방향으로 재검토해보기를 권한다. 공부에 재능이 없는 자녀를 주위 아이들과 비교해 불안함을 느끼고 각종 학원을 보내는 경우도 많이 본다. 하지만 잠깐의 위안을 위한 시간들은 정작 아이들의 미래를 어둡게 할 수 있는 불안한 시간이 될 수도 있다.

어른들이 다양한 각도에서 진정으로 아이를 위하고 자녀가 행복할 수 있는 방향을 같이 바라보며 나아갔으면 한다. 그렇게 하기 위해 언제나 대기하고 있는 각 학교의 진로교사들을 충분히 활용하기를 적극 권한다.

선취업 후진학 제도는 이미 선진국에서는 널리 알려진 시스템이다. 대학에서도 이런 현장 경험을 가진 학생들이야말로 학업을 통해 더 큰 인재로 키워야 한다는 생각에는 변함이 없다. 결국 중간지대에 머물러 '생각의 한계'를 만들고 있는 우리 어른들이 진짜 문제다.

일반고 졸업장을 선호하여 자녀의 특성화고 진학을 기피하는 부모들도 있지만, 지성이의 미래를 적극 응원하며 아들을 믿어준 그의 부모님을 떠올려본다.


언젠가부터 우리는 자신도 모르는 사이에 아이들의 삶의 방향을 가로막는 '방탄 유리천장'을 그들에게 씌워 놓았는지도 모르겠다. 이제 더 이상 그 안에 아이들을 가두어서는 안 되지 않겠는가.

# 진학에 매달리지 말라
# 진로에 정답이 있다

교사로서 우리 반 아이들이 꿈꾸는 미래, 인생의 방향에 대한 생각이 무척 궁금했다. 하늘과 맞닿은 높은 산을 오를 때 잠시 쉬며 충전하는 곳, 히말라야의 베이스캠프 같은 역할이 나와 같은 교사가 해야 하는 역할이라고 생각한다. 정상을 향해 잘 나아갈 수 있게 돕는 셰르파가 되려면 길도 잘 알아야 하고 현지상황도 잘 파악해야 한다.

산을 오를 등반가는 자신이 목표한 정상에 대한 정보를 듣기 위해 셰르파들이 자신의 다양한 경험치 속에서 안내하는 내용을 경청해야 한다. 그것은 단순히 이야기가 아니라 목숨이 걸린 중요한 사실들이다. 교사는 그런 마음으로 학생들을 대해야 한다고 생각해왔다. 모든 교사의 마음이 그럴 것이다.

평소 생각해왔던 계획이었지만 차일피일 미뤄오기만 했던 '선생님과 같이 밥 먹기 프로젝트'를 통해 교사로서 우리 아이들의 셰르파가 되기 위한 노력의 시간을 만들었다. 그리고 35명의 우리 반 모든 아이들과 매일 밥 먹기를 실행했다.

나는 떡볶이, 피자, 돈가스, 초밥 등 아이들이 좋아하는 메뉴를 정하고 매일 한 명의 아이와 점심을 함께하는 시간을 가졌다. 밥도 먹고 산책도 하며 그들의 꿈과 미래에 대한 이야기를 들을 수 있는 귀중한 시간이었다. 학교 앞 분식집과 다양한 식당은 우리들의 '진로전략실'이 되었다. 학교를 벗어난 장소라 그랬는지 아이들은 자유롭게 자신이 오르고자 하는 꿈에 대해 행복한 이야기들을 들려주었고, 또 자신의 미래를 잘 열어갈 수 있도록 도움을 줄 거라고 믿기에 셰르파인 내가 말하는 한 단어, 한 단어를 소중히 가슴에 담는 듯했다.

아이들에게 대학입시는 여전히 큰 고민의 무게를 가진 대상이었다. 자신의 꿈을 이야기할 때는 매우 밝은 표정이었지만 입시에 대한 고민에서는 급격히 말수가 줄어들었다. 안타까웠다. 어떻게 하면 우리 아이들이 미래를 밝게 바라보며 매일매일 행복한 전진을 할 수 있을까에 대한 많은 생각을 하게 되는 시간이었다. 비록 한 시간이었지만 학교 밖에서 서로의 마음을 활짝 열게 하고 우리를 더욱 가깝게 만들었다.

그래서였을까. 그들은 미소 띤 얼굴로 어떤 것이 자신을 즐겁게 하는지, 훗날 자신이 하고자 하는 분야가 무엇인지에 대해 나에게 솔직하게 말해주었다. 그리고 놀라울 정도로 자신에 대해 잘 알고 있었다. 우리가 생각하는 이상으로 성숙하고 기특한 그들이다.

때론 아이들이 말하는 목표와 진로 중에 진학을 목표로 하는 현재 상황에서 쉽지 않아 보이는 것도 있었다. 하지만 나는 그리 걱정하지 않는다. 아이들은 사람들 생각만큼 철이 없거나 약하지 않다.

내가 오랫동안 지켜본 아이들은 머지않아 진학만이 아닌 진로에 대한 다양한 고민 속에서 스스로 지혜로운 선택을 하게 될 것이다. 그 과정을 진로교사인 내가 도울 것이며 변화된 부모와 함께 응원하면 충분히 가능한 일이다.

미국의 오바마 전前 대통령도 극찬한 우리의 교육열! 그는 우리의 디지털교과서나 학교에서의 풍성한 시간을 무척 부러워했다고 한다. 우리 교육의 좋은 부분을 보았겠지만 균형 잡히지 않은 교육 현실을 자세히 들여다보았을 때도 그가 여전히 우리를 부러워했을지는 의문으로 남는다.

대학입시설명회가 있을 때는 대규모 강당이 꽉 차고 앉을 자리가 없을 정도로 문전성시를 이룬다. 사계절에 추가된 '입시철' 모습이다. 해마다 이런 모습이 연출되는 것을 앞으로도 변함없이 바라보아야 할 것인가. 대학만을 인생이 결정되는 관문으로 여기며 광적으로 매달리는 우리의 현실을 보며 한 교육학자는 이렇게 지적한다.

"부모 세대가 이루지 못한 대학진학에 대한 한풀이"라고.


'과유불급過猶不及.'

잘 알려진 《논어》의 〈선진〉 편에 나오는 말이다. '지나친 것은 미치지 못한 것과 같음'을 말한다.

입시 열풍도 '과유불급'라는 말이 적절해 보인다.

학교 현장에서도 그렇다. 학부모 연수 주제로 대입관련 내용이 진행되면 자리가 부족할 정도로 높은 참석률을 보인다.

아쉽게도 자녀들의 인성, 자존감 등에 관련된 연수 때는 참석률이 절반으로 급감한다. 학부모들이 진학에는 뜨거운 관심을 갖고 있지만 아이들의 미래진로에는 관심이 벗어나 있음을 보여주는 듯하다.

이러한 부모의 태도와 사회적 분위기는 아이들에게 많은 혼란을 일으킨다. 대학이나 학과를 선택할 때도 자신의 흥미나 적성, 꿈보다는 합격 가능 점수에 맞춰 결정하는 씁쓸한 경우가 얼마나 많은가. 그로 인해 발병되는 것이 대2병이다. 대2병은 중2병에 빗대어 생긴 신조어로 대학진학은 했지만 본격적으로 전공 공부가 심화되는 대학교 2학년이 되면서 중2병과 같은 상황이 만들어지는 현상을 말한다.

'자신이 정말 좋아하는 것은 무엇이고 하고 싶은 일은 무엇인가?' '앞으로 어떻게 살아야 행복할까?'에 대한 삶의 근본적인 물음에 해답을 얻지 못해 방황하고 아파하는 시기가 이 즈음이다. 진로보다 진학이 우선한 결과가 이처럼 뒤늦은 고민을 만들어낸다.

진로는 다급하게 몰아간다고 해서 정해질 수 있는 영역이 절대 아니다. 스스로 미래를 규정하고 나아가기 위해서는 자신이 즐거움을 느끼고, 체험하고, 내 것으로 받아들일 수 있는 충분한 시간이 주어져야 한다. 흥미를 느끼고 사색하며 도전할 수 있는 '기다림의 시기'가 필요하다.

가난에서 벗어나기 위해 불도저처럼 밀어대던 경험으로 결정하는 속도전식 교육. 이런 교육을 시대의 변화와 상관없이 언제까지 지속할 것인가. 모든 것이 변화하는데 우리 교육은 왜 늘 같은 자리일까. 변하지 않는 우리가 가지고 있는 특별한 대안은 도대체 무엇이란 말인가.

자신이 왜 공부하는지, 대학을 가야 한다면 그것에 대한 분명한 이유를 적어보라고 권하고 싶다.

그 이유가 정확하다면 대학뿐만 아니라 그 이상의 많은 공부를 해야 할 필요가 있다. 중요한 것은 방향을 아는 것, 그에 맞게 인생의 시간을 의미 있고 행복하게 사용해야 한다는 점이다.

그런 과정을 짚어보고 고민하는 시간을 거치면 절대 대2병은 생길 수 없다.

여전히 교육은 '백년지대계百年之大計'다.

사람의 인생에는 태어나는 날과 마침표를 찍어야 하는 날이 있다. 그 마지막 날, 자신의 삶을 회고할 때 '내 인생은 참 잘 살았고 원하던 많은 것을 이룬 행복한 인생이야'라는 생각이 들었으면 좋겠다.

그런 삶의 이유를 발견하고 노력하는 과정의 시간이 교육이라고 생각한다. 결국 자신의 풍성한 삶을 살기 위한 방향 설정이라는 관점에서 진로의 방향은 정해진다.


부모의 인생 방향에 포함된 것이 아닌 자녀의 삶을 존중하기 위해, 어른들이 귀를 열어 충분한 시간을 갖고 그들의 말을 들어주어야 한다. 때론 좋은 길을 안내하기도 하면서 말이다. 그것이 삶이다. 삶을 행복하게 살기 위한 도구를 만드는 매일의 시간을 즐겨보자. 즐기는 교육은 집중이 가능하다. 클래식 음악도, 그림도, 기계조립도, 운동도, 게임도, 여행도 그 어떤 것을 불문하고 자신의 즐거움을 쏟아부을 수 있는 모든 영역이 진로이자 목표가 된다.

부모와 사회는 그 목표를 잘 향할 수 있도록 돕는 셰르파로서의 자리를 잘 감당하면 된다.

애들아, 걱정 마.

부모님과 선생님들이 열심히 너희를 응원할게!
너의 삶을 즐겨봐, 당당하게!

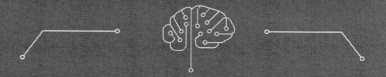

## CHAPTER 2

# 우리 아이들은
# 지금 아프다

·

단 한 명이라도 조건 없는 사랑을 주는 어른을 만나면

열악한 환경에 있는 아이들도 문제없이 자랄 수 있다.

– 하와이 카우아이 섬에서 40년간 진행된 〈종단연구 결과〉 중에서

·

# 정체성을 찾아
# 나서는 길

'나는 누구인가?'

'나는 무엇을 할 수 있는가?'

모든 사람이 가슴속에 품고 있는 질문이다. 특히 청소년기에는 이 정체성에 대한 심각한 고뇌의 시간이 집중된다. 성장 과정에서 필수적으로 겪게 되는 건강한 성장통의 단계다.

정신분석학자인 에릭 에릭슨Erik Erikson은 '성인발달 8단계 모델'에서 청소년기를 '정체감 vs 역할혼란'의 시기에 해당한다고 말한다. 청소년기의 정체감 확립이란 통합적인 자기상self image의 정립을 의미한다. 그는 이 시기에 자신이 어떠한 존재이며 앞으로 나아가는 데 제일의 가치가 무엇인지 확실히 인식하면 정체감을 획득하지만, 그렇지 못하면 방황과 혼란의 시기를 겪게 된다고 주장한다.

실제로 많은 부모 역시 자녀를 키우는 동안 가장 힘든 시기로 사춘

기를 건너는 청소년기를 든다. 바로 에릭슨이 주장하는 '정체성 확립 시기'다.

이처럼 많은 생각이 혼재하고 이를 구체화해야 하는 중요한 시기에 그들 곁에 있는 부모와 교사는 어떤 모습으로 비쳐지고 있고, 또 어떤 영향력을 주고 있을까?

사회는 무엇으로 이 시기의 아이들을 도와야 할까?

혹시 우리가 지식의 중요성만 주장하며, 진학과 취업 등 먹고사는 문제에 대한 답만 찾도록 몰아가는 메마른 환경을 조성하고 있는 것은 아닌지도 점검해보자.

빅터 프랭클Viktor Emil Frankl은 나치의 아우슈비츠 수용소에서 아내와 부모, 형제를 모두 잃고 홀로 살아남은 오스트리아의 정신과 의사다. 포로수용소를 전전하면서 가족은 물론 유대인 학살을 직접 목격한 끔찍한 일을 겪었다. 이런 죽음의 공포를 이겨내고 수용소에서 해방된 이후 그는 하버드와 스탠퍼드대학에서 교수가 되었다. 그는《죽음의 수용소》에서 당시 살아남은 사람들에 대해 이렇게 이야기한다.

"유대인 수용소에서 느낀 것은 몸이 튼튼하고 머리 좋은 사람이 살아남는 것이 아니라 자신의 삶에 의미를 명확하게 간직했던 사람이 살아남았다는 것이다."

우리 아이들 역시 매우 심각한 정체성의 혼란기에 있음을 교육 현장에서는 더욱 생생히 느끼게 된다. 어떻게 그들을 도울 것인가. 그에 대한 해결책을 나는 유대인의 정체성에서 가져오자고 제안하고 싶다. 극한 상황의 유대인 수용소에서 살아남은 그들이 가지고 있던 정체성은 삶에 대한 가치와 애정, 그리고 희망이었다.

어른인 우리는 그들을 현실 속에서 우뚝 일어설 수 있게 도울 수 있다. 과거 인기 TV 드라마의 "아프냐, 나도 아프다"라는 대사가 한동안 유행한 적이 있다. 그 대사를 떠올리면 나는 우리 학생들이 떠오른다.

실제로 우리 아이들은 지금 많이 아프다. 과도기적 시기에 살아가면서 경쟁의 우위에 서라고 사방에서 강요받기에 더욱 아프다. 그 아픔의 생채기가 얼마나 큰지 나 역시 잘 알기에 이렇게 대답한다. 나도 아프다고. 그들의 아픔을 보기에 아프고, 또 그 아픔을 단번에 해결해 주지 못해 너무 아프다고 말이다.

학교에서 왕따 및 정서적 어려움을 호소하는 아이들도 종종 볼 수 있다. 인정받고 사랑받지 못해 힘들고 때론 무능해 보이는 자신에 대해 스스로 비관하기도 한다. 아직 본격적으로 시작도 하지 않은 인생임에도 그들은 좌절부터 겪기도 한다. 슬프게도 학교의 서열과 경쟁 속에서, 나도 아이들도 모두 아픈 시간을 함께 보내고 있다.

문제는 이 상태가 계속 유지되어서는 안 된다는 점이다. 아픈 상처가 오래되면 큰일이다. 문제를 발견했다는 것은 해결책이 있다는 것과 같다. 아이들에게 희망을 주어야 한다. 자기 자신을 편한 마음으로 사랑할 수 있게 도와야 한다. 그들에게는 빠른 치료가 필요하다.

현장에서 고등학교 학생들을 상담하다 보면 자신이 무엇을 좋아하는지, 관심 분야가 무엇인지, 자신의 진로에 대해 최소한의 계획과 방향도 세우지 못한 안타까운 경우를 본다. 어떤 아이들은 스스로 삶의 방향을 찾아가는 것이 아닌, 누군가가 도깨비 방망이처럼 자신에게 원하는 결과를 선물해주기만 바라기도 한다.

왜 우리 아이들이 이렇게 되었을까? 우리가 무엇을 도와야 할까?

공부와 대학진학이라는 괴물에 내몰리다 보니 자신의 내면을 들여다볼 시간이 없었기에 이런 결과를 가져온 것은 아닐까?

좋은 여건을 만들어주지 못하고 방관해왔으며 그들의 고민을 들어주고 같이 풀어가려는 어른의 여유를 할애하지 않았기 때문이다. 미안하기 그지없다.

마음이 급해진다. 그대로 방치한다면 아이들의 미래를 암울하게 만들지도 모른다. 사랑하는 아이들을 존중하며 자신의 삶에 대한 정체성을 확립할 수 있도록 그들의 생각과 성장 과정을 도울 수 있는 방법을 찾고 지혜를 모아보자. 우리는 삶의 롤 모델을 만나게 해주거나, 새로운 경험을 시도할 수 있게 그들을 도와주면서 원하는 것을 배울 수 있는 진정한 교육의 터전을 제공할 수 있다.

그 안에서 그들은 자신이 누구인지 알고 또 얼마나 소중한 존재인지 알아가게 될 것이다. 또, 자주 함께 시간을 가지며 어떻게 살아야 행복한지 알려주고, 더 나아가 그 꿈을 이룰 수 있도록 구체적인 교육 방향을 제시한다면 그들은 스스로 힘을 기르며 긍정적인 길을 찾을 거라고 생각한다.


공부하면서 겪는 여러 힘든 상황들이 견디기 힘들어도 우리의 따뜻한 애정의 격려가 지원되고 삶의 진정한 기쁨에 대한 공유가 일어난다면 아픈 상처에 딱지가 생기고 새살이 돋게 될 것은 당연하다.

가정에서는 아이가 '공부하는 기계'가 아닌 꿈을 가진 소중한 인격체임을 인정하는 마음에서부터 시작하자. 불필요한 '세상의 욕심'을 내려놓자. 아픈 그들에게 필요한 절대적인 양분은 가족의 사랑과 믿음이다. 어떤 상황이 되어도 한편이 되어주는 가족이 있고 지지자가 있다는 안정감을 잃지 않도록 가족 간의 감정 교감을 최우선으로 여겨야 한다. 안아주어도 좋고 칭찬도 좋다. 때론 응원을 담은 가족의 문자나 편지가 천군만마의 힘으로 작용할 것이다.

학교는 학생 스스로 인생의 주인공이 되어 미래를 어떻게 꾸릴 것인가에 대한 자율성을 이어갈 수 있도록 지속적으로 힘을 길러주며, 그 구체적인 방안들을 함께 도모해보자.

그들이 가장 가까이에서 만나는 어른인 교사는 획일적이고 평범한 시야가 아닌 아이들 한 명 한 명을 향해 관심과 존중의 마음을 갖고 대하는 것부터 시작하자. 아이들은 자신이 인정받고 있음을 느끼게 되고 친밀한 어른을 경험하게 된다. 그럼으로써 세상을 바라보는 풍성한 마음과 시각을 학교 안에서 먼저 배우게 될 것이다. 이런 노력들이 학교 안에서 시스템화되도록 좋은 방안을 구상하여 현실에 반영해가야 한다.


가정과 학교만이 아니라 국가야말로 큰 정책변화를 결단해야 한다.

국가의 가정에 대한 지원 방향을 단순히 자녀 양육에 있어 부모의 경제적인 어려움을 해결해주는 방향에서, 자녀를 키우며 행복을 느낄 수 있는 정책으로 방향의 전환이 요구된다.

나는 그 방안의 하나로 사회단체에서 진행하는 아버지학교, 어머니학교를 통한 부모교육을 공교육에 들여오는 것을 제안한다. 존경받을 수 있는 부모가 되기 위한 훈련과 교육은 반드시 필요하다. 이 교육이야말로 가장 중요한 '인생 교육'이 아닐까.

운전을 하기 위해서는 면허증을 취득하여 기본 지식을 습득해야 한다. 이처럼 부모도 최소한의 부모교육을 통해 아이들이 성장하는 시기에 존경받는 부모, 어른으로서의 모습을 갖추어 살아가도록 적절한 지혜와 지식을 제공하는 것이 필요하다는 생각이다. 이런 실질적인 가정교육 지원 비용이 다른 어떤 교육예산보다 먼저 책정되어야 한다. 그런데 현실 속에서는 이런 부분들을 개인이나 사회에만 떠맡겨 자율적인 자아실현 정도로 치부하고 있으니, 열성적인 국가정책을 내놓는다고 해도 현실과의 사이에는 좀처럼 간격이 좁혀지지 않는다.

부모의 올바른 모습이 자녀에게 전수되면 결국은 세대를 이어가는 정신적인 계승으로 이어지게 된다. 부모가 든든한 모습을 보이는 가정의 아이는 자존감이 쉽게 흔들리지 않는다. 동시에 자신의 소중함에 대한 특별한 정체성을 갖추게 된다. 가족이 행복을 누리는 정책을 국가에서 전면적으로 검토해야 저출산 문제, 바뀌지 않는 교육 문제 등 우리 사회의 많은 문제들에 대한 답을 찾을 수 있을 것이다.


사회적으로는 미디어의 힘을 구하고 싶다. 광고료로 운영되는 미디어 역시 기업이기에 최종적으로는 수익 창출이 목적이 된다는 사실을 잘 알고 있다. 매일 많은 사건과 사고가 발생하는 게 세상이고 아쉽게도 그 사건과 사고를 전하는 미디어에 국민의 관심은 쏠리게 된다. 자극적이고 놀랄 만한 것일수록 더 큰 관심을 갖게 하는 것이 현실이다.

하지만 그로 인한 영향을 스펀지처럼 흡수하는 우리 아이들에 대한 배려가 필요하지 않을까? 아이들은 온갖 마케팅에 고스란히 노출되어 있다. 아이들에게 의도적으로라도 '긍정과 희망'을 전하는 밝은 소식과 메시지의 분량을 늘려주기를 진심으로 호소한다.

청소년기에는 특히 미디어의 영향을 크게 받는다. 미디어는 이미 우리의 삶을 장악하고 있다. 문제점도 많이 드러나고 있긴 하지만 잘 관리하면 아이들의 마음을 위로하고 도움을 줄 수 있는 또 하나의 유용한 도구가 될 거라고 생각한다.

미디어를 만들어가는 제작진과 운영진들이 자신의 자녀가 그것을 보고 있다고 생각하면 어떨까? 비이성적인 불륜 조장 드라마, 선정적·자극적·폭력적 미디어에 대한 깊이 있는 고민을 부탁한다. 위기의 아이들에게 희망을 전하는 따뜻함이 가득한 메시지를 기대한다. 그럼으로써 우리 아이들은 희망적인 미래를 마음에 그려갈 수 있다.

정보가 너무 많아서 무엇이 정보인지도 알 수 없는 세상이다. 막강한 영향력을 가진 미디어가 선한 영향력을 확산시키는 데 더욱 많은 시간과 공을 들였으면 한다.

교육에도 사회적인 연대가 필요한 이유다.

하나로 연대해야 더 큰 목소리로 우리 아이들의 미래를 응원할 수 있다.


아이들을 보호하고 자신의 가치를 발견하여 세상 속에서 잘 살아가도록 성장 과정에 도움을 주기 위해, 어른의 지혜롭고 아름다운 연대가 필요하다. 그래야 그들을 지켜보는 우리도 살아가는 보람이 있다.

어른들의 살아가는 모습, 그것이 바로 진짜 교육이다.

# 계란을 바위에 던지는 것을
# 포용하는 사회

경쟁률 63대 1.

2018년 서울시 7·9급 공무원 시험 지원 경쟁률이다. 1,971명 선발에 124,259명이 접수했다. '일반농업 9급'이 332대 1의 최고 경쟁률을 기록했고 그 다음으로 보건 9급 지원율 순이다. 응시연령은 20대가 75,019명(60.4%)으로 가장 많았고, 30대가 40,418명(32.5%)으로 20~30대가 92.9%를 차지하고 있다는 점이 눈에 띈다.

인생에서 때론 위험을 감수하고 도전적인 시기의 이들에게 공무원 시험이 주는 매력은 무엇일까?

안정성이다. 안정적인 직업이 부정적이라는 것은 아니지만 해마다 공무원 시험 경쟁률이 높아지는 쏠림 현상은 향후 미래사회에 필요한 다양한 인재 배분의 관점에서 많은 우려가 되는 게 사실이다. 미래에 새롭게 생길 창의적 영역에 대한 젊은이들의 많은 관심과 도전이 필요한 시점에서 안정성만 추구하는 현실은 씁쓸함을 자아낸다.

'N포 세대'라는 신조어가 있다. 최근 취업시장에서 어려운 사회적 상황으로 인해 취업이나 결혼 등 여러 가지 요소를 포기해야 하는 세대를 뜻한다. 연애, 결혼, 주택 구입 등 많은 것을 포기하는 현상으로 그들이 포기할 수밖에 없는 것들이 너무 많아서 셀 수 없을 정도라 수학에서 숫자를 지칭하는 'N'을 넣어 만든 말이다. 사회, 경제적 압박으로 인해 이 시대의 청년들이 얼마나 마음이 아픈지, 얼마나 힘들게 살고 있는지 사뭇 실감하게 하는 단어다.

3포 세대(연애, 결혼, 출산 포기), 5포 세대(3포 세대+내 집 마련, 인간관계), 7포 세대(5포 세대+꿈, 희망)에서 더 나아가 이제 'N포 세대'다. 이런 용어들이 「시사상식사전」에까지 올라 있으니 이제는 모두가 인지하는 단어가 되었음을 보여준다.

어떻게 하면 청년들이 꿈꾸고 실패해도 두려워하지 않고 도전할 수 있는 사회를 만들 수 있을까? 그들에게 내재된 창조적 열정을 불태울 수 있는 환경은 무엇일까?

이를 위해 정부가 적극 나서주기를 바란다. 이스라엘이나 중국의 성공사례들을 적극적으로 벤치마킹하여 도입했으면 하는 바람이다.

## 1 | 이스라엘 요즈마 펀드

이스라엘은 미래가 불투명한 신생 벤처기업들에게 선뜻 투자자가 나서지 않자, 정부가 직접 벤처투자 펀드인 요즈마를 조성한다. 이 펀드는 정부가 주도하여 초기 기업들의 성장을 위해 발 벗고 나선 통 큰 펀드다. 이를 통해 정부는 아이디어만 있어도 창업 자금의 70%를 적극 지원했다.

이후 성공하면 정부가 투자 시 소유한 지분을 다른 투자 파트너들이 낮은 가격으로 매입할 수 있도록 보장해준다. 이것은 초기 기업의 리스크를 정부가 나누어 분담하면서도 이익은 투자자들에게 전부 나누어주겠다는 뜻이다. 결국 투자자의 입장에서 보면 안정과 수익의 즐거운 결과를 기대할 수 있는 정부의 든든한 지원이 된다.

이러한 정부의 실질적인 기업에 대한 지원 정책은 창업가들에게 그들이 품은 많은 기술력과 아이디어를 실현하게 하고 성장하게 하는 결정적인 동기가 되었다. 무엇보다 아이디어만 있는 창업자들에게 그들이 필요한 자본을 빌려주는 형태가 아닌, 투자금 형태로 지원했다.

이렇게 다양한 지원을 위해 실행된 요즈마 펀드는 결국 이스라엘 내에서 좋은 창업 환경을 조성했고 정부 소속 전문가들의 별도 지원을 통해 창업자들의 성공확률을 높이는 결과를 낳았다. 연이어 성공한 벤처 기업가들의 재투자 역시 활발히 진행되었고 요즈마 펀드는 이스라엘의 벤처 환경과 시스템을 세계 최고로 만드는 중요한 토대가 되었다.


## 2 | 중국의 창업 열풍

메이드 인 차이나Made in China.

한때 세계에서 중국 제품은 기피 대상이었다. 하지만 지금 중국은 세계를 주도하는 매우 영향력 있는 나라가 되었다. 1만 명 당 신생 기업 수만 봐도 한국은 15개, 중국은 32개로 우리의 두 배가 넘는다.

중국의 이 같은 창업 열풍은 중국의 새로운 성장 동력이 되기에 충분하며 당연히 이로 인한 고용 효율도 높아지고 있다. 현재 우리의 가장 큰 문제로 대두되는 '청년 고용 문제'를 해결할 수 있는 좋은 본보기를 중국의 창업 현장에서 찾았으면 한다.

중국도 이스라엘처럼 세금 혜택을 포함한 다양한 창업 지원에 발 벗고 나선 지 오래다. 능력 있고 참신한 아이디어를 가진 많은 창업가에게 알리바바의 마윈이나 바이두의 리예홍 등 중국의 성공한 기업가 스토리는 창업에 도전하는 큰 목표이자 희망이 되고 있다.

중국은 이제 우리와 '차이 나는' 나라가 되었다.


### 3 | 넷마블 방준혁 의장

주목해야 할 도전적인 인물로 '한국의 스티브 잡스Steve Jobs'라고도 불리는 넷마블의 방준혁 의장이 손꼽힌다.

그는 고등학교 중퇴 후 중소기업에 취직했다가 자신만의 창업의 길에 뛰어 들었다. 두 번의 창업 실패 후, 2000년에 넷마블을 설립해서 회사를 키웠고 결국엔 2017년 5월, 코스피 시장에 넷마블을 상장시킨다. 방 의장은 주식 자산만 3조 7,900억 원(2018년 2월)이 넘는다.

그는 "실패가 노하우가 된다. 실패를 즐기지 않으면 성공을 이룰 수 없다"고 말한다.

'2030 청년들이 뽑은 영웅'으로 불리는 그는 "실패가 주는 교훈이 가장 값진 것"이라고 말한다. 그는 청년들에게 "성공 방정식을 찾으려

넷마블 방준혁 의장

고 하기보다는 과감한 도전을 통해 한발 나아갈 수 있는 역량을 키운
다고 생각하는 게 낫다"고 조언한다.

　가장 혁신적인 공유기업으로 손꼽히는 세계적 기업들인 우버Uber,
에어비엔비Airbnb, 위워크Wework의 공통점은 무엇일까? 그들은 기존의 전
통적인 비즈니스 모델이 해결하지 못하는 불편하지만 필요한 문제를
새롭게 발견하여 정의했다. 그리고 효율적인 테스트를 통해 명쾌한
해결책을 시장에서 검증했다. 이처럼 창업의 시작은 현재의 문제를
파악하고 시장에 적용해가면서 실패와 시행착오를 통해 개선해 나가
는 과정이라고 할 수 있다.

방준혁 의장이 말하는 실패가 주는 값진 교훈이란, 창업 과정 속에서 겪는 수많은 문제들이야말로 개선의 대상이며 새롭게 접근해야 할 아이템이 될 수 있다는 것이다. 이에 대한 해결 방안들이야말로 결과적으로 강력한 자산이 되고, 힘을 가진 기업으로 성장하게 되는 '위대한 발견'이 된다. 문제 해결을 통해 세상을 주도하는 기업들이 그것을 입증해주고 있다.

## 4 | 여중생 때 10만 원 들고 '육육걸즈' 창업한 박예나 대표

여학생 신분으로 창업한 '육육걸즈' 박예나 대표의 당찬 이야기도 많은 깨달음을 준다. 그녀는 중학교 3학년 때부터 블로그에서 옷을 판매하던 것을 시작으로 고등학교 진학 후 본격적으로 쇼핑몰을 창업한다. 초기 자본금은 단돈 10만 원. 그렇게 시작해서 옷 몇 벌로 시작한 블로그 매출은 설립 9년 만에 거대한 기업이 되어 연 매출 500억을 올리는 '육육걸즈' 쇼핑몰로 성장했다.

어느 누구에게도 주목받지 못했던 평범한 한 여고생이 직원 90여 명을 거느린 규모 있는 회사의 대표가 된 것이다. 박 대표는 딱 10만 원을 들고 시작했던 일이었기 때문에 실패해도 잃을 게 없었다고 생각했단다.

육육걸즈는 브랜드 이름 그대로 '66 사이즈 소녀들을 위한 쇼핑몰'이다. 44, 55사이즈가 대부분인 여성 의류 쇼핑몰 사이에서 66사이즈의 여성들을 위한 옷을 중점적으로 판매한다. 10대와 20대 초반의 어린 소녀들을 주요 고객으로 삼고 있다. 그래서 상품 가격대가 대부

육육걸즈 박예나 대표

자료 제공: 박예나 육육걸즈 대표

분 1만~2만 원대로 비교적 저렴하다. 예쁘면서도 저렴하고 편한 옷을 찾는 소녀들 사이에서 점점 입소문을 타면서 매출도 꾸준히 증가했다. 이 회사가 앞으로 어떻게 변해갈지 알 수 없지만 겨우 중학교 3학년이었던 한 소녀가 자신의 생각을 실행해보며 세상을 향한 과감한 도전의 발걸음을 옮겼다는 사실 하나만으로도 그녀는 칭찬받기에 충분하다.

스마트폰 어플 '야놀자.' 아마 펜션이나 숙박 여행을 계획한다면 한 번쯤 들어보거나 사용했을 것이다. 앱 내려받기 횟수는 무려 1,000만이 넘고, 하루 평균 5만 명이 이 앱을 이용한다.

창업 10년 만에 성공 신화를 일군 '야놀자' 이수진 대표.

할머니 밑에서 자란 그는 초등학교 5학년이 되어서야 겨우 한글을 깨쳤다. 작은 회사에서 일하며 3년간 모은 전 재산 4,000만 원을 주식 투자에 모두 탕진했고, 이후 3년 동안 모텔에서 먹고 자며 모은 돈으로 샐러드 배달업을 시작했지만 6개월 만에 문을 닫았다. 다시 모텔로 돌아와 청소하고, 시트 교체하고, 손님 받고…. 외로움을 달래기 위

야놀자 이수진 대표

자료 제공: 이수진 야놀자 총괄 대표

해 인터넷에 '모텔 종사자 모임'이라는 카페를 만들어 운영하면서 아이디어를 키워온 것이 '야놀자'의 시작이다.

그 역시 처음부터 승승장구하여 성공한 것은 아니다. 수많은 실패가 있었음에도 2014년 연매출 200억 원을 넘어선 데 이어 2018년에는 매출이 1,885억 원으로 증가했다. 2019년 3월 기준, 야놀자의 기업 가치는 1조 1천억 원으로 평가받는 유니콘 기업으로 성장했다. 2019년 6월에는 〈대한민국 창업대상〉의 중소벤처기업부 장관상까지 받았다.

그는 우리 청소년들과 청년들에게 말한다.

"성공이 보장되는 것은 아무것도 없다. 하지만 실패가 두려워서 도전하지 않으면 당연히 성공도 없다. 취직이나 창업을 안 하고 그냥 있어도 배는 고프다. 자기가 좋아하는 일을 해라. 똑같이 배는 고프지만 참고 계속하다 보면 전문성이 생기고, 그러다 보면 뭔가 먹을거리가 생긴다. 누군가 도와주기도 하고. 성공한 창업자들을 보면 대부분 버티다 보니까 투자도 받고 결국 성공한 것이다."

이 대표는 지금 청년들보다도 더 가진 게 없었고 더 절박한 상황이었지만 어려움에 직면하고 도전하면서 앞으로 밀고 나가게 되는 또 다른 힘이 생겼다고 한다. "자신 앞의 힘든 상황들을 스스로 극복해나가야지, 모든 걸 포기한 채 사회구조 탓만 하고 있으면 얻어지는 건 아무것도 없다"는 따끔한 충고도 덧붙인다.

우리나라는 현재 '단군 이래 가장 잘사는 시대'라고들 평가한다. 하긴 내가 중학교 다닐 때만 해도 집에 자가용이 있는 것은 꿈도 꾸기 어려웠다. 하지만 지금은 자가용이 없는 집을 찾기 어려울 정도이고 2~3대의 자가용을 보유한 집들도 적지 않다.

이런 경제적인 풍요로움이 혹시 우리의 도전정신을 후퇴시키고 있는 건 아닐까.

성공한 창업가들은 '실패는 가장 훌륭한 경험이고, 성공에는 특별한 비법이 없다', '성공은 실패라는 경험을 통해 이루어진다'는 평범한 진리의 메시지를 전한다.

정부가 창업가의 실패를 대하는 자세에 많은 교훈이 담겨 있다. 실패를 그들만의 문제로 치부해서는 안 될 것이다. '흥망성쇠'를 창업가들의 개인적인 결과라고 치부하지 않기를 바란다. 창업 환경을 국가 과제로 생각하고 동참한 이스라엘과 중국의 경우에서 보듯이 그것은 공생의 문제다. 우리는 새로운 아이디어로 미래를 두드리고 때론 세상을 변화시키려는 그들의 도전을 기꺼이 받아줄 수 있는, 실패해도 도전이 되고 회복할 수 있는 시스템을 만드는 실질적 방안을 도출해내야 한다.


결국 실패에 격려를 보내는 성숙한 문화는 많은 것을 발전시킨다. 살면서 시도하다 실패하는 일이 어디 한두 가지랴. 실패라고 할지라도 그건 도전이다. 힘들 때 누군가가 보내는 격려는 그야말로 천군만마千軍萬馬와도 같은 큰 힘이 된다. 입으로만 하는 격려가 아닌, 아픔을 공감하며 같이 해결해나가려는 적극적인 격려가 필요하다.

그렇다, 실패했다는 것은 무언가에 도전했다는 것의 다른 말이다. 누군가는 무모했다고 말할지도 모른다. '아무리 계란을 던져도 바위가 부서지지 않는다'는 사실을 머릿속에 담고 있지만 부서지지 않으면 어떠하랴. 계란을 던지는 많은 '우리들의 도전'이 위대하다고 포용하고 함께 계란을 던져줄 수 있는 변화된 신인류의 탄생이 이루어지기를, 그런 우리가 되기를 기대해본다.

아이들아, 부디 마음껏 계란을 던져라!

# 아버지들이여,
# 다시 돌아오라

엄마가 있어서 좋다. 나를 예뻐해 주셔서

냉장고가 있어서 좋다. 나에게 먹을 것을 주어서

강아지가 있어서 좋다. 나랑 놀아주어서

그런데 아빠는 왜 있는지 모르겠다

한 초등학생의 시

'자녀교육의 3대 요소는 할아버지의 재력, 엄마의 정보력, 아버지의 무관심이다.'

어디선가 한번씩은 들어본 내용일 듯하다. 참 씁쓸하다. 어느 대학의 설문조사에서는 70%에 가까운 학생들이 "TV와 아버지 중 선택은 TV"라고 했다는 소리도 들린다. 가족과 일심동체가 아닌 '소파와 일심동체'라는 아버지의 자리라니 이 얼마나 슬픈 현실인가!

나도 두 자녀의 아버지로서 이런 세상의 쓴소리에 할 말이 참 많다.

하지만 지금은 누굴 탓하거나 나를 변명하고 싶지 않다. 그보다 이를 공론화시키고 같이 해결하는 데 그 시간을 쓰고 싶다.

또, 우리 아버지들이 힘든 시간을 견뎌온 부분도 말하고 싶다. 문제라면 그들은 가족을 위해 뒷받침하고 희생하는 것이 가족 사랑의 가장 큰 역할이라고만 생각했다는 것, 그런 방식이 문제였을 뿐이다. 뉴스에서 자주 접하게 되는 자녀들의 부모 폭행을 보면 가슴이 무너진다. 이런 사태까지 발생하게 된 근본 원인은 무엇일까?

더 오래 전의 역사로 거슬러 올라가 보자.

혜경궁 홍씨가 지은 《한중록》에서는 영조와 사도세자의 관계가 더 멀어지게 된 이유 중 하나로 대화의 부재를 든다. 어렸을 때부터 유독 총명해서 많은 기대를 받았던 사도세자에 대한 실망과 오해를 오직 자신의 잣대로만 바라본 영조. 아버지에 대한 사랑을 받지 못하자 오히려 일탈행동으로 자신을 표현한 사도세자. 문제는 이 부자간에 소통과 대화가 없었다는 점이다.

나 역시 아버지이기에 내 관점으로 보면 영조, 즉 아버지가 이에 대한 문제를 해결할 수 있는 위치에 있었지만, 그가 다른 문제들에만 치우치다 보니 정작 가장 중요한 자신의 문제를 보지 못했기 때문이 아닐까 짐작한다.

자녀의 경험은 여전히 어른보다는 부족하다. 자녀는 관심과 애정이라는 토양이 있어야 자라게 되는 어린 나무와 같다. 자녀를 사랑하고 기대가 크다면 그의 실수에 대해 포용하고 품어주는 용량이 큰, 마음 속 폴더도 함께 필요하다. 그것이 부모의 자리다.

부모는 자녀의 산이고 그늘이다. 감당해야 할 무게가 무겁기도 하다. 하지만 그 덕에 얻을 수 있는 가장 큰 기쁨도 만끽하게 되는 행복을 누린다. 자녀의 힘듦에도, 기쁨에도 모두 귀 기울여주고 자녀의 눈높이에서 맞장구쳐주는 쌍방향의 대화를 이끌어가는 지혜도 필요하다. 그것부터 서로의 신뢰는 쌓여간다. 동시에 자녀의 내면에 굳건하게 생성되어가는 자신감을 통해 자녀는 성장한다. 결국 나이테가 그러하듯 부모와는 세상에서 유일무이한 아름다운 인연의 관계로 시간이 갈수록 단단해진다.

아쉽지만 영조와 사도세자는 그렇지 않았기에 역사에서 무심한 아버지, '뒤주 사도세자'라는 슬픈 고유명사로 후세에 이름이 오르내리는 슬픈 아들이 되었다.


대화는 훈련이다.

대화는 단순한 일상의 언어를 교환하는 소극적인 역할을 하기도 하지만 안정적이고 절대적인 정서의 교류가 동반되는 관계를 만드는 핵심요소가 된다. 아이들에게 있어 대화 부족은 아버지와의 관계에서 더 심한 문제로 나타난다. 아버지로서는 가정경제를 책임져야 한다는 무게감이 너무 크다 보니 바쁜 사회생활로 인해 자녀들과의 사소한 대화조차 가질 마음의 여유가 없는 게 이해가 되기도 한다.

그러다 보니 혹시 우리 부모 시대의 아버지 모습을 자신도 모르게 그대로 답습하고 있는 건 아닌지 점검해보자. 그들이 그랬던 것처럼 사랑하는 마음을 표현하지 않고 마음속에 고스란히 담아만 두고 있는 것은 아닐까. 이 시대에는 냉랭한 아버지야말로 위험한 아버지, 남편일 수 있다. 어떤 이들은 자신이 자라면서 아버지로부터 보고 배운 모습들이 옳은 거라고 굳게 믿고 그들과 똑같이 자녀들에게 대하는 것을 고집하기도 한다. 아버지는 절대위엄의 자리에 있어야 하고, 이를 통해 가정을 꽉 잡고 있지 않으면 뭔가 흔들리고 문제가 생길 거라는 걱정의 가치관을 절대적으로 주장하는 가장도 있다. 보수적인 문화 환경 속에서 자라 자신도 모르게 그 방식을 답습하게 된 것이다.

이런 가정 분위기 속에서 아버지와 관계의 어려움을 호소하는 자녀들과 상담하다 보면 더 큰 문제가 수면 위로 드러난다. 바로 부부갈등이다.

부부 사이가 원만치 않은 가정의 아이들은 아버지와의 관계에서 힘들어 하는 경우가 많다. 부부 갈등과 소통의 어려움이 있는 가정에서 자라는 청소년들은 부모와의 대화단절로 이어진다. 그리고 결국 가족 갈등과 관계의 혼란으로 힘든 시간들을 보낸다. 부부는 아이들에게 처음과 끝을 보여주는 인생의 교과서와도 같다. 자녀들에게 부모라는 자리는 좋은 환경을 제공해야 하는 신이 내린 특별한 위치다.

내가 부부 세미나와 상담을 통해 발견한 것은 부부가 살갑고 평온한 관계를 유지하면, 자녀들은 그로 인한 안정감으로 다른 영역에서도 매우 자유롭고 자존감 높은 아이들로 자란다는 것이다. 학생들을 자세히 지켜본 교사들이라면 이런 부분들에 쉽게 수긍할 것이다. 부모의 혈액형만 자녀에게 유전되는 것이 아니다. 후천적 환경의 모든 것이 자신도 모르는 사이에 온몸을 통해 흡수된다. 그래서 부부는 의도적으로라도 자녀 앞에서 정겨운 모습, 때론 닭살 돋을 정도로 부부에 대한 애정을 충분히 표현하는 것이 좋다. 그 모습을 지켜보는 자녀는 안정감을 갖고 평온한 정서적 토양을 제공받게 된다.

'그 아버지에 그 아들.'

물이 위에서 아래로 흐르듯 이어지는 영향력, 가정 안에서의 원초적인 흐름을 말하는 것이리라. 아버지가 정작 희생해야 할 것은 노동력이 아니라 관심과 사랑이다. 위대하고 숭고한 아버지의 사랑이다. 그 자리로 아버지가 다시 돌아와야 한다. 위엄이라는 것은 강제적으로 만들어질 수 있는 힘이 아니다. 의도적으로 만들어낼 수 없으며, 가족의 존중 안에서 자연스럽게 부여되는 아름다운 권위다. 그렇게 아버지의 소중한 자리는 가족들로부터 부여되기에 다른 사람으로 대체되기 어렵다.

'자녀는 부모가 말한 대로 살지 않고, 부모의 등을 보고 자란다'는 말이 있다.

폭력적인 부모 밑에서 자란 아이들의 70% 이상이 또 폭력을 휘두른다는 슬픈 통계가 있다. 아버지는 그런 존재다. 행동으로 삶으로 보여주는 것이 그대로 '교육'이 되는 힘들고도 소중한 자리에 서 있다. 아버지의 모습을 통해 자녀가 성장한다면 자녀에 대한 기대 이전에 자신에 대한 성찰과 집중이 우선되어야 할 듯하다.

나는 과연 어떤 아버지로서 살아가고 있는가.


아버지학교는 '대한민국에서 가장 우수한 명문 학교'라고 불리는 가정의 '아버지'를 위한 프로그램이다.

나는 아버지학교를 수료하고 이후 스태프로 참여해오며 수많은 '아버지'들을 만나고 있다. 프로그램을 통해 '새로운 아버지로서 시작' 하는 분들을 만난다. 그 감동스러운 모습을 통해 자녀들이 변화되고 상처 입은 많은 가정이 회복되는 아름다운 모습들을 현장에서 지켜보고 있다. 결국 우리 아이들의 미래를 위한 출발점이자 원천은 가정에 있다.

가정 안에서 진정한 부모의 권위, 특히 아버지의 권위가 세워져야 한다. 이 권위는 강압을 의미하는 것이 아니다. 망망대해를 항해하는 큰 배 안에는 반드시 목적지까지 잘 도착하기 위해 방향을 잘 알고 옳은 길로 나아가게 하는 든든한 선장이 있어야 한다. 그는 모두의 지지를 받기에 충분하며 오랜 경험의 노하우를 가진 선원들의 리더다.

가정에서 아버지는 그런 역할을 해야 한다.

흔히 지금은 '어른도 없고 스승도 없는 슬픈 시대'라고 한다. 누가 뭐라든 이 시대에 아이들을 지키기 위해서는 부모인 우리가 중심이 되어야 하지 않겠는가!

먼 곳을 바라보기 전에 지금 내 품에서, 가정 안에서 아이가 어떻게 살고 있는가에 관심을 갖는 것부터 시작하자. 미처 확인하지 못한 사이에 아이는 숨이 막혀 숨어 있을지도 모른다. 모르면 배워야 한다. 아이들을 이끌기 위한 공부도 때론 필요하다. 이름 그대로 '학교'를 한 번 더 다녀보자. 대학진학을 위해 우리는 모든 청소년기를 할애하여 공부하면서도 아버지가 되는 공부를 배운 적이 없다. 그건 공부가 필요하지 않은 생리적인 영역이라고 잘못 생각해왔기 때문이다.

누구나 적당한 나이가 되면 결혼해서 자연스레 아버지가 된다는 생각을 가지고 있는가? 아버지학교, 어머니학교를 다녀보기를 권한다. 누군가가 필요에 의해서 만든 정형화된 프로그램 수준일 거라고 가볍게 생각한 이들도 막상 경험해보고 나서는 큰 깨달음과 감동을 받았다고 고백한다. 부모라면 자신의 진정한 변화를 위해 꼭 참여해 보기를 추천한다. 부모인 우리는 평생에 한번이라도 자신의 긍정적인 영향력을 잘 보존하며 불필요한 관념을 과감히 정리하는 시간을 가져야 하지만 쉽지 않은 일이다. 나 역시 아버지학교를 통해 많은 깨달음을 얻었기에 모든 부모에게 권하게 된다. 부모는 가문의 정신적인 대물림을 하는 사람들이다. 부모의 정신은 다음 세대에게 자산이 되고 정신적 유산이 된다.

모든 삶에 어느 정도 훈련하는 시간이 필요한 것처럼 가정에서 진정한 아버지가 되는 훈련 시간을 갖는 것부터 출발해보자. 누구의 잘못도 아니다. 단지 몰라서 놓친 부분이 많다는 것을 말하고 싶다. 아버지가 노력하는 모습을 보는 가족들의 마음에 존경과 울림이 있을 것임을 나는 안다.

마음이 아픈 아이들에게 아빠의 차가운 훈계와 경고는 내려놓고 따뜻하게 안아주며 '사랑한다'고 말하면 아이의 얼음장 같은 마음은 금세 녹는다. 사람은 훈계로 변하지 않는다. 오직 따스한 마음, 곧 사랑하는 마음만이 능력이 된다는 것을 나는 평생의 교육계 경험으로 알고 있다.

'영조도 아버지학교를 갔었다면 사도세자와 불운의 부자관계는 되지 않았을 텐데' 하는 생각도 해본다. 사도세자의 아픔이 내 아이의 아픔이 되는 것을 바라는 아버지는 없을 것이다. 그러기 위해서는 노력하고 또 노력해야 한다. 마음을 열고 가족을 위해 헌신해야 한다. 사랑이 있는 자만이 할 수 있는 권리다. 가족을 응원하며 닮아가게 할 수 있는 아버지의 권리다. 물론 어머니 역할의 중요함 역시 두말하면 잔소리다.

아버지는 절대 자녀에게 무관심할 수 없는 사람이다. 아쉽다면 마음은 있지만 방법을 모르는 경우가 있을 뿐이다. 아버지의 인기척이 들리면 아이들이 후다닥 방으로 사라진다는 '바퀴벌레 가족 이야기'는 이제 사라진 옛이야기로 남아주기를 기대한다.

헌신과 인내의 마음으로 가족을 보듬으며 삶의 지혜를 전수하는 아버지. 자녀들의 본보기요, 인생 선배이자 가족이라는 배의 선장인 아버지. 사랑이 능력인 그 자리로 아버지들이여, 돌아오라!

# 지금은 미래사회로
# 다가서는 위대한 시간

아이들이 가장 행복해 보이는 때는 언제일까?

중간, 기말시험이 끝나는 날이다. 어떤 결과도 최소한 시험이 끝나는 그 하루만은 그다지 중요하지 않다. 오로지 그날을 치열하게 치르기 위해 준비하며 달려온 그들에게 그날은 모든 긴장과 스트레스가 사라지는 '자유'의 날이다.

하지만 이어지는 교사와 부모의 "시험 잘 봤니?"라는 질문과 함께 그들의 짧은 환호성으로 가득했던 찰나의 행복은 곧바로 막이 내린다. 그야말로 하루살이 행복이다. 반성하자면, 교사인 나 역시도 아이들에게 어쩔 수 없이 그런 의미 없는 질문을 자주 던지게 된다.

아이들이 쏟아온 노력의 시간들은 모두 잊은 채 습관적으로 시험 성적에 대한 결과만 묻고 있는 나를 발견하게 된다. "시험 공부하느라 그동안 정말 고생했구나" 하며 힘든 마음을 먼저 알아주기를 원하는 아이들의 마음을 깨닫게 되는 것은, 아쉽게도 늘 그 말을 내뱉은 바로 직후다.

꿈 많고 하고 싶은 계획들이 남쳐나는 시기의 아이들과 시험성적만이 진학 결정에 영향을 준다고 강요하고 이끄는 어른과의 간극은 좀처럼 좁혀지지 않는다.

잘되라고 챙긴다는 게 과유불급이 된 현실이다. 부모는 자녀에 대한 걱정과 불안이 쌓여온 시간들이 길어져왔기에 그런 시각이 견고해지고 고정되어버렸다.

아이들이 아무리 많은 노력을 해도 현실은 시험 성적이 낮으면 모든 노력들이 물거품이 되어 가려진다. 아이들 마음속에 '의도되고 정형화된 답을 잘 고르는 노하우가 결국 삶을 결정할 수 있는 힘이 된다는 것일까'라는 의구심이 피어오를 수 있다.

그런 일련의 생활 속에 그들은 지쳐간다. 우리나라 청소년이라면 천근만근의 눈꺼풀을 억지로 올려가며 졸음과 싸우고, 동그라미를 박박 그려가며 정신을 집중하려고 애쓰고 암기하느라 밤을 새는 데 집중하게 된다.

그렇게 열심히 공부하는 그들의 요구는 아주 단순하다. 최소한 '내가 견디고 싸운 그 시간이라도 인정해주세요'라는 것이다.

사회의 축소판이 학교다. 현대 사회 역시 '과정보다 결과 중시' 풍조로 흘러가고 있다.

거슬러 올라가 보면, 원인은 급속한 근대화 과정에서 등장한 성장 제일주의로 귀결된다. 힘들고 배고프던 시절, 그 시대의 간절함은 배부른 삶이었고 남보다 뒤처지지 않는 삶이 목표였다. 그만큼 배고픈 시절이었으니까. 빠른 성과를 내지 않으면 빠르게 도태되기에 늘 마음이 급했다. 땀 흘리는 건 당연한 것이었고, 지금 너무 힘들어도 배부르게 사는 그날을 위해 오늘을 희생하고 참는 것이 미덕이자 옳은 삶이라고만 믿었다. 한편으로는 고개가 끄덕여지는 부분도 있지만, 우리는 그동안 그것만이 인생의 전부인 듯 편향된 삶을 살아온 것도 사실이다.

결국 이렇게 우리 사회 구성원 모두가 성장만을 최고로 여기게 되었고 성장 제일주의의 교육 방향으로 획일화되었다. 그리고 아쉽게도 그 기조는 지속되고 있다.

물론 성장 중심 사회가 무조건 부정적인 것만은 아니었다. 물질적인 삶의 풍요로 가난에서 벗어날 수 있었다. 아쉽다면 그에 맞는 삶의 질, 정신적 풍요에 대한 고민이 부재했다는 것이다. 물질적인 풍요가 목표가 되고 성공이 삶의 기준으로 인식되어 황금만능주의는 더 큰 폐해를 양산했다. 세계 역사에서 보기 드문 '한강의 기적'은 지금도 우리나라의 대표적인 자랑거리다. 이런 고속성장의 분위기는 과정의 적법성이나 합리성을 논하는 과정을 누락시켰다. 경제적 성과가 좋으면 다른 부분들은 상관없었다. 이렇게 어설픈 성장이 '어떤 방식으로 부가 축적되든 무조건 잘살아야 한다'는 위험한 사고방식을 만연하게 한 것은 아닐까. 아직도 기회가 된다면 그런 성과가 로또처럼 나에게도 다가오기를 바라고 있는 건 아닐까.

빨리 성공하고 자리 잡는 데 반드시 공부가 필요한 시대도 있었다. 산업 초기에는 해당 업무를 위한 고학력자가 일부 필요했다. 조금은 편하고 수입도 안정된 자리로 인정되는 그런 자리는 많은 이들의 부러움을 샀고 치열한 경쟁을 만들어 냈다. 편해 보이던 일, 육체노동이 아닌 일, 사람들에게 대접을 받으며 마치 인격적 우위에 선 것처럼 착각한 몇몇의 직업들은 힘든 시대를 살아온 기성세대들이 바라는 가장 이상적인 자녀의 직업이었다. 하지만 세상은 그때 그대로가 아니다. 사람의 힘이 살아나는 인본정신이 가까스로 회복되고 있는 시대다.

로또 당첨자들에 대한 뉴스는 지치고 힘든 노력의 과정이 필요 없는 편한 길이기에 많은 사람의 눈길이 쏠린다. 로또에 당첨되기란 거의 불가능하기에 마케팅이 되고 관심의 대상이 된다. 삶의 기쁨, 풍요는 쉽게 얻어지면 그 가치가 떨어지기 마련이다. 손가락 사이로 흘러나가는 모래처럼 사라진다. 그래서일까. 가끔은 당첨자들 대부분이 그전보다 더 어렵게 살고 있다는 소식들을 전해 듣기도 한다. 이것을 통해 과정은 결과를 더욱 단단하게 해주는 것을 보게 된다. 과정에서 얻어진 단단한 경험과 생각은 결과 이상으로 중요하다.

나는 2017~2018년 네이버지식인 지식파트너 교육부 학교생활컨설턴트로서 인터넷 공간에서 학생들의 진로진학 상담을 진행했다.
아이들의 주된 질문 내용을 살펴보면 대략 다음과 같다.

- 진로 중심의 학과 vs 간판 중심의 대학의 선택 문제
- 마이스터고, 특성화고, 특목고, 일반고의 차이와 선택 사이의 갈등
- 꿈이 없는 자신의 모습에 대한 걱정과 하소연, 꿈을 찾을 수 있는 방법
- 대학입시에서 자기소개서, 교사추천서, 학생생활기록부의 내용과 평가
- 미래의 유망직업과 학과 선택, 4차 산업혁명과 관련된 직업의 종류
- 다양한 진로 선택 고민 등

질문에서 보듯 아이들은 불확실한 미래와 방향에 대한 고민과 갈등이 많다. 아쉬운 점은 대부분의 질문들이 학교의 교사들과 부모에게

물으면 답을 들을 수 있는 내용들이라는 것이다. 학생들은 왜 그들에게 가장 많은 관심을 가지고 있는 부모와 교사에게 마음을 열어 소통하지 않고 고민을 털어놓지 않을까. 그건 자신과 어른의 관심사가 다르다고 미리 단정지어 생각하기 때문일 것이다.

'요즘 아이들'은 참 기특하다. 자신의 진로를 찾아가기 위해 애쓰고 노력하는 모습들이 얼마나 아름다운가! 요즘 아이들은 버릇이 없다고, 생각이 없다고들 하지만 그들을 곁에서 지켜보는 나는 그렇게 생각하지 않는다. 그들은 자신의 미래를 찾아가는 노력을 결코 게을리 하지 않는다. 진지하게 노력한다. 그저 어른인 우리가 길을 제대로 안내하지 않는 듯해서 힘들어하고 아파할 뿐이다.

교육의 본질은 전인격적으로 성숙한 사람으로 만들어가는 데 있다. 그러나 학교 교육을 성적이라는 안경을 쓰고 바라보게 되면 다시 혼란스러워진다. 전인격적 목표는 멀게만 느껴지고 '좋은 성적과 진학으로 좋은 대학가기'라는 목표는 다급하고 가까워 보이기 때문이다.

언제부터인가 학교 교육의 구체적 목표는 '진학과 입시'라는 괴물에 점령당한 듯하다. 교육 방향은 지나칠 정도로 주입식 교육에 편중되어 있다. 좋은 대학, 최고 대학, '인서울' 등의 잣대를 들이대고 그에 대한 결과가 있어야 세상에서 대접받고 살 수 있다는 사회적 인식에 문제가 있는 건 아닌가? 혹은 진실을 알면서도 표면적으로만 숨기고 싶은 것은 아닌가?

아무리 숨기려 해도 이런 생각은 학교 교육에서 최종적으로 드러나게 된다. 지금 학교 교육의 현실은 입시의 가장 큰 판단의 틀인 성적에서 벗어나지 못하고 있다.

대학 교육과정에 자신의 관심 분야가 연결되어 방향이 정해지고 진지하게 고민하는 친구들도 있지만, 자신의 점수에 맞춘 대학 간판을 찾아 집중하는 입시 현실은 진정 교육 혁신의 대상이다.

인생은 장거리 마라톤이다. 결코 단거리가 아니다.

우리는 대학 졸업장보다 더 중요한 가치를 알고 있다. 그럼에도 대학이라는 존재에 필요 이상의 의미를 부여하며 붙잡고 있는 부모와 학교, 이 사회의 분위기가 학생들을 너무 아프게 한다. 바닥에 줄을 그어놓고 아이들을 일렬로 세운 다음 100미터 단거리 달리기로 몰아간다. 그들은 숨이 막히고 넘어지면서도 정확한 결승점이 어딘지 찾지 못하고 있다. 그렇게 힘든 상황 속에 놓인 우리 아이들을 지켜보고 있자면 정말 눈물이 난다.

- 우리는 진정으로 아이들의 미래를 생각하는가?
- 우리 사회가 원하는 인재상은 어떤 것인가?
- 우리는 정말 AI와 같은 획일화된 인재 양산을 원하고 있는가?

지구상에는 수십 억 명의 사람들이 있지만 똑같은 사람은 단 한 명도 없다. 신은 각각의 재능과 성향을 모두 다르게 만들었다. 그것은 성장 과정을 통해 나타나고 스스로 발견하게 되는 시간을 갖게 된다. 세상은 이미 변했다. 획일화되어 성장했던 예전의 시대는 갔다. 이제 각자가 콘텐츠가 되고 고유의 다양성을 인정받는 세상이 왔다.

세상은 점점 더 급속도로 변화하고 성장하고 있다. 제3의 물결은 벌써 현실이 된 지 오래고 미처 감지하지 못할 정도로 새로운 물결들이 급속히 밀려오고 있다. 우리는 이런 변화의 세상에서 틀에 박힌 사고로 예전의 낡은 방식만 들이대며 강요하는 답답한 어른일 수도 있다.

지금 아이들은 물론 다음 세대는 자기 스스로 콘텐츠가 되는 세상을 살아가게 된다. 자신만의 고유한 특장점을 발견하고 발휘하며 누리는 미래 세상은 이전의 것과는 완전히 다르다. 현재의 우리로서는 예측이 불가능할 수도 있다. 음악을 좋아하는 감성을 가진 아이는 그것이 소통의 방식은 물론 삶을 살아갈 도구가 될 것이다. 그 음악을 표현하는 것도 상상할 수 없는 수많은 방법이 사용될 것이다. 또, 다양한 초연결을 사용하여 수많은 사람들과 함께 해당 분야를 성장시킬 것이다. 단순한 예를 들었지만 이처럼 다양성과 창의성이 발현되면 한 사람 한 사람의 다양한 색깔이 자신이 가진 자산이고 삶을 살아가는 방식이 된다.

다시 처음으로 돌아가 본다.

시험 점수를 묻지 말고 오늘 가장 즐거웠던 일, 잘한 일, 행복했던 일이 무엇인지 물어봐주며 아이들의 미래를 같은 눈높이로 바라보려는 노력이 필요하다. 때론 불확실하고 현재 진로의 길을 그려가는 것이 쉽지 않은 과정일지라도 외롭지 않게 함께 도와야 한다. 이 시기는 영원히 벗어날 수 없는 답답한 동굴이 아니라 잠시 통과하면 되는 터널이기에. 매일의 노력과 행복을 향한 고민의 시간들이 자신의 기록이 되고 힘이 될 것이다.

대학 졸업장은 그 사람을 선택하기 위한 보조역할로써 미미하게 사용되기는 한다. 요즘 기업 채용에 제출하는 이력서에는 학교 표기 란

이 아예 없다. 이제 기업도 세상도 그 사람이 살아온 과정, 그 사람만의 고유한 관심사가 진정한 스펙이 되고 주목해야 할 이력으로 요구되고 있다. 올바른 방향이다. 세상이 바라는 전문가의 기준도 바뀌었다. 라이센스로 말하는 전문가를 뛰어 넘어 관심 있는 분야에 집중하고 더 많은 경험을 한 실질적인 현장 데이터를 가진 사람이 전문가로 부상하고 있다. SNS 등의 자극적인 메시지에 더 이상 현혹되지 말고 석학들의 혜안에 귀 기울이며 독서 등을 통해 역량과 내공을 키워야 한다.

세계적인 스타트업 기업들의 채용 방식도 스펙이 아닌 능력치로 기준을 바꾸고 있다. 우리 아이들에게 지식적이고 형식적인 스펙을 강요할 것인가, 아니면 자신만이 가진 고유한 능력을 키워 경쟁력을 갖춰줄 것인가? 그 답은 명확하다.


2017년 8월, 149개 지방공기업을 시작으로 모든 지방 출자·출연기관을 포함한 공공기관에 블라인드 채용 방식이 도입되었다. 그리고 2018년 하반기부터 대기업도 '블라인드 채용'을 도입하는 곳이 많아지고 있다.

'블라인드 채용'이란 채용 과정에서 지원자들에게 평등한 기회가 보장받고, 공정한 과정을 통해 실력으로 경쟁하여 채용할 수 있도록 마련된 제도다. 즉, 입사지원서와 면접 등에서 불합리한 차별을 불러올 수 있는 출신지, 가족관계, 학력, 신체조건, 사진 등의 항목을 요구하지 않고 오로지 직무능력만을 평가하여 인재를 채용하는 방식이다.

현재 진행되고 있는 대기업들의 능력 중심 블라인드 채용 방식을 몇 가지 소개한다.

## 1 롯데 'SPEC태클' 전형

'화려한 볼거리Spectacle'라는 뜻과 '무분별한 스펙 쌓기에 태클을 건다Spec-tackle'라는 뜻의 중의적인 의미를 가진 롯데의 블라인드 채용 전형으로, 지원자의 직무수행 능력과 역량만을 평가하여 선발한다.

## 2 CJ '리스펙트' 전형

'스펙이 아닌 당신의 이야기를 존중Respect하겠다'는 의미를 가진 CJ의 블라인드 채용 전형으로 지원자의 학교, 전공, 학점, 어학 성적 등을 배제하고 직무와 경험, 역량만을 평가해 선발한다.

## 3 SK '바이킹 챌린지' 전형

넘치는 끼와 열정을 바탕으로 기득권을 포기하면서까지 새로운 도전을 즐기는 '바이킹형 인재'를 채용하겠다는 의미의 SK 블라인드 채용 전형으로 학력, 영어 같은 스펙이 아닌 직무능력을 평가해서 선발한다.

## 4 KT 'KT스타오디션' 전형

오디션 형식의 채용 과정을 가진 블라인드 채용으로 학교, 학점 등 스펙이 아닌 직무와 연관된 경험과 포부 등을 5분 동안 면접관 앞에서 자유롭게 표현하게 한 후, 선발한다.

다음은 2018년 연세대학교 졸업식에서 있었던 현대카드 정태영 부회장의 축사다.

〈무한도전〉 멤버가 되는 것이 고시에 합격하는 것보다 더욱 대단한 일이 되었습니다. 여러분들이 고졸의 강연을 듣는 일이 스티브 잡스나 마크 주커버그 정도로 끝날 거라고 생각하지 않습니다. 성공의 방정식이 훨씬 다양해졌다는 뜻이고 명문대학 졸업장으로 얻을 수 있는 의미가 그리 오래가지 않는다는 뜻입니다.

세상은 더 이상 특정 대학, 특정 전공, 특정 학문을 위해 있지 않습니다. 저는 우리들이 스스로를 더 많이 이해해야 한다고 생각합니다. 우리는 평생 남의 얘기만 하며 삽니다. 이 사람은 어떻고 저 사람은 어떻다고 합니다. 그러면서 정작 자신에게는 별로 관심이 없고, 알려고도 하지 않습니다. 스스로가 100미터 단거리 선수인지 마라톤 선수인지도 모르고 트랙 주위를 맴돌아서는 안 됩니다. 여러분의 인생은 여러분을 발견하고 응원하는 데 쓰여야 합니다.

# 속도전의 막을 내리고
# 방향을 살펴야 할 때

- 초기 불량이 발생했을 때 처리하는 비용 1
- 오류가 있지만 책임이나 문책이 두려워 불량을 숨기고 물건이 시장에 나가는 경우 발생한 비용 10
- 소비자의 손에 들어가서 불만이나 제품 하자로 손해배상 청구가 들어왔을 때의 비용 100

초기대응과 방향설정이 얼마나 중요한지에 대해 알려주는 미국 물류회사 페덱스Fedex의 '1:10:100의 법칙'이다.

나는 이 법칙이 진로교육의 방향성과도 같은 맥락이라고 생각한다. 적성을 무시한 방향으로 무리하게 강행하다가 향후 돌이킬 수 없는 후회를 하는 경우들에 대해 많이 보고 듣게 된다.

실제로 취업포털 인크루트 설문조사(2018. 05. 16~2018. 05. 23. 회원 592명을 대상으로 한 '대학생 졸업 인식'에 대한 설문조사) 자료에 의하면 대학생의 절반가량은 현재 재학 중인 대학의 중퇴를 고려하고 있는 것으로 조사되었다.

대학 재학생을 대상으로 '졸업 전 다른 기회나 전환점이 생긴다면 졸업을 포기할 의사가 있는가?'를 묻는 질문에 응답자의 50.8%가 '있다'고 대답했다.

실제로 대학 졸업자 절반 이상은 대학 재학 중 중퇴를 고려했거나 실제로 중퇴한 경험이 있는 것으로 나타났다.

이 외에도 졸업자를 대상으로 한 '재학 시절 학위 취득이 취업에 도움이 별로 안 된다고 생각해서 중퇴를 고려했거나 실제 중퇴했던 경험이 있는가?'라는 질문에 42.3%는 '중퇴를 고려했지만, 중퇴하지는 않았다'고 답했고, 9.5%는 '실제 중퇴했다'고 답했다. 결국 51.8%가 취업에 대한 고민 때문에 중퇴를 고려했다고 볼 수 있는 부분이다. (자료 제공: 취업포털 인크루트)

물론 삶의 과정에서 언제든지 방향을 전환할 수는 있다. 하지만 그 방향을 결정할 때 얼마나 진지하게 고민했는지, 자신의 방향을 스스로 결정할 기회가 얼마나 주어졌는지에 대해서는 생각해볼 문제다. 브레이크 없이 달려와 오직 성적에 맞춰, 주변인의 기대에 부응해 방향을 맞춰가는 현실을 반영한 결과이기 때문이다. 많은 사람들이 '인생은 속도보다는 방향'이라는 것을 잘 알고 있지만 정작 자기 자녀들에게는 적용하려 들지 않는다. 우리의 현실이다.

부모와 기성세대인 어른들이 자녀 고유의 흥미와 적성에 대해 얼마나 관심을 가지고 지켜볼까? 인생의 시간표 안에서 급변하는 성장의 시간을 보내는 그들에 대해 우리는 소통하려는 노력을 얼마나 기울이고 있는가? 나는 이 애정과 관심투자에 대한 노력이 가장 확실한 수익을 가져다줄 거라고 생각한다.

우리는 어쩌다 이렇게 중요한 기준을 놓치게 되었을까.

그만큼 우리는 물질의 풍성함과 정보의 홍수 속에 정작 중요한 것을 놓쳐가며 여유 없는 시간을 살아가고 있다.

그러던 어느 날, 갑작스럽게 전공을 선택하는 날을 맞게 된다. 거기엔 성장 과정에서 보아온 아이의 다양한 가능성들은 갑자기 무시된 채, 오직 눈앞의 성적과 졸업 후 취업이 절대 선택 기준으로 막강한 힘을 발휘하게 된다. 그럼에도 우리는 이 슬픈 현실은 느끼지 못하고 오히려 우리가 적응해야 할, 당연한 현실로 수긍하고 있다.

이렇게 한 사람의 재능이 간단히 무시되어 가속도가 붙어온 진로 방향의 문제는 전공과목에 대한 공부가 본격적으로 시작되는 대학 2학년이 되면 뚜렷이 드러나게 된다. 심화되는 학업의 무게는 맞지 않는 퍼즐을 끼워 맞추는 것처럼 고통스러운 상황으로 다가온다. 여기저기서 열정을 다해 자신의 능력을 키우고 삶의 꿈을 세워야 하는 대학생활이 힘들다고 불평의 소리가 들려오기 시작한다. '대2병(대학에 진학했지만 앞으로 자신이 무엇을 하고 살아야 할지에 대한 해답을 얻지 못하고 방황하는 현상)'이라는 신조어가 이렇게 해서 탄생했다. 이런 상황으로 대학 중퇴자 양산 속도가 매년 가속화되어가고 있다. 믿고 싶지 않던 사실들이 현실로 나타나고 있는 것이다.

뿐만 아니다. 견디고 견뎌 어렵게 대학을 졸업하고도 그나마 공부한 전공과는 전혀 다른 진로를 또 선택해야 하는 상황이 되기도 한다.

다시 생각해보자. 아이의 재능을 지켜보고 발견해가면서 교육과정을 찾아갔다면 어땠을까? 처음의 기대는 욕심만큼 되지 않아 당장 무너지는 것처럼 느껴질 수도 있다. 하지만 이건 사랑과 신뢰를 토대로 아이를 믿는 어른만이 할 수 있는 성숙한 투자다.

비행기 운항에서는 처음의 각도가 조금만 빗나가면 향후 큰 방향이 틀어진다고 한다. '나비 한 마리의 날갯짓으로 생기는 바람이 다른 대륙의 돌풍을 가져온다'는 나비효과 이론Butterfly effect도 있다. 그만큼 첫 시작이 중요하다. 우리 아이들의 진로방향이 의미 있게 잘 진행된다면 엄청난 인생의 시간과 비용을 낭비하지 않을 수 있다. 내가 만난 많은 학부모들은 이런 사실 역시 굳이 설명하지 않아도 잘 알고 있다는 듯 고개를 끄덕인다. 그런데도 왜 이런 상황은 끝없이 되풀이되고 있을까?

우리의 모순에 스스로 답을 찾으려는 결단과 절대적으로 아이를 믿고 나아가는 교육에 대한 소신을 담대히 가져보자. 그러기 위해서는 자녀의 진로에 대한 충분한 고민과 준비에 대한 시간 확보가 우선이다. 이는 시간에 쫓겨 해결해야 하는 다른 문제들과의 순위에 밀려서는 안 되는 중대한 과제다. 교육부가, 어느 정치인이, 어느 한 사람이 단번에 해결할 수 있는 문제가 아니라고, 어쩔 수 없는 것 아니냐고 항변하며 중요한 문제를 쉽게 포기해야 할까? 어렵고 힘들 수 있다. 그럼에도 내 아이의 삶이 올바로 나아가기 위한 가치 있는 배려다.

경쟁 우위는 이제 매력적이지 않다. '다른 이들을 누르고 이겨야 잘 살 수 있다'는 생존전략은 이제 '전략'이 아니다. 오히려 누구를 누르고 이기려고 하면 오히려 살기 어려워질 수 있는 세상이다. 세상은 연결되어 있고 협업과 소통이 능력이 되어 발전하는 구조로 변화되었기 때문이다.

각자의 다양성으로 이루어져 내가 가지고 있지 않는 독특함을 다른 이들로부터 제공받아야 하는 네트워크가 더욱 촘촘해져 간다. 결국 자신의 색깔을 잘 드러내고 다른 이의 색상과 공유하는 삶을 살아야 행복해질 수 있는 여건이 마련되어가고 있다. 중요한 것은 우리 아이들의 개성과 특장점이 무엇인지 더 관심 갖고 들여다보는 우리의 자세다.

지금의 기성세대는 이런 변화에 대한 경험의 시간이 짧다. 우리나라의 산업사회 성장 시간 역시 수십 년에 그친다. 부모의 모습은 어떠했는가? 열심히 가족을 위해 희생하며 살아온 그들을 보고 자랐고 가르친 대로 배웠다. 그 시대에 맞는 방향과 방식이 있었다. 계승 받아야 할 당연한 것들도 많지만 시대에 맞게 변화해야 할 부분 역시 있다. 잘 분별하지 않으면 우리도 자신이 배운 것만 주장하면서 다음 세대에 전수하려고 들 것이다.

그러나 어쩌랴, 이제 세상 흐름이 바뀌었다. 지금은 우리가 다음 세대로부터 배워야 할 것이 더 많은 세상이다. 우리가 가져야 할 것은 우리 자녀에 대한 신뢰, 잘 해낼 거라는 숭고한 믿음이다. 믿음은 믿음을 생산한다. 신뢰는 자녀 스스로가 자신의 길을 열어갈 힘을 기르게 하며 자신이 찾아내고 세운 목표들에 대해 최선을 다하는 태도를 갖게 한다. 이처럼 신뢰 속에서 기다려주고 격려하는 부모의 모습은 그들의 의지가 되기에 충분하다.

인생은 짧고, 배불리 먹고 살아야 한다는 강박관념을 가진 속도전적인 진로 결정에서 생략된 것은 무엇인가? 지금부터라도 심리적인 여유와 삶에 관조적인 생각을 많이 하고, 교육에 투영해야 할 것이다. 누룩도 충분히 발효되는 시간을 거쳐야 좋은 음식을 만들 수 있지 않는가. 바람에 떨어지지 않은 사과가 다시 뜨거운 태양 아래 향과 맛을 내는 열매로 익어간다. 겨울에 강한 추위를 경험한 나무는 쉽게 쓰러지지 않으며 단단한 나이테를 지녀 견고한 가구를 만들 최고의 재료가 된다.

마하트마 간디는 "방향이 잘못되면 속도는 무의미하다"고 했다.

어떻게 진로의 방향을 찾아가야 할까? 먼저 개인의 기본적인 성향과 특성을 대략 판단해보기 위한 방법을 알아보자.

## 1 | 진로 탐색하기 : 커리어넷, 워크넷

이곳을 통해 진로 탐색에 관한 기본적인 방향을 생각해볼 수 있다. 물론 결과 자료는 절대적 기준이라고 할 수 없고 향후 진로를 위한 탐색에 참고용으로 사용하면 좋다. 부모가 먼저 검사해보면 자녀들에게 더 구체적이고 친근한 현실적 제안을 할 수 있을 것이다. 먼저 부모의 진로 검사부터 적극 권한다.

| 커리어넷 진로 심리검사<br>http://www.career.go.kr | 워크넷 진로 심리검사<br>http://www.work.go.kr |
|---|---|
| 직업 적성검사(소요시간 20~30분)<br>직업 흥미검사(소요시간 15~20분)<br>직업 가치관검사(소요시간 10분)<br>진로 성숙도검사(소요시간 20분) | 청소년 직업 흥미검사 (30분)<br>청소년 적성검사(65~70분)<br>직업 가치관검사(20분)<br>청소년 직업 인성검사 전체형(40분)<br>고교계열 흥미검사(30분)<br>대학전공(학과) 흥미검사(30분) |

버킷리스트bucket list란 '죽기 전에 꼭 해보고 싶은 일들을 적은 목록'을 말한다. 중세시대, 죄인의 교수형은 올가미를 목에 두른 뒤 뒤집어 놓은 양동이에 올라간 다음 양동이를 걷어차게 하는 방법을 사용했다. 이 모양을 따서 '킥 더 버킷kick the bucket'이라고 표현하는데 이렇게 마지막 상황에서 떠오르는 간절한 생각을 '버킷리스트'라고 한다.

영화 〈버킷리스트〉가 개봉되었다. 이 영화를 통해 많은 사람이 삶의 가치를 생각하는 계기가 되었다고 말한다. 인생의 시간이 얼마 남지 않은 영화 속 두 주인공은 죽기 전에 꼭 하고 싶은 일(버킷리스트)을 적어보고 그들만의 여행을 떠나 그것들을 하나씩 이루어가게 되는 스토리다. 인간은 약간의 차이는 있지만 영원하지 않은 시한부 인생을 산다. 그렇기에 매일의 시간은 소중하다. 영화처럼 내가 살아 있는 동안 하고 싶은 일들을 적다 보면 진정 내가 무엇을 향하고 살아가야 하는지 진지하게 바라보게 된다. 죽음 앞에서 우리 모두는 거짓 없는 마음이 된다.

가족이 버킷리스트를 작성하기 전에 영화 〈버킷리스트〉를 함께 보아도 좋고 '김수영 버킷리스트' 영상도 참고하여 작성해보면 좋을 것이다.

나에게 필요한 버킷리스트 예를 들어본다.

> • 앞으로 1년 안에 이루고 싶은 일 10가지 기록하기
> • 학교를 졸업하기 전에 꼭 하고 싶은 일 10가지
> • 10년 안에 이루고 싶은 일 20가지
> • 살아 있는 동안 하고 싶은 100가지 등등

미래 일기는 자신이 원하는 미래의 한 시점으로 가서 마음껏 상상하여 그날의 일기를 써보는 것이다. 과학자들의 연구 결과에 의하면 사람의 뇌는 상상의 일과 현실을 정확하게 구분하지 못한다는 결과가 있다. 따라서 반복적으로 미래 일기를 쓰다보면 우리의 뇌는 그렇게 되었다고 믿게 된다. 이 원리를 바탕으로 지속적으로 미래 일기를 쓰면 결국 우리의 몸은 그렇게 되기 위해 반응하고 행동하게 될 가능성이 높다. 미래는 정해져 있지 않고, 결국 내 생각이 원하는 미래를 한 발짝이라도 더 가까이 가게 할 것이다.

지금부터 열심히 노력해서 5년, 10년, 20년 후에 내가 어디서 무슨 일을 하고 있을지 떠올리고 미래의 자신에게 편지를 남겨보는 것은 자신의 목표를 좀 더 현실화시키는 유용한 도구가 된다. 이처럼 미래 일기를 개인 스스로 자유롭게 작성하는 것도 좋고 해마다 가족이 함께 공유하며 쓰는 것도 추천한다. 버킷리스트를 적거나 미래의 자신에게 긍정적인 편지를 쓰는 경험은 즐거운 상상과 자신의 미래에 조금이라도 근접하고자 하는 노력을 동반하게 하는 효과를 준다. 처음에는 대부분 막연한 희망사항을 적는다. 하지만 지속적으로 적어가면서 구체적으로 자신의 현재와 미래를 생각할 수 있는 시간을 갖게 된다.

버킷리스트는 진로와 무슨 관계가 있을까? 사람의 뇌는 생각하는 대로 노력하게 만들어져 있다. 원하는 것은 노력하게 된다. 또, 적기 시작하면서 누군가와 이야기해가며 자신의 생각을 정립하게 된다. 버킷리스트를 하나둘씩 이루다 보면 자신의 즐거움이 무엇인지, 재능이 무엇인지 생각하고 발견하게 된다. 자신의 정체성, 자신의 즐거움과 방향을 스스로 찾아가게 하는 좋은 시도다.

진로는 '내가 좋아하는 다양한 미래에 대한 길을 열어가는 과정'이다. 매슬로Maslow가 주장한 욕구 5단계(생존의 욕구, 안전의 욕구, 사회적 욕구, 존중감 욕구, 자아실현의 욕구)의 최상위는 바로 자아실현이다. 즉, 자신의 삶의 의미와 만족을 찾아가며 살아가는 것은 인간의 최고 행복이다. 좋아하니 시키지 않아도 즐겁게 하고, 좋아하니 더 잘할 수 있다. 그것이 진로의 핵심목표다. 이제 아이들이 스스로 진로의 방향을 찾을 때까지 재촉하거나 초조해하지 않기를 바란다.

다음은 맹자의 《공손추》에 나오는 발묘조장拔苗助長 고사다. 한 농부가 밤에 논에 나가보니 자기 벼보다 옆에 있는 이웃집 논의 벼가 더 커 보였다. 욕심 많은 농부는 초조하고 화가 나서 옆집 벼보다 자신의 벼가 더 빨리 자라도록 밤마다 자기 논의 벼를 조금씩 위로 뽑아 올렸다. 하루 동안은 보기 좋아 으쓱했지만 곧 벼들이 시들어 죽은 것은 당연한 일이었다. 어리석어 보이는 이야기지만 사람의 마음이란 때론 그럴 수 있다. 하물며 우리 아이들은 두말할 것도 없다. 그들의 삶을 위해 인정하고 인내해야 하는 것이 우리의 책무라면 책무다.

모든 것에는 그에 맞는 시간이 필요하다.

오늘이 삶의 마지막이라고 생각해보자.

당신의 자녀에게 경제적 소득만을 고려한 미래만을 밀어붙일 수는 없을 것이다. 무리한 욕심은 인생을 행복하게 살 수 없게 한다. 그것이야말로 돌이킬 수 없는 '최대 비용'이다.

# CHAPTER 3

# 앞서가는 것보다
# 함께 나아가는 것을
# 중시하는 공동체

아이들에게 조언하는 가장 좋은 방법은 아이들이 무엇을
원하는지 알아내 그것을 하라고 조언하는 것이다.

- 해리 트루먼(Harry Truman)

# 진로교육에 아이들 미래가
# 달려 있다

이세돌 9단과 인공지능 알파고의 바둑 대국은 인공지능의 승리로 돌아갔다. 인공지능은 이제 인간을 뛰어넘어 상상하지 못할 속도로 무한 발전하고 있으며 이를 활용하는 수많은 연구가 활발히 진행되고 있다. 이제 우리의 일상은 '기계와의 공존'이라고 해도 어색하지 않을 정도다.

인공지능의 발달은 인간에게 상상하지 못할 유익<sub>有益</sub>을 주는 동시에 사람이 하는 많은 일자리를 빠르게 대체하고 있다. 단순 대체수준이 아니다. 위협수준이다. 어릴 적 만화 속에서나 보던 미래사회가 드디어 우리 눈앞에 펼쳐지고 있는 것이다. 시간이 지날수록 이런 위협은 현실이 되어 인공지능은 인간의 미래 일자리를 광범위하게 대체할 것이다.

4차 산업혁명의 물결을 맞이하고 있는 이 시대에 학교는 어떤 준비를 하고 있는가? 아이들의 미래를 위해 학교와 사회, 교육당국은 무엇을 어떻게 준비해야 할까?

다음 시대를 이끌어갈 세대들은 어떤 특성을 가지고 있으며, 이들에게 필요한 진로교육은 무엇이 되어야 할지 고민해보자.

2000년 이후에 태어난 세대를 'Z세대'라고 부른다. 이 세대는 아날로그가 아닌 디지털 기기의 활용 속에 살고 있기에 '디지털 원주민'이라고도 한다. 그들은 인터넷을 매우 잘 이용하며 학습에 필요한 정보를 효과적으로 탐색하고 가공하여 자신의 도구로 활용한다. 여기에 그 이상의 새로운 신지식을 자유롭게 창출하는 능력도 갖추고 있다. 또 컴퓨터나 스마트폰 등 IT기기에 대한 거부감이 없고 필요한 정보를 습득할 때도 더 이상 도서관을 찾지 않는다. 언제 어디서든 손안의 스마트폰이나 태블릿 PC, 노트북 등으로 인터넷을 접속하여 그들이 원하는 정보를 찾을 수 있고 놀이를 하며 소통의 장으로 활용한다. 불가능한 것이 없을 정도다.

이제는 우리 다음 세대들이 인공지능 로봇과 함께 조화를 이루며 살아가는 사회를 준비해주어야 한다. 또, 이를 진로와 연계하려는 고민과 환경 구축이 절대적으로 필요하다. 기계와 융·복합하고 이것을 생활에 접목하는 시대에 맞게, 미래는 새로운 능력을 가진 인재들이 필요한 세상이다. 결론은 교육 역시 그에 맞는 새로운 패러다임으로 반드시 전환되어야 한다는 것이다.

예전에는 진로희망을 이야기할 때 구체적인 직업에 대해 학생들과 논의했다. 하지만 이제는 우리가 알고 있는 많은 직업들이 소멸될 가능성이 높다. 현재도 많은 직업들이 급속히 사라지고 있다. 따라서 향후 진로는 개별 직업을 향해 나아가는 것보다는 희망하는 분야를 바라보며 준비해야 한다. 구체적인 활동은 AI와 IoT 기반 등과 같은 새로운 기술과 접목하는 방향을 고려하고, 이것을 이루어가는 새로운 영역을 구축하는 것으로 만들어가야 한다. 예를 들어, 요리사가 장래 희망이었다면 요리 관련 교수, 강사, 요리 로봇 개발자 및 판매자, 요리 재료를 이용한 3D프린터 개발자 및 프로그래머 등 다양한 분야로 진출하는 것이다.

세상의 변화에서 가장 먼저 변화되어야 할 곳이 교육 현장이다.

교육과정의 검토·구성은 물론 학교 내 자체 연수 등을 통해 미래 핵심 기술의 변화를 교육과정에 녹여낼 수 있는 방법을 연구하고 고민해야 한다. 미래사회에서 요구하는 인재를 양성하기 위해서는 아이들에게 새로운 기술을 접할 수 있는 다양한 체험장소와 활동을 지원하는 등 기술 체험 인프라를 구축하는 실질적인 교육지원을 미루거나 아껴서는 안 된다.

교육당국도 학교에 3D 프린터 체험존, 드론 조종 체험존, IoT 체험교실, AI와 함께하는 공간 등과 같은 미래기술을 학생들이 직접 접할 수 있도록 학교 현장의 남는 교실을 활용하고 이를 자유롭게 활용할 수 있는 '크리에이티브 존Creative Zone' 등의 환경이 필요하다.


4차 산업혁명의 핵심은 사람이어야 한다. 사람이 중심에 서지 못하는 기술 혁명은 인류에게 의미가 없다. 아이들은 준비가 다 되어 성장하는데 학교의 준비 속도는 그에 비해 정말 느리다. 어쩌면 느린 것이 아니라 무관심한 것은 아닐까?

진로교육의 방향은 다음과 같은 설정이 필요하다.

### 첫째, 미리 경험할 수 있는 기회를 제공하라

학교는 학생들이 미래와 진로를 잘 발견하여 발전시킬 수 있는 힘을 기를 수 있도록 지속적인 기회를 제공해야 할 것이다. 그들은 경험을 통해 자신이 잘할 수 있는 것을 찾아가면서 성찰하는 시간들을 만나게 된다.

진로는 직업과 직무변화에 대해 자연스럽게 대응력을 갖추어 가도록 도와주고 다양한 경험을 통해 기초역량을 갖추게 해주는 방향으로 맞추어져야 한다. 많은 경험의 기회는 그 역량을 기르게 할 수 있는 자양분이 되리라.

### 둘째, 진로교육의 내용을 변화시키자

현재의 진로교육에서 나아가 미래사회 변화에 적응할 수 있도록 더 구체적인 내용을 도입하자. 환경에 흔들리지 않고 자신의 의사를 결정할 수 있는 능력을 키워주는 진로교육, 쉽게 포기하지 않는 창의적 문제해결 능력, 개인이 창업자가 되는 미래에 필요한 기업가 정신을 함양하는 진로방향으로 강화되어야 한다. 체인지 메이커(change maker, 공감 능력, 리더십, 팀워크 및 주체성과 문제 해결 능력을 바탕으로 문제에 대한 해결방안을 도출하는 사람들), 디자인씽킹 등의 도입으로 교육과정 내에서 창업과 창직 과정들을 자연스럽게 습득하도록 효과적인 환경조성이 필요하다.

또, 그 내용을 학생들이 주도적으로 체험하고 토론 중심으로 활동하도록 함으로써 토론 능력, 타인과의 조화로운 의사소통을 통한 협업 능력, 상대방에 대한 배려 및 이해 등 미래시대를 같이 살아갈 화합형 인간을 만드는 방향으로 진행되어야 한다.

### 셋째, 학생 중심으로 변화하라

학생 스스로 주도성을 갖고 움직일 수 있도록 도와야 한다. 때론 아이들은 내버려두면 더 잘한다. 고착적인 어른들의 생각이 그들의 능력을 제한할 수도 있다. 학생들 스스로 주도적인 진로를 탐색하고 찾아가도록 유도하며 그 시기에 맞는 특성을 파악하여 반영해가는 맞춤형 교육으로 개선이 필요하다. 더불어 학교생활 안에서 자신의 진로를 집중적으로 탐색할 수 있는 자유학기제와 자유학년제를 내실 있게 기획하고 확대·운영하여 꿈과 끼를 찾을 시간을 스스로 가질 수 있도록 도와주어야 한다.

현재의 진로교육 역시 이전에 없던 시대적 요구로 진행되어 강화되고 있는 것은 사실이다. 변화의 필요를 모두가 느끼고 시작하는 것은 매우 의미 있고 중요한 일임에 틀림없다. 하지만 현재에 안주하지 말고 진로교육의 비중을 좀 더 늘리고 강화하여 급변하는 세상에서 우리 아이들이 더 행복한 삶을 누릴 수 있도록 더 많이 바꾸어야 한다. 교사와 부모, 어른인 우리 시대의 리더들이 고통을 즐겁게 감내하며 변화에 동참하자.

### 넷째, 사회가 요구하는 역량에 부응하자

점점 불확실해지고 불안정해지는 시대를 살아갈 아이들에게 무엇보다 필요한 것은 앞으로 나아갈 방향을 알려주는 '나침반'이다. 세상이 급변함에 따라 지금의 사고방식이나 업무 수행방식은 점점 맞지 않게 된다. 앞으로는 종합적 사고를 통해 서로 다른 분야의 사람들과 협업하는 능력이 더욱 중시될 것이다. 변화는 혼자 힘으로 이루어지지 않는다. 이런 점에서 '혼자 모든 것을 배워야 한다'에 맞춰져 있는 지금의 교육 방식 또한 다시 생각해야 한다. 정답만 구하던 과거와는 달리 앞으로는 호기심과 협력, 공감 능력 같은 것들이 더욱 중요하게 될 것이다.

사회의 변화와 흐름에 맞춰 아이들이 이러한 자질을 키울 수 있도록 교육 시스템이 뒷받침되어야 한다. 비판적인 사고능력과 함께 협력할 줄 아는 교육이 필요하다.

급변하는 사회가 요구하는 역량과 학교에서 가르치는 것들 사이의 격차를 최소화하는 방안을 찾아내자.


### 다섯째, 진로교육의 인프라를 확장하자

요즘 학생들이 가장 고민하고 상담하는 것이 진로와 학업 문제다.

그만큼 진로에 대한 아이들의 관심이 많다. 이 해결을 위해서는 진로교육 인프라의 대폭 확충이 필요하다. 많은 학교에 진로전담 교사를 배치하고 있으나 학생 수와 학급 수를 고려하지 않고 획일적으로 한 명씩 배치하고 있다. 학급 수가 많은 학교에서는 진로전담 교사를 한 번도 접하지 못하고 졸업하는 학생들도 있을 정도다.

이런 문제를 해결하기 위해서는 교사들의 진로 역량을 강화시키는 것이 필요하다. 교과수업에서도 진로와 연계된 다양한 활동으로 배움

속에서 자연스러운 진로 탐색이 이루어지도록 진로교육의 내실화를 꾀해야 한다. 학생들이 자주 찾는 기관이나 청소년센터에는 의무적으로 진로 코디네이터를 배치하여 아이들이 자신의 진로를 개척해나갈 수 있게 적절한 지원이 필요하다. 또한 온라인과 오프라인에서 아이들의 진로 탐색을 돕는 인프라를 구축해서 학생과 학부모들이 손쉽게 상담할 수 있도록 환경 변화도 필요하다.

이러한 지원을 통해 더 이상 사교육에 의존하지 않는 공적인 시스템을 구축하여 학부모들의 경제적인 부담을 덜어주면 어떨까.

# 내 아이의 희망을 위한
# 부모의 희망 선포

학부모 상담주간에는 그들이 부모로서 자녀를 위한 걱정과 고민이 얼마나 많았는지를 체감하게 된다. 나 역시 부모로서 깊이 공감한다. 상담 시간을 통해 그간 아이를 지켜보고 돌보아온 부모들의 마음을 만난다.

빨리빨리.

학부모는 자녀의 진로 방향을 빠르게 결정하기를 원한다. 자신의 불안한 마음에서 벗어나고자 하는 마음과 아이의 미래를 좀 더 빨리 준비하여 안정감을 얻기 위함일 것이다. 교사 입장에서도 같은 마음이다. 하지만 아이들의 속도는 기대치에 비해 많이 늦을 수밖에 없다. 스스로의 진로를 계획하고 결정할 만큼 그동안의 경험과 체험활동 시간이 충분하지 않은 것은 물론, 그런 시간이 제대로 이루어졌는지부터 점검하는 것이 우선이다.

진로에서 보면 격정의 청소년기는 '진로 탐색기' 에 해당된다.

탐색探索 이란 단어 그대로 "드러나지 않은 사물이나 현상 따위를 찾아내거나 밝히기 위해 살펴 찾는 것"을 말한다. 이렇게 청소년기는 다양한 체험을 통해 자신에게 맞는 진로를 발견하며 찾아가는 과정을 보내는 시기다. 풍성한 경험을 통해 자신을 재발견하고 세상을 알아가야 하는 성장 과정에서 확실한 진로가 정해지지 않은 건 오히려 당연하다. 미래라는 용어로, 진로라는 방향으로 아이를 재촉하며 보채는 것은 사과나무 묘목을 심고 며칠 지나지 않아 사과를 따고 싶은 지나친 욕심과도 같다.

이 시기에 진로 방향을 하나하나 찾고 나아가기 위한 노력으로 어떤 것이 필요할까? 현장에서 만난 부모, 특히 어머니들은 눈앞의 학교 성적을 위해 학원 문을 두드리는 경우가 일반적이다. 세계적으로 높은 교육열은 이제 새롭지 않은 이야기다. 하지만 이를 부정적으로만 치부할 수도 없다. 안타깝지만 우리나라에서 현실적으로 성적을 위한 공부 선상에서 성적 향상을 목표로 만들어진 학원을 무시할 수 없다. 그러나 우리 자신의 성장 과정을 돌아보아도 역시나 다를 게 없었다면 이제는 변화를 도와야 한다. 이 시점에서 나 역시 절실히 반성하면서 너, 나의 문제가 아닌 우리 모두의 문제로 공론화시켜 함께 문제를 풀어가고자 한다.

우리가 기대를 거는 자녀들을 위해 조금은 기다리고 시간을 다양하게 사용할 수 있도록 마음 쓰고 실질적인 배려를 하며 도와보자. 평생이라는 시간이 필요한 것도 아니다. 좋은 양분이 들어가 본질에 맞는 좋은 열매가 열리도록 그늘을 거두어주자. 대나무는 몇 년간 흙 속에 묻혀 있지만 보이지 않는 땅 밑에서도 쑥쑥 자라고 있다.

진로교육도 그와 같다는 생각이 든다. 작은 노력과 철학이 씨앗이 되고 밑거름이 되면 대나무와 같은 성장을 기대할 수 있으리라.

우리가 아이들에게 다양한 기회를 제공할 수 있는 부모가 되기 위한 노력들에는 어떤 것들이 있는지 찾아보자.

**첫째, 내 아이에 대한 무한 신뢰와 그들이 선택한 결정에 대해 절대 존중이 필요하다**

얼마 전 우남이(가명) 어머니와 상담했던 내용을 소개한다.

우남이는 일반고 진학을 계획하고 있었는데 엄마는 특목고 진학이 유리하다고 생각했다. 그래서 우남이에게 계속 그 방향으로 압박을 가하던 상황이었다. 이로 인해 아들과 갈등이 생겨 어머니께서 상담실을 찾아오신 거였다. 어머니와 우남이 서로의 논리는 틀린 것이 하나도 없다. 어머니께 우남이를 평소에 잘 믿어주시느냐고 물으니, 아이가 너무 성실하고 잘 생활하여 항상 믿고 지지해주신다고 답해주셨다. 그럼 고등학교 진학 문제 역시 우남이를 끝까지 믿고 지지해달라고 부탁드렸다. 그리고 특목고냐 일반고냐의 차이와 중요성보다 우남이가 진학하여 그 학교에서 얼마나 잘 적응하며 자신의 열정을 쏟을 수 있느냐가 더 중요하다는 의견을 전달했다. 또, '내 자녀가 진학하는 학교가 최고의 학교'라는 생각으로 자녀를 믿고 지지해주는 것 역시 중요하다는 말씀을 드렸다.

자녀를 믿는다면 이런 결정적인 시기에 아이의 결정을 지지하고 응원해야 한다. 결정적인 사항에서 믿음이 나타난다. 설령 우남이가 내린 결정이 조금은 불안해 보이기도, 불리해 보이기도 하지만 아이들은 자신이 스스로 내린 결정을 통해 더 크게 배우고 성장한다.

부모에게 그런 자녀의 성숙 과정을 지켜보는 과정 역시 보람의 하나가 아닐까 한다. 불안한 마음을 한쪽으로 접어두고 먼저 격려와 응원부터 시작하자. 이로써 아이들은 자신들이 존중받고 있음을 알아갈 것이다.

아이들은 '존중'을 먹고 자란다. 존중이 이루어지는 최초의 장소는 가정이다. 가정 속에서 지지와 존중을 받고 성장하는 자존감 높은 아이는 다른 어떤 곳에서도 쉽게 좌절하거나 약해지지 않는다. 무엇에 관심이 많은지, 무엇을 이야기하고 있는지를 잘 살펴주는 지혜야말로 부모의 진정한 응원이 된다.

아이들은 성장하면서 삶의 방향을 선택하고 또 수정한다. 그런 과정을 계속 반복하면서 인생의 큰 틀을 잡아가야 쉽게 흔들리지 않는다. 자신의 선택에 대한 수용과 지지는 부모의 가장 큰 능력이 된다. 그로 인해 자녀는 심리적 안정을 갖게 되어 더욱 열정을 가지고 노력하는 긍정적인 효과를 만들어 낸다. 부모로부터 인정받고 있다는 메시지를 받는 아이들은 건강하다.

**둘째, 자녀의 말을 경청한 후 그의 구체적이고 긍정적인 행동 내용에 대해 애정이 담긴 진정한 칭찬을 하고 있는지 스스로 살펴본다**

수지고등학교에서 담임을 할 때의 일이다.

당시 수지고등학교는 비평준화 지역으로 성적이 우수한 학생들이 진학하는 학교였다. 입학하는 학생들은 중학교에서 상위권 성적을 받왔던 학생들이라서 경쟁도 치열했다. 그런데 고1 첫 시험인 중간고사를 마치고 나면 많은 학생들이 중학교 때와는 완전히 다른 시험 결과에 놀라고 충격을 받기도 한다.

태민이(가명)는 중학교 때 전교에서 1~2등을 하며 많은 선생님과 친구들로부터 인정받는 친구였는데 고등학교에 올라와 중위권 성적을 받았으니 많이 당황하고 놀라기도 했다. 담임교사로서 태민이와 상담 중에 충격적인 이야기를 들었다. 고등학교 생활이 무척 힘들고 열심히 노력해도 성적이 쉽게 오르지 않아 너무 괴롭다는 얘기였다. 그러면서 이 모든 것이 엄마의 결정 때문이라며 엄마에게 모든 책임을 전가하는 모습이었다. 당시 자신은 집 주변에 있는 학교를 지원하려고 했는데 엄마가 강하게 밀어붙인 탓에 집에서 거리도 먼 수지고를 진학했고 결국 자기가 이렇게 불행해졌다는 것이다. "엄마가 너무나 원망스럽고 내 인생을 망친 사람"이라고 분노를 표출하던 그 모습이 아직도 생생하다.

태민이도 어머니도 가장 좋은 길을 찾기 위해 노력했지만 그 결과는 모자지간의 갈등과 원망뿐이었다. 엄마의 강한 영향력이 아들에게 어떤 결과를 주고 있는지 돌아보아야 한다. 만일 태민이가 고민하고 어려워하는 진학 문제를 함께 고민해주고 들어주면서 우수한 성적과 능력을 칭찬하고 아이에게 학교 선택권을 주었다면 어땠을까. 무척 아쉽다.

자녀가 하는 이야기를 경청하면서 잘한 일들을 찾아내어 인정하고 격려할 때 아이들은 더 크게 성장함을 믿어야 한다. 진학에 무게를 두는 위험에서 '내 자녀가 어떤 생각을 가지고 있는지'로 관심의 이동이 필요하다. 부모의 존중을 받고 자라는 아이는 쉽게 흔들리지 않는다.

우리 아이들은 자신의 진학, 진로를 고민하면서 세상을 더 알아가고 어른으로 조금씩 성장한다. 엄마가 좋은 길을 안내한다고 해서 더 빠르게, 더 크게 성장하는 것은 아니라는 사실을 아직도 많은 부모가 놓치고 있다.

청소년기는 다양한 궁금증에 대한 자신의 생각, 미래에 대한 고민 등을 누군가와 이야기하고 싶어 하는 시기다. 대화를 통해 자신의 생각도 정리되고 그 다음 단계를 알아가면서 성장한다. 이때 눈높이를 맞추며 경청하는 지지자가 부모여야 한다. 부모와의 좋은 관계 속에서 그들의 가치관 또한 잘 정립되어 간다.

아이에 대해 가장 잘 아는 사람은 역시 부모다. 때론 자녀들의 화를 받아주기도 하며 허용적인 자세를 취해야 한다. 부모는 자녀의 응원단장이 되어야 하는 자리다. 그런 가운데 자녀를 알아가고 장점을 발견하면서 부모로서, 사회 속의 어른으로서 그들이 되어 주어야 한다. 실수를 할 때도 고쳐주려는 마음이 앞서 화를 내거나 욱하는 감정이 앞서면 절대 안 된다. 아이들의 실수는 그들을 성장시킨다. 아무런 실수도 없이, 주어지는 토양에서만 조용히 자란다면 가늘고 길게 자란 온실 속의 연약한 화초가 될 수도 있다.

**셋째, 아이의 정서적 함양을 높여주며 타인을 배려하는 다양한 노력이 꾸준히 이루어져야 한다**

수업을 마치고 나면 대부분의 학생들이 활동실을 빠져나가지만 유민이(가명)는 끝까지 남아 내가 뒷정리하는 것을 도와준다. 흐트러진 책상을 함께 정리하고 교실 바닥에 떨어져 있는 쓰레기들도 함께 치우며 수업에 고마움을 표시하기도 한다. 쉬는 시간이 10분밖에 안 돼 학생들도 자기 교실에 올라가기 바쁜데 유민이는 교사를 도와주기 위해 함께하는 수고를 자원해 즐겁게 돕는다.

사람은 기계가 아니라 감정을 가진 동물이다. 그런 유민이가 참 예쁘고 기특하다. 오랜 교직 생활을 뒤돌아보면 이런 학생들은 졸업 후에도 학교로 찾아와 학창시절에 대한 감사를 전하기도 하고 편지로 안부를 전하기도 한다. 이런 친구들과 얘기를 나누어 보면 부모님으로부터 타인을 배려하고 돕는 것을 자연스럽게 익히고 생활했음을 알 수 있다. 이렇게 아이들은 부모의 목소리에 반응하는 것이 아니라 뒷모습을 보고 삶의 방법을 익히는 것이다. 교직 경력이 많은 교사들은 이런 친구들의 순탄한 미래를 확신한다. 이런 자세를 가진 아이는 어느 곳에서나 주변사람들을 행복하게 만들며 자신도 높은 자존감을 갖고 행복하게 살아갈 수 있는 사람이 된다.

어른으로 성장하는 가장 중요한 시기의 아이들 마음에 굳건한 자물쇠를 채워두지는 않았을까. 가치관이나 분위기가 다른 친구들과는 의도적으로 거리를 두도록 한다든지 하는 방식으로 말이다. 나도 모르는 사이에 다문화 가정이나 돌봄이 필요한 이웃에 대한 차별은 없었을까. 사람은 모두 각각의 고유한 색상을 가지고 있다. 한 사람 한 사람의 다양성이 있기에 서로 도와주며 살아갈 수 있는 세상이다. 불필요한 마음의 벽을 없애고 사람 간의 관계를 돈독히 하며 살아가는 것이 당연한 세상의 기준임을 말해주자.

배려와 정서함양을 위해 가족이 함께하는 시간을 자주 갖기를 권한다. 이때는 모임 장소, 내용 등을 자녀들이 제안하도록 하여 주도적인 경험을 만들어 주는 것이 좋다. 가족이 함께하는 봉사도 추천한다.

미국 월도프-아스토리아 호텔Waldorf-Astoria Hotel 초대 경영자인 조지 볼트George Boldt의 재미난 일화를 소개한다.

지금으로부터 약 100여 년 전의 일이다. 비바람이 몰아치던 어느 늦은 밤, 미국의 한 지방 호텔에 노부부가 들어왔다. 그러나 예약을 하지 않아 방을 잡기가 어려웠다. 호텔 밖에는 많은 비가 쏟아지고 있었고 자정이 가까워져 다른 곳에 갈 수도 없는 사정이 몹시 딱해 보였다. 빈 객실은 없었지만 호텔 직원은 노부부에게 기꺼이 자신의 방을 제공하여 폭우를 피해 쉴 수 있도록 배려했다. 직원 방에서 하룻밤을 묵고 아침을 맞이한 노인은 감사의 인사를 건네며 "당신 같은 사람이 최고급 호텔의 사장이 되면 좋겠군요"라고 말했다. 그리고 그에게 "언젠가 내가 당신을 초대하면 꼭 와달라"는 부탁을 하고 그곳을 떠났다.

2년 후, 그 호텔 직원에게 편지와 함께 뉴욕 행 비행기 티켓이 배달되었다. 2년 전 그날 밤의 노부부가 보낸 것이었다. 노부부는 맨해튼 중심부에 있는 선친이 물려준 토지 위에 당시 최고급 호텔을 건축하고 조지 볼트에게 선물했다. 그 노인은 월도프 애스터Waldorf Astor라는 사람이었고 그날 밤에 조지 볼트가 베푼 배려에 감동해서 호텔 기증은 물론 자신의 딸과 결혼까지 주선했다고 한다. 이 한편의 드라마 같은 이야기는 1893년 미국 뉴욕에서 실제로 일어난 일이다.

이처럼 당장은 불편하고 손해 보는 듯해도 배려는 누군가에게 마음을 전하는 방법이자 배려받은 사람을 감동하게 하는 힘을 가지고 있다. 비록 상대방이 이 이야기처럼 특별한 결과를 가져오지 않으면 어

따라. 동시대를 같이 살아가는 사람은 서로 배려하고 배려받는 공동체라는 인식을 가지며 성장해야 한다. 그래야 다 같이 사는 세상에서 잘 살아갈 수 있는 인격의 소유자로 성장하게 된다.

즉, 아이들과 함께하며 그들을 세워주어 존중하고 배려하는 것. 이런 기본을 우리 어른들은 자주 잊는다. 이처럼 부모의 모습을 통해 아이는 탄탄한 자존감을 지니고 자신의 방향을 제대로 찾아내어 행복한 인생을 이루어가게 된다. 우리는 아이들이 숨 쉬는 공기와도 같은 존재이자 그들의 인생에 대한 최고의 격려자다. 또한 그들의 가장 가까운 곳에 있기에 그들이 원하는 삶의 모델이 되는 존재다.

# 놓칠 수 없는 특별한 기회, 4차 산업혁명시대

## 국내 첫 AI 변호사 로펌 '취직'…
### "변호사 70% 거리로 나앉을 판"

한국의 첫 인공지능(AI) 변호사가 지난 2월 대형 법무법인에 '취직'했다. 변호사만 150여 명인 국내 10위권 로펌인 대륙아주의 AI 변호사 '유렉스' 얘기다. 유렉스는 그동안 담당 변호사와 법률 비서 여러 명이 짧게는 수일에서 길게는 몇 달씩 걸려 작업하던 관련 법 조항 검토와 판례 분석 등 사전 리서치 업무를 20~30초 만에 해치우는 괴력을 발휘하며 빠르게 업무에 적응하고 있다. 2016년 5월 미국 뉴욕의 100년 전통 로펌인 베이커앤호스테틀러가 AI 변호사 로스ROSS를 처음 '채용'한 게 전 세계적으로 화제가 됐는데, 그로부터 불과 2년 만에 우리에게도 AI 변호사가 현실로 다가온 것이다. 이 추세라면 변호사 상당수가 길거리에 나앉는 게 아니냐는 암울한 전망마저 나온다.

자료 제공: 〈중앙일보〉 2018.4.5

4차 산업혁명.

혁명의 흐름 속에서 드라마틱한 기대를 가지고 성장할 거라는 설렘이 드는가? 아니면 인간을 능가하는 인공지능의 등장으로 오랜 시간 준비해온 자신의 일자리를 잃을 수도 있다는 걱정부터 앞서는가?

특별한 기회는 4차 산업혁명과 함께 오고 있다. 그간 우리가 지나온 1~3차 산업혁명을 통한 세상의 변화와는 비교할 수 없을 정도로 급격한 변화가 몰려오고 있다. 일자리 감소의 공포를 떨치고 새로운 산업 창출 기회의 관점으로 바꿔, 기대와 도전의식을 갖고 대응해야 하지 않을까. 현재의 변화에 적응하여 절호의 기회로 인식하고 공략해야 한다. 세상이 변화할 때는 새로운 기회가 공존한다. 초연결, 초지능 기반의 세상에는 곳곳에 개개인의 기회가 준비되어 있다.

우주의 탄생인 빅뱅에서와 같이 어떤 별이 사라지고 생겨났다면 우리 시대의 빅뱅은 무엇인가? 무엇이 생성되고 사라지는지 과거를 통해 검토해보자.

18세기 영국에서 증기 기관의 발명으로 산업혁명이 시작되었다. 마차 산업에 종사하며 일하던 많은 사람들과 가내 수공업으로 살아가던 다양한 일자리가 빠른 속도로 사라졌다. 그것은 마치 별똥별이 하늘에서 땅으로 내려오는 것과 같은 속도였다. 반면에 새롭게 생성된 일자리들도 있었다. 운송업, 기계와 대규모 공장 등 분업으로 대량생산에 필요한 조직적인 직업들이었다.

그렇다면 그 이후 모두가 외치고 있는 변혁의 시대라는 4차 산업혁명의 현장에서 다시금 사라지는 우리의 일자리는 무엇일까? 〈LG 경제연구원보고서〉(2018.5.15)에서는 다음과 같이 기술하고 있다.

사무·판매·기계조작 종사자 등 3대 직업이 사라질 고위험군의 72%를 차지한다. 특히 분석 결과로 볼 때 우리 노동시장 일자리의 43%가 자동화 고위험군인 것으로 나타났다. 이 분석 자료에 의하면 2017년 상반기 기준 전체 취업자 약 2,660만 명 중에 1,136만 명은 머지않아 우리보다 훨씬 똑똑한 인공지능에 의해 대체될 가능성이 높은 일자리에서 종사하고 있다.

자료 제공: 〈인공지능에 의한 일자리 위험 진단〉, LG경제연구원

또 다른 통계를 제공한 인공지능의 결과 역시 같은 내용이다. 우리의 현재 데이터를 제공해서 나온 AI가 발표한 결과에서도 전통적인 화이트칼라를 상징했던 사무 종사자 업무의 대부분이 자신들의 로보틱 프로세스 자동화(Robotic Process Automation, RPA)의 영향을 크게 받게 될 거라는 당당한 결과를 내놓았다.

그에 걸맞게 벌써 서류 분석, 보고서 작성, 메일 회신, 인사 채용, 성과 지급 등을 자동화하는 로보틱 프로세스 자동화 솔루션을 도입하는 기업들이 급속히 늘어나고 있다. IBM에서는 기업 사무직 업무의 63%가 RPA로 대체될 수 있을 것으로 전망하고 있다. 이 RPA를 통해 기존의 인력들을 감축하거나 보다 창의적이고 부가가치가 높은 업무로 새롭게 배치하게 될 것이다. 이와 같은 지능이 탑재된 기기들은 인간보다 훨씬 더 똑똑하게 관리하고 직능 향상을 위한 재교육 프로그램, 이직 및 전직 지원 프로그램 등 많은 것을 책임지고 잘 수행해낼 것이다.

한국고용정보원 자료에서도 정형화도가 높고 숙련 수준이 낮을수록 기술의 대체 가능성이 높음을 알 수 있다. 즉, 단순 반복적인 일자

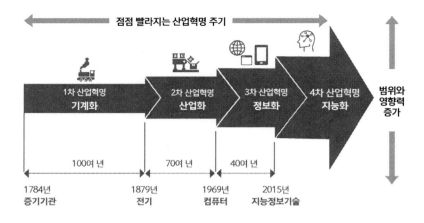

혁신적 변화 발생

| 국가 시스템 | 산업 | 사회 | 삶의 질 |

인공지능, 빅데이터 등 디지털 기술로 촉발되는 초연결 기반의 지능화 혁명

자료 출처 : 〈4차 산업혁명위원회 보고서〉 자료

리는 사라질 가능성이 매우 높은 반면 세상을 변화시킬 새로운 기술들과 그에 관련된 직업들은 대대적으로 새롭게 탄생할 것이다. 그렇다면 우리는 미래 시대의 흐름을 어떻게 미리 파악하고, 변화를 위해 어떤 준비를 해야 할까?

지금은 그것에 대해 묻고 답하면서 자신의 능력을 발견하고 접목해 가야 하는 절호의 기회다. 변화를 꾀해야 하고 미래사회를 누리기 위해 분주한 노력이 필요한 시기다.

찰스 다윈Charles Darwin은 《종의 기원》에서 "가장 강력한 종이 살아남는 것이 아니고, 가장 지적인 종이 살아남는 것도 아니다. 변화에 빨리 적응하는 종이 살아남는다"라고 했다. 급변하는 세상의 흐름을 이해하고 적응해가려는 다양한 노력과 방법을 시도해가며 자신을 적응시켜야 한다. 지식만 주입하는 수업 방식으로 자란 아이들은 미래에 적응할 수 없다. 역동적인 다음 세상에서는 현재의 수업 방식으로만 배워온 아이들이 할 일은 별로 없게 된다. 이것은 단지 먹고사는 문제가 아니다.

그렇다면 많은 전문가들은 말하는 미래요구 핵심역량은 무엇인가?

먼저 문제해결력, 창의성, 소통능력, 대인관계 능력, 인성, 융합능력, 협업능력 등을 꼽는다. 이런 핵심역량을 키워주어야 하는데, 우리는 여전히 아이들에게 기존의 낡은 틀인 점수와 입시 경쟁으로만 몰아가고 있다.

과거에는 지식의 접근에 경험이 있는 교사가 교육의 우위에 선 적도 있다. 하지만 지금처럼 '지식'을 다양한 방법으로 손쉽게 접할 수 있는 시대에서는 학생이 교육의 주체가 되어야 한다. 지식은 여러 사람의 협업을 통해 창조적으로 접근이 가능하다. 이제 교사의 역할에 과감한 변화가 필요하다. 단순 지식 전달자의 자리에서 새로운 세상에서 필요한 문제를 제시해가며, 그들이 잘 해결할 수 있도록 방안을 일러주는 멘토가 되어주어야 한다. 또, 때로는 스스로 동료들과 소통하며 아이디어를 만들어내고 학생들이 문제를 풀어가기도 하는 학생 주도적 수업방식을 더욱 확대해서 실행해야 한다. 그것이 교사의 주된 역할이어야 한다.

로봇이 교사를 대체하여 강의하는 시대, 갇힌 학교 시설이 불필요한 시대, 학생의 숫자가 계속 줄어드는 시대, 졸업장을 필요로 하는 시대의 종식 등 학교가 마주할 미래는 밝지 않다.

그럼에도 많은 학자들은 교육 자체가 사라지지는 않는다고 예견한다. 많은 메가트렌드가 닥치더라도 AI가 대체할 수 없는 영역은 분명히 존재한다. 사람의 마음을 읽어내고 공감해주며 아이들의 인성을 돌보는 교사의 역할은 반드시 필요하다. 단, 교육과정과 여건이라는 하드웨어를 절대적으로 바뀌어야 한다는 데는 누구도 이견이 없어 보인다.

'4차 혁명은 위기이자 새로운 기회다.'

기술의 발달로 단순 노동이 감소하고 일자리의 심각한 불균형이 발생하겠지만 세상은 그 이상으로 더욱 세분화되고 전문화될 것이다. 또한 세상의 이치가 그렇듯이 자생적인 혁신의 울타리가 생성될 것이다. 그 안에서 미래를 예견한 교육이 지혜롭게 설계되어 실행된다면 이후는 AI가 감히 넘보지 못하는 인류만의 사피엔스 시대를 열어가게 될 거라고 믿는다. 결국 미래는 새로운 기회의 시기다.

그렇다면 구체적으로 어떤 교육적 변화가 실행되어야 할까? 활용 능력의 교육변화부터 시작해야 한다. 기술혁명이 가져온 4차 산업혁명이기에 코딩교육과 같은 소프트웨어 교육을 강화하여 사고의 논리력과 분석력을 키워야 한다.

이미 우리 곁에 와 있는 인공지능 시스템도 하나의 도구다. 이 도구를 활용하는 사람과 지배되는 사람으로 조금씩 나뉘고 있다. 산재한 지식을 필터링하여 자신만의 능력으로 활용할 수 있는 능력을 키우는 구체적인 교육이 실행되어야 한다. 기계가 못하는 것을 찾아내고 그것을 기기에게 질문하는 개별적 특성에 따른 능력이 필요하다. 이를 위해 개개인의 특성을 파악한 교육이 절대적으로 요구된다. 융합하고 재창조할 수 있는 활용능력의 마인드로 새로운 사회를 열어 미래를 누릴 수 있도록 그들을 안내하고 적극 도와야 한다. 어떻게 보면 그들은 감각적으로 그것을 받아들일 수 있는 능력을 가지고 있을 수도 있다. 억지로 틀에 넣어 가르치려 들지 말고 여유 있게 관찰하며 융합적인 지식을 통해 교사로서 스파크 같은 역할을 해주는 것도 대단히 중요하다고 본다. 전통적인 직종이 아닌 두 가지 영역을 연결시켜 줄 수 있는 역할이 주목받고 그런 모든 것이 가능한 세상이 4차 산업혁명시대인 지금이다.

최근 4차 산업혁명 이후의 사회를 크게 세 가지 키워드로 정리한다.

- 사물이 스스로 생각하고 학습하는 초超지능
- 사물과 사람의 모든 것이 서로 인터넷으로 연결되어 소통하는 초연결
- 산업의 경계가 허물어지는 초산업

그 안에서 어떻게 경제가 재편되고 부의 기회가 이동하는지를 깨달아야 새로운 기회를 얻을 수 있다.

4차 산업혁명의 핵심은 기술의 융·복합이다. 인공지능, 사물인터넷, 빅데이터 등 지능정보기술이 기존 산업과 서비스에 융합되거나 3D 프린팅, 로봇공학, 헬스케어 등 여러 분야의 신기술과 결합되어 세계 모든 제품과 서비스를 네트워크로 연결하고 사물을 지능화한다.

지금 세상은 4차 산업혁명의 도래로 이미 엄청난 지각변동이 일어나고 있다.

미래학자 토머스 프레이Thomas Frey는 "2030년에는 20억 개의 일자리가 사라질 것"이라고 했고, 미래예측 전문가 제임스 캔턴James Canton은 "2025년 무렵의 직업 가운데 70%는 아직 나타나지 않았다"고 했다. 10년도 채 안 남았다. 그동안 무려 70%의 직업이 지금과는 다른 양상일 거라는 관측이다.

미래를 다양한 불확실성으로만 바라보는가? 우리에게는 반도체 등 세계 최고 수준의 주력 산업과 ICT정보통신기술가 있으며, 새로운 서비스를 창출할 수 있는 우수한 인력들이 존재한다. 또, 변화에 능동적으로 대처하는DNA를 지니고 있다. 여기에 우리는 세상에 이슈가 되는 놀라는 성과들을 달성한 수많은 경험이 있지 않은가!

새로운 방향을 바라보면서 우리는 계속 도전해가야 한다. 우리가 바라는 희망 미래는 반드시 온다.

지금 그 기회가 우리에게, 아이들에게 다가오고 있다.

# 99%의 노력은
# 여전히 강력한 힘

재능으로 대표되는 IQ와 학업 성취도와의 상관관계는 무엇일까? 학자들마다 약간의 차이는 있지만 보통 16~25%의 상관관계가 있다고 한다. 학생들과 생활하다 보면 놀랄 만큼 재능이 뛰어난 학생들도 종종 보게 된다. 그들은 이해력과 지식을 받아들이는 정도가 매우 우수하다. 일부는 성적도 상위권을 유지한다. 반면 성실한 자세로 꾸준히 노력하는 존경스러운 학생들도 많다. 그들은 처음에는 두각을 나타내지 못하는 듯하지만 시간이 지나 학년말, 고학년으로 갈수록 성장하는 속도가 놀랄 만큼 빨라진다. 그들이 졸업할 즈음에는 재능이 우수한 학생들과 같거나 오히려 앞서는 경우도 종종 마주한다.

이처럼 초등학교에서는 눈에 띄지 않지만 중학교와 고등학교를 거치면서 지적 재능이 높은 학생들보다 과제 집착력이나 문제 해결력이 높은 학생들이 더 두각을 나타내는 경우를 쉽게 볼 수 있다. 2009년 수지의 모 고등학교 재직 중에 학생들과 '대한민국 창의력 올림피아드 대회'의 지도교사로 참여한 적이 있다.

함께한 일곱 명 학생들의 공통 특성은 과제에 대한 끈질긴 집착력과 문제를 해결하기 위한 다양한 아이디어가 많다는 점이었다. 학교 성적이 아주 뛰어난 아이들은 아니었지만, 밤을 꼬박 새며 토론하고 더 좋은 결과가 나오도록 다양한 방법을 동원하면서 열심히 준비했던 모습이 지금도 눈에 선하다. 서로 맞춰가며 좋은 결과를 도출하기 위해 시간가는 줄 모르고 준비하며 즐기는 모습이었다. 그들은 지도교사가 시킨 것도 아닌데 자발적인 노력을 통해 스스로 성장하고 있었다. 서로 의견을 조율해가며 부족한 부분을 채우는 모습은 재능이 뛰어난 그들과는 다른 특별한 공동성장의 모습이었다. 그래서였을까. 이 학생들은 미국에서 열린 '세계 청소년 창의 올림피아드'에 국가대표 자격으로 참가하여 우수한 성적으로 수상하는 기록을 남겼다.

교육 현장에서 학생들을 지도해본 교사들과 많은 학자들은 선천적인 재능이 학업 성취도에 영향을 미치는 것은 사실이지만, 그보다 꾸준하게 노력하며 주어진 일에 최선을 다하는 학생들이 더 발전적이고 더 많이 성장한다는 사실을 잘 알고 있다. 나는 이런 부분을 잘 살려주도록 돕는 것, 즉 후천적인 환경과 재능, 열정을 통해 자신의 방향을 단계별로 키워가는 것이 교육이고 진로라고 믿는다.

펜실베이니아 대학의 심리학 교수인 앤절라 더크워스Angela Duckworth는 10년 동안의 연구 결과로 장기적이고 지속적인 성공을 결정하는 가장 중요한 요소는 재능이나 IQ, 부모의 경제력 같은 외부적인 조건이 아닌 불굴의 의지임을 강조하면서《그릿》에서 다음과 같은 식을 제시했다.

①은 기술을 만드는 데 '재능'이 필요하지만 '노력'이 더해져야 함을

$$재능 \times 노력 = 기술 \text{ ----- } ①$$
$$기술 \times 노력 = 성취 \text{ ----- } ②$$

나타낸 것이다.

　②는 ①식에서 만들어진 '기술'에 다시 '노력'이 더해져야 '성취'라는 작품이 탄생함을 말한다.

　②에 ①을 대입하면 '재능 $\times$ 노력$^2$ = 성취'란 식이 만들어진다.

　어떤 성취가 만들어지기 위해서는 재능도 반드시 필요하지만 노력이 제곱배 이상 중요함을 말하고 있다.

　지속적인 열정과 끈기를 갖지 않고 노력하지 않을 때 재능은 그저 빛을 보지 못하는 잠재력일 뿐이다. 노력 없이는 기술을 익히는 것도, 성취를 이루는 것도 불가능하다.


　'천재는 99%의 노력과 1%의 영감으로 만들어진다.'

　너무 많이 들어서 때론 뻔해 보이기도 하지만 세상이 인정하는 진리다. 가까운 예로, 현재 축구 해설위원으로 활동하는 전 국가대표 축구 선수 이영표는 99%의 노력으로 자신의 길을 찾은 훌륭한 예다.

　그는 축구가 너무 재밌어서 남들보다 더 잘하고 싶었다고 한다. 초등학교 시절부터 그는 온종일 어떻게 하면 축구를 더 잘할 수 있을지만 생각했다.

　'어떻게 하면 상대방 볼도 아니고 내 볼도 아닌 중간에 뚝 떨어진 볼을 내 것으로 만들 수 있을까?'

늘 머릿속에 가득 차 있던 이 생각에 대한 답을 어느 날 문득 찾아냈다. 그것은 바로 줄넘기였다. 그는 2년 동안 매일 줄넘기 1,000개를 했다!

처음에는 익숙하지 않고 너무 힘들어 10번씩 100번을 했다. 그러니 얼마 뒤에는 한 번에 천 개를 할 정도로 실력이 늘었고 그 결과, 자신이 원하던 중간에 떨어지는 공들을 차지할 수 있었다고 한다. 이런 경험을 통해 '노력'의 위대함을 깨달은 그는 두 번째 목표가 생겼다. 이제 체력을 키우는 것!

90분 이상 지치지 않고 뛸 수 있는 체력을 위해 남들보다 일찍 일어난 그는 새벽 다섯 시부터 산을 뛰어다녔다고 한다. 힘들었지만 이전의 줄넘기를 통해 노력의 결과를 알고 있는 그였기에 실천이 가능했다. 그는 이를 통해 '세상에 공짜는 없다. 단지 노력을 통해서만 완성된다'는 진리를 다시 깨달았다고 한다.

일반적으로 사람들이 꿈을 찾을 때는 자신의 '재능'에 중점을 둔다. 어떤 분야에 재능이 있다는 걸 깨닫게 되면 노력 대신 재능에 의지하게 된다. 이것은 누구나 아는 쉬운 방법이고 본능이다.

그는 말한다. "사람마다의 재능은 큰 것처럼 보이지만 사실은 아주 작은 차이다. 그러니 노력으로 충분히 재능의 차이를 극복할 수 있다"라고. 그가 살아오면서 몸으로 직접 체험한 진리다. 그것은 아무도 빼앗아갈 수 없는 자신만의 재산이다.

아직도 선천적으로 타고난 재능이 많은 영향력을 미친다고 생각하는가. 한 사람의 예이지만 이영표 선수의 경험의 이야기는 고정된 우리들의 생각을 바꿀 수 있는 좋은 사례라고 생각한다.

한 개인의 특별한 재능은 소중한 것이다. 하지만 그렇지 않은 모든 것 역시 소중하다. 지금은 어떻게 생각하고 삶에서 어떻게 적용하여 성장시키며 인생을 살아갈 것인지에 대한 의미가 점점 더 커지고 있다.

4차 산업혁명시대의 미래를 여는 열쇠는 여전히 에디슨도 인정한 99%의 노력이다. 다만 즐기려는 노력, 자신이 선택한 것에 대한 노력이 우선되어야 한다.

새로운 변화의 물결을 당당히 거슬러 올라가는 도전과 열정은 미래를 열어갈 확실한 열쇠다.

# 절대신뢰를 보여줄 때
# 아이들은 더 크게 성장한다

환경에 따라 크기가 달라지는 물고기가 있다면?

일본의 잉어 종류인 '코이'라는 물고기가 그렇다. 코이는 어항에서 5~8cm, 대형수족관과 연못에서 15~20cm, 강에서는 90~120cm의 대어로 성장한다.

나는 코이를 보면서 학생들을 생각한다. 신뢰야말로 아이들에게 최고의 환경이 된다고 믿기 때문이다. 우리가 자녀에게 보내는 신뢰의 크기는 어느 정도일까? 어항 정도일까? 넓디넓은 강물 같을까?

아이들은 자신을 절대적으로 지지하며 사랑하는 어른들의 모습을 통해 '긍정의 생각'으로 성장한다.

학생들과 생활해보면 다양한 유형의 특성을 지닌 아이들을 만난다. 특히 성적과는 무관하게 언제나 긍정적이고 문제 해결력이 높은 친구들에게 자주 눈길이 간다. 그들의 공통적인 특징은 높은 자존감을 가지고 있고 부모와의 관계가 매우 친밀하다는 점이다. 학교생활에서도 자기주도학습 능력이 뛰어나며 친구들과도 부모와의 관계처럼 친밀함을 유지하고 있다. 이런 관계들은 향후 사회생활에서도 원만하고 풍성한 대인관계로 나타나게 된다. 이런 아이들이야말로 미래사회에서 요구하는 인재들이다. 미래는 지식보다 관계와 감성 등이 더 중요시되는 '관계의 세상'이기 때문이다.

이렇듯 사람에 대한 신뢰는 변화의 힘이 된다. 보이는 것이 다가 아니다. 드러나지 않은 아이들의 모습에 관심을 가져야 한다. 우리는 많은 경우 보이는 겉모습과 결과만으로 가르치려고 하거나 판단하기도 한다. 결과를 떠나 잘 드러나지 않는 아이들의 노력 과정들도 들여다볼 줄 아는 애정과 인정의 시각으로 응원하며 바라보자.

자녀가 성장하는 것은 과정이다. 무엇이든 담을 수 있는 특별한 성장 과정 중에 있다. 어떤 결과가 중요한 것이 아니라 이들의 과정에 내가 어떤 신뢰를 보여주느냐에 따라 삶의 밀도가 달라진다. 신뢰는 그들을 변화시키고 잘 자라게 하고 행복하게 할 수 있는 최대의 능력이 된다.

나는 두 자녀의 아버지다. 두 아이의 공통점은 대학입시를 두 번 치른 점이다. 큰딸은 한 번, 작은딸은 두 번 입시에서 떨어졌다. 결과만 보며 힘든 시간으로만 마무리하면 남는 건 아무것도 없다는 생각에 우리 부부는 시험결과 발표일 날, 무조건 케이크를 준비했다. 어떤 결과든 우리 아이들이 더 소중하다는 것을 보여주기 위해서였다. 우리가 준비한 파티는 입시 결과에 흔들리지 않는 파티였다. 안 좋은 결과는 그 나름대로, 좋은 결과가 있었다면 그 이후를 위한 응원의 마음을 더해주기 위해서였다. 케이크를 준비한 부모를 보며 아이들은 밝게 웃어주었다. 그렇게 우리 가족은 여러 번 웃었다.

'그래, 이번에는 떨어졌지만 반드시 너는 극복할 것이고 더 잘될 것을 믿기에 함께 치킨과 케이크를 먹으며 축제를 하자'는 불합격의 축하 파티(?)는 지금도 아이들이 자주 이야기하는 소중한 이야깃거리다. 물론 결과가 아쉽기는 했지만 '너희들은 이런 어려움을 거치면서 반드시 성장하고 성숙해져 가고 있다'는 믿음을 주고 싶었다. 앞으로 살아가면서 작거나 큰 어려움이 있을 때마다 그것을 극복하고 더 잘할 수 있다는 믿음을 주는 따뜻한 응원이 부모가 자녀들에게 줄 수 있는 최고의 선물이라고 믿는다. 누군가 말한 것처럼 '그래서 신이 우리를 부모로 만들었다'고 하는 듯하다.

라틴어로 '숨마 쿰 라우데Summa cum laude'라는 말이 있다. '가장 높은 곳에 오른 존재에 대한 찬사'의 의미로 유럽의 대학에서는 졸업장의 '최우수'를 표시하기도 하는 단어다. 절대평가의 방식을 사용하는 유럽 대학의 라틴어 성적평가를 보면 매우 흥미롭다.

| 라틴어의 성적 구분 | | |
| --- | --- | --- |
| Summa cum laude | 숨마 쿰 라우데 | 최우수 |
| Magna cum laude | 마그나 쿰 라우데 | 우수 |
| Cum laude | 쿰 라우데 | 우등 |
| Bene | 베네 | 좋음/잘했음 |

'성적평가'라는 생각보다는 긍정적인 응원의 표현으로 보인다. '잘한다/보통이다/못한다' 식의 구분이 아니라 '잘한다'라는 표현

속에서 학생의 향후 가능성을 이야기한다. 이것이 바로 응원이다.

이처럼 긍정적인 표현 속에서 학생들은 자신을 누군가와 비교하거나 자신의 위치에 대해 우월감이나 열등감 등의 불필요한 감정을 가질 필요가 없다. 여기서는 '잘했음'보다 낮은 성적은 없다. '남보다' 잘하는 것이 아니라 '전보다' 잘하는 것을 더 중요하게 생각하기 때문이다.

세상의 객관적인 평가가 우리 자녀를 '숨마 쿰 라우데'라고 하지 않아도 모든 부모는 자녀를 '숨마 쿰 라우데'라는 존재감으로, 사랑으로 응원해야 한다. 혹시 남들이 정해놓은 세상의 기준으로 자녀를 보고 있는 것은 아닌지, 비난하고 괴롭히고 있지는 않는지, 다른 사람에게는 칭찬도 쉽게 하지만 자녀들에게는 채찍만 휘두르고 있는 것은 아닌지 자신에게 물어보자.

"모든 사람은 천재다. 다만 당신이 무엇을 잘하는지 아직 발견하지 못했을 뿐이다"는 아인슈타인의 말을 아이들에게 적용해야 한다.


존중하며 기회를 많이 만들어 주는 것.

그래서 즐겁게 인생의 도전기회를 주는 것.

결국 자기 인생을 자기가 주도하는 주인이 되도록 기회를 만들어 주자.

그러려면 우리는 아이들에 대해 많이 알아야 한다. 나는 그를 위한 좋은 방법으로 여행을 권한다.

가족여행은 서로를 많이 알아가고 이해하는 시간을 선사한다. 자녀의 이야기에 귀 기울이며 그들의 방향을 이해해주고 돕는 배려자가 되기 위한 노력을 지속해야 한다.

아이들이 추천하는 영화나 뮤지컬, 연극 등을 함께 보는 것도 좋다. 자녀가 선택을 한다는 것은 그들에게 결정권을 준다는 의미다. 작은 것부터 부모의 기준을 내려놓고 아이들이 주도적으로 추진하는 과정을 통해 점점 더 그들이 성장하게 하는 것이 좋다. 부모가 만들어주는 신뢰의 어항을 확장시켜 그 안에서 마음껏 성장하도록 신뢰의 환경을 확보해주자.

우리 아이들은 호모사피엔스다.

호모사피엔스는 스스로 생각하며 환경을 탐색하고 활용한다. 스스로와 세상에 대한 호기심이 넘치는 이 시기를 보내는 그들이 진보할 수 있는 기회를 가질 수 있도록 마음껏 신뢰를 보내주자. 코이가 어디로 가야할지 모를 때, 바다로 인도하며 같이 헤엄쳐주어야 한다.

'건강을 잃으면 모든 것을 잃는다'는 말이 있다. 이 말처럼 자녀와의 관계가 나빠지면 부모로서 모든 것을 잃게 된다. 자녀를 믿어주며 무한신뢰를 보내는 노력은 건강을 잃기 전에 해야 할 일처럼 가장 중요한 일이다.

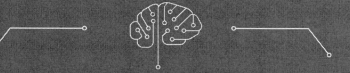

# CHAPTER 4

진정성 있는
시대정신이 흐르도록
길 만들어주는 리더

교육은 그대의 머릿속에 씨앗을 심어주는 것이 아니라,
그대의 씨앗들이 자라나게 해준다.

– 칼릴 지브란(Kahlil Gibran)

# 프랑스의
# 바칼로레아

프랑스 대학입학 자격시험, 바칼로레아Baccalaureate의 저력은 무엇일
까? 교사로서 수백 년 이상 그들이 그토록 중시하는 바칼로레아에 대
한 관심이 매우 궁금했다.

'시민혁명'의 나라 프랑스! 프랑스 현지 학교에서 수업을 참관하고
프랑스 교육 시스템을 접할 기회가 있었다. 세상의 주목을 받아 오고
있는 바칼로레아의 우수한 점을 파악하여 우리 아이들에게 적용하고
싶은 열정으로 가득했기에, 교육담당자들에게 깊이 있게 질문해가며
알아가는 의미 있는 시간이었다.

바칼로레아는 1808년 나폴레옹 시대부터 시작되어 현재까지 200
여 년간 이어져 오는 프랑스인들이 자랑스러워하는 논술형 대입자격
시험이다.

이 시험을 통해 대학에서의 수학능력을 기본적으로 평가하고 이후
대학에서 공부할 수 있는 자격을 얻게 된다. 바칼로레아를 통해 대학
에 진학했다는 것은 다양한 사고에 대해 논술할 수 있고 대학에 진학

해서도 자신이 공부하고자 하는 방향에 대해 잘 공부해나갈 수 있다는 나라의 인증과 같은 역할을 한다. 그래서 학생 스스로도 매우 자랑스러워하는 관문이기도 하다.

논술 형태로 진행되는 바칼로레아는 외국어를 제외한 모든 과목의 문제가 서술형으로 제시된다. 전체 문제의 절반 이상에 대한 답안을 제출해야 대학 입학자격이 주어지게 된다. 당연히 문답식이 아닌 자신의 생각을 담은 논술 형태로 답해야 한다. 이것이 많은 사람들이 인정하는 바칼로레아의 특징이다. 무엇보다 네 시간 동안 세 개의 질문 중 하나를 선택해 논술하게 되는 철학 과목은 평가 비중이 가장 높으며 논문 형태로 작성되어야 하는 점이 특징이다.

바칼로레아는 다양하고 주요한 시대적 논제들이 주어지고 답해야 하는 시험이다 보니 매년 시험문제로 제시된 주제들은 프랑스 지성을 측정하는 기준이라고 할 정도다.

바칼로레아는 사색적이고 철학적인 서술형 문제로 유명하며, 절반 이상의 질문에 답해야 자격이 주어지는 절대평가 방식으로 진행된다. 바칼로레아 시험문제 자체가 사회적인 이슈로, 시험이 끝나면 많은 언론 매체나 단체에서 유명 인사와 일반 시민들을 모아놓고 각종 토론회를 가질 정도로 국민적인 관심사가 되고 있다.

어떻게 보면 무척이나 까다롭고 정확한 답안지를 내놓을 수 없는 바칼로레아 시험에 왜 프랑스 국민의 80%가 긍정의 표를 던지며 지지하는 것일까. 게다가 시험을 위한 관리비용만도 1조 원 이상이 들어간다고 하니 그 이유가 더욱 궁금하다. 그들의 대답은 '생각하는 힘'

때문이라고 한다. 그들은 사람의 전 생애를 지탱하며 프랑스를 유지시키는 원천적인 힘이 '생각하는 사람들'을 통해 생성된다고 믿는다. 이것은 사회적 합의, 국민적 합의가 있어야만 가능한 교육 방향이다. 하루아침에 얻지 못하는 경험을 통해 형성되고 발견한 결론이리라. 무엇보다 생각의 힘을 매우 중요하게 생각하고 주장하는 내 입장에서 보면 그들의 소신 있는 방향이 무척 부럽고 욕심이 난다.

**인문 분야**
• 알기 위해서는 관찰하는 것으로 충분할 수 있는가?
• 할 권리가 있는 모든 행위들은 정당하다고 할 수 있는가?

**사회 · 경제 분야**
• 이성理性이 모든 것의 이유가 될 수 있는가?
• 예술 작품은 항상 아름다운 것이어야만 하는가?

**과학 분야**
• 권리를 옹호한다는 것은 곧 이익을 옹호하는 것인가?
• 문화로부터 우리는 자유로워질 수 있는가?

아래는 2017년 바칼로레아 자격시험 문제다. 해마다 무척 사색적이고 철학적인 질문들로 구성되는데 나 역시 답변 가능한 것이 그리 많지 않아 보인다. 하지만 사회를 바라보며 그 안에서 생성된 자신의 생각을 계속 키워나간다면 자유롭게 답할 수 있을 것이다.

## 바칼로레아 출제 질문들

- 스스로 의식하지 못하는 행복은 정말 가능한가?
- 꿈은 필요한가?
- 과거에서 벗어날 수 있다면 우리는 자유로운 존재가 될 수 있을까?
- 사랑이 의무가 될 수 있는가?
- 행복은 순간적인 것인가?

- 죽음은 인간에게서 모든 존재 의미를 사라지게 하는가?
- 우리는 자기 자신에게 거짓말을 할 수 있나?
- 행복은 인간이 다다를 수 없는 영역인가?
- 우리가 하는 말에는 우리 자신이 의식한 것만 들어 있는가?
- 철학이 세상을 바꿀 수 있는가?

- 철학자는 과학자에게 어떤 도움을 줄 수 있는가?
- 역사가는 객관적일 수 있는가?
- 역사학자가 기억력에만 의존해도 좋은가?
- 역사는 인간에게 다가오는 것인가, 아니면 인간에 의해 오는 것인가?
- 감각은 믿을 수 있는 것인가?
- 재화만이 교환의 대상이 될 수 있는가?

- 인문학은 인간을 예견 가능한 존재로 파악하는가?
- 인류가 한 가지 언어로만 말하는 것은 옳은 것인가?
- 예술 작품은 꼭 아름다워야 하는가?
- 예술 없이 아름다움에 대해 말할 수 있는가?
- 예술 작품은 모두 인간에 대해 이야기하고 있는가?

- 예술이 인간과 현실과의 관계를 변화시킬 수 있는가?


- 생물학적 지식은 일체의 유기체를 기계로만 여기도록 요구하는가?
- 우리는 과학적으로 증명된 것만 진리로 받아들여야 하는가?
- 계산, 그것은 사유한다는 것을 말하는 것인가?
- 무의식에 대한 과학은 가능한가?
- 오류는 진리를 발견하는 과정에서 어떤 역할을 하는가?


- 과학의 용도는 무엇인가?
- 현실이 수학적 법칙을 따른다고 할 수 있는가?
- 기술이 인간 조건을 바꿀 수 있는가?
- 지식은 종교적인 것이든 비종교적인 것이든 일체의 믿음을 거부하는가?
- 자연을 모델로 한다면 어느 분야에 가장 적합한가?


- 자유는 주어지는 것인가, 투쟁하여 획득해야 하는 것인가?
- 법에 복종하지 않는 행동도 이성적인 행동으로 볼 수 있는가?
- 여론이 정권을 이끌 수 있는가?
- 노동은 욕구 충족만을 위한 수단에 불과한가?
- 정의의 요구와 자유의 요구는 구별될 수 있는가?
- 노동은 도덕적 가치를 지니는가?


- 어디에서 정신의 자유를 깨닫게 되는가?
- 권력 남용은 불가피한 것인가?
- 다름은 곧 불평등을 의미하는 것인가?
- 노동은 종속에 불과한가?
- 평화와 불의가 공존할 수 있는가?

- 도덕적으로 행동한다는 것은 반드시 자신의 욕망과 싸운다는 것을 뜻하는가?
- 우리가 좋다고 하는 것만을 바라보고 있는가?
- 비인간적인 행위라는 것은 무엇을 말하는가?
- 일시적이고 순간적인 것에도 가치가 존재하는가?
- 무엇이 내 안에서 어떤 행동을 해야 할지를 말해주는가?
- 종교적 믿음을 갖는 것은 이성을 포기한다는 것을 뜻하는가?

이런 자격시험 형태가 무조건 옳다는 주장은 아니다. 하지만 프랑스 국민들이 이러한 과정을 200여 년 이상 거쳐 왔다는 것을 생각할 때, 그 속에 들어 있는 장점을 파악하고 활용하고 싶다는 생각이 든다. 현재 우리 교육의 평가방식에 참고할 내용이 무척 많아 보인다.

위의 예문들을 읽다 보면 마치 어느 철학자가 대답해야 할 질문지처럼 느껴진다.

수백 년간의 사색 속에서 스스로에게 질문하고 답을 생각하고 준비해온 그들의 문화를 엿볼 수 있다.

오지선다형에서 답할 수 없는 이 많은 질문들을 보면서 '교육이라는 것은 우리 스스로의 삶과 인생에 대해 자문하고 답을 찾아가는 길이 아닐까'라는 생각이 든다. 이런 고민은 오지선다형의 수학능력평가에서는 찾기 어렵다. 이제 우리의 평가방식도 정답 고르기 시험에서 더 나아가 깊은 생각을 통해 도출되는 답안을 작성하도록 평가방식을 변화시키자.

생각의 힘이 하루아침에 나오지는 않지만 큰 방향을 가지게 되면 그 안의 교육형태도 변화해야 하기에 많은 부분이 도입되는 방향으로 가야 한다. 하나의 정답만 강요하는 우리나라의 시험제도가 객관성을 담보하는 데 어느 정도 역할을 한 것은 사실이지만 변화된 세상은 이제 다양한 생각을 인정하고 철학적 깊이를 키울 수 있는 방향성을 가진 제도가 도입되기를 요구하고 있다. 결국 삶의 질을 높이기 위한 교육 변화가 요구되는 것이다. 시작이 반이라고 했다.


## 일본의 변화

현재 우리의 입시제도는 과거 일본의 입시제도가 많이 반영되어 있다. 일본도 최근에는 시대의 흐름을 읽으며 객관식 선다형의 한계를 벗어나려는 노력을 꾀하고 있다. 창의력과 논리력을 키울 수 있는 바칼로레아와 유사한 형태로 새로운 대학입시제도로 변화해가고 있다.

지난 2013년, 일본은 교육혁신에 대한 선포를 했다. '교육으로 일본을 재건하자!'는 것이 그들의 강력한 결단이다.

일본은 일본 교육의 목표를 '강한 일본strong Japan' 회복을 위해 학업 역량을 키우는 방향으로 나아가고 있다. 대표적으로 대학입학시험 방향에 대한 개혁을 시작했다. 기존 방식인 지식 이해의 객관식 형태에서 논리적 사고력과 판단력, 표현력을 중시하는 논술형으로 바꾸기로 결정한 것이다. 일본 교육계는 이 목표의 구현을 위한 학교수업 내용의 변화에 집중했으며 그 실행이 이어지고 있다. 2020년부터 객관식 위주의 센터시험(우리의 수능시험과 같다)을 폐지하기로 결정했다.

일본은 오랫동안 고민하고 결정한 새로운 교육개혁이 시작되고 있다. 논술형 문제를 포함한 새로운 방식 즉, 새로운 대학입학 공통시험이 준비되어 2020년을 기점으로 시작된다. 그를 위해 필요한 논술형 교육과정인 국제 바칼로레아IB, International Baccalaureate는 이미 공교육에 도입되었다. 창의력과 융·복합 능력은 현재는 물론 미래에도 가장 핵심적으로 요구되는 역량이다.

이웃 일본의 변화를 지켜보면서 부럽기도 하고 한편으로는 조급해지기도 한다. 우리는 채점의 공정성에만 집중하고 이 부분에 발목이 잡혀 창의력을 기를 수 있는 논술형 평가를 등한시하고 있다는 생각을 지울 수 없다.

현재의 수능 방식이 정말 공정하다고 믿는가?

그래서 현재의 수능이 이대로 유지되어야 하는가?

현직 고교 교사도 못 맞추는 몇몇의 문제로 변별력을 주장할 수 있는 근거는 무엇인가?

우리는 왜 200년 지속은 고사하고 정권에 따라 입시제도가 계속 바뀌어 채 20년도 지속하지 못하는가?

어디서부터 잘못된 것일까?

변화를 두려워하는 것일까, 변화를 리드하지 못하는 것일까?


나부터 반성하자면, 변화의 흐름을 감지하지 못하는 것은 아닌가 한다. 현실에 안주하여 변화를 위해 일어서기를 두려워하는 나부터 먼저 깨어나야 한다는 각성이 된다. 더 이상 아이들의 미래를 가로막아서는 안 된다는 바쁜 마음이 드는 요즘이다. 우리는 고정관념과 기존에 받은 교육 안에 갇혀 있다.

세계적으로 회자되고 부러워하는 프랑스의 바칼로레아를 통해 제시되었던 그간의 질문들을 짚어보면 향후 우리 교육이 나아갈 바를 찾을 수도 있다. 우리 아이들을 위한 희망적인 교육에 대한 하나의 대안을 발견할 수도 있다.

## IB 교육과정의 도입

최근 우리나라에서도 4차 산업혁명시대에 추구하는 창의 융합 인재를 양성하기 위해 핵심역량 개발과 학생참여 중심수업, 과제중심평가 등을 추진하고 있으며 이를 위해 IB 교육과정을 도입하고 있다.

국제 바칼로레아는 프랑스의 바칼로레아[B] 시험을 본떠 스위스 비영리재단에서 만든 교육과정 및 시험으로 융합능력과 사고력, 창의력을 기르고 평가하는 데 좋은 교육과정이다. 2018년 현재 전 세계에서 IB 교육과정을 채택한 곳은 모두 150여 개 국가, 5,000여 개 학교(6,500여 개 프로그램)로 급격히 증가 추세를 보이고 있다. 또 IB는 엄격한 평가제도와 수준 높은 과정으로 예일대, 프린스턴대, 옥스퍼드대 등 세계의 많은 유명 대학에서도 이 학위의 공신력을 인정해주고 있다.

국내에서는 2018년 기준으로 전국 18개 시·도교육청 중 제주특별자치도교육청, 충청남도교육청, 부산시교육청, 서울시교육청 등 9개 교육청이 이를 운영하거나 도입에 관한 연구를 진행하고 있다. 특히 서울시교육청은 교육청 산하에 IB 교육과정 연구팀을 두고 IB 교육과정 시행을 위한 연구를 진행하면서 주입식 교육의 대안으로 주목하고 있다.

IB 교육과정에는 기존의 오지선다형 선택형 평가와 지식 위주 평가의 틀에서 벗어난 기준이 있다.

- 수행평가와 논술을 중심으로 풀이과정 평가
- 자신의 논리를 제시해야 하는 '과제 해결형' 평가
- 절대평가를 기반으로 한 전 과목 논술 및 서술형 평가
- 지식의 숙지도 평가가 아닌 스스로 생각하는 능력 평가를 교육과정으로 제시한다

우리는 평가를 통해 학생들의 '어떤' 능력을 발달시킬지에 대해 연구해야 한다.

현재의 평가 시스템을 통해서는 암기력과 이해력 발달이 주로 이루어지지만 IB는 사고력과 융합능력을 키우는 데 초점이 맞추어져 있다. 국내에서 IB 과정을 운영하고 있는 경기외고 이병호 전前 교장은 "IB는 학생들의 사고능력, 인성, 융합능력 등을 기르고 평가하는 제도로 6년간 IB를 운영해오면서 학생들의 두뇌가 기존과는 다른 능력을 발전시켜 가는 것을 볼 수 있었다"고 말했다. (자료 출처: 〈매일경제〉 2017.6.25)

일각에서는 IB 도입이 사교육 증가로 이어지는 것을 우려하고 있다. 교육당국은 이러한 현실을 잘 감지하여 부작용을 최소화하고, 성장 중심의 평가 시스템을 지혜롭게 준비해주기를 바란다.

미래의 주역인 우리 아이들에게 어떤 능력을 키워주어야 하는지에

대해 뜬구름 같은 이상을 논하는 것이 아닌, 이제는 현실에서 직접 구체적인 방안으로 보여주는 사례가 우리 교육 전반에 보편화되기를 기대한다.

무엇보다 '내가 누구인지 알아가는 것'부터가 교육의 시작이다. 향후 다가올 세상은 물리학, 디지털 기술, 생물학 등 수많은 상호연계와 융합의 세상이 될 것으로 예고되고 있다. 이미 세상에서 융합은 다양한 분야에서 발견되어 사용되고 있다. 힘들게 찾아 해결하던 수많은 지식적 질문들은 AI가 처리해온 지 오래다. 만물의 영장인 사람은 이 변화를 잘 활용하고 미래사회를 통해 그것을 충분히 누리는 교육으로 진화되어야 한다. 자칫 지식을 주입하는 교육에만 집중한다면 무한한 지식을 지닌 기기들 앞에서 인간의 약함만 인식하게 될 뿐이다. 지금까지의 인류 시대가 지나가고 '신인류'의 시대가 눈앞에 펼쳐지고 있다. 점점 더 인간다움, 생각하는 사람으로서의 영역 확장이 필요한 세상이다. 현재의 수능문제는 AI가 풀게 하도록 하자. 우리는 그것을 활용하는 더 큰 영역으로의 능력을 준비해야 한다. 더 이상 미뤄서는 안 된다. 우리 모두 머리로는 잘 알고 있음에도 왜 연필 굴리기의 함정에서 벗어나지 못하고 두려워하는가.

명확한 답을 내놓지 못한다면 최소한 아이들의 길을 막아서는 안 되는 것은 아닐까.


2018년 5월에 열린 '서울포럼 2018'에서 국내외 교육계 리더와 석학들은 "4차 산업혁명이라는 거대한 물결에 대비하기 위해 한국은 낡은 교육 시스템부터 파괴적 혁신이 필요하다"고 발표했다. 2차 산업혁명 시대에 머물고 있는 지금의 교육 현장을 개선하지 않고는 혁신

인재 육성이나 창의적 기술 개발, 기업가 정신 및 벤처 활성화 등을 통한 성장 잠재력 확충이 어렵다는 것이다. 교육계는 물론 정부·기업·가정·사회 등이 다음의 5개 키워드를 바탕으로 다양한 관점과 내용을 통해 교육혁신이 얼마나 중요한지 선포했다. 이를 통한 의미 있는 석학들의 주장은 많은 생각을 하게 한다.

- 새로운 아이디어를 만들어낼 수 있는 호기심
- 로봇·인공지능 등이 일자리를 잠식할 것으로 예측되는 상황 속에 미래기술 개발도 인간성을 중심에 놓는 핵심가치
- 급변하는 환경 적응을 위한 주입식·일률적 교육이 아닌 맞춤형 교육의 패러다임 전환
- 인문학·과학 등의 지식을 두루 융합한 창의융합형 인재
- 실패를 두려워하지 않는 새로운 실험정신

세계 경제의 중심에 있는 세계경제포럼의 회장 클라우드 슈밥은 4차 산업혁명의 성공을 위한 지능을 다음의 네 가지로 소개한다.

- 상황 맥락(contextual) 지능: 인지한 것을 잘 이해하고 적용하는 능력
- 정서(emotional) 지능: 감정과 생각을 정리하고 결합해 자신 및 타인과 관계를 맺는 능력
- 영감(inspired) 지능: 변화를 이끌고 공동의 이익을 꾀하기 위해 개인과 공동의 목적, 신뢰성 등 다양한 덕목을 활용하는 능력

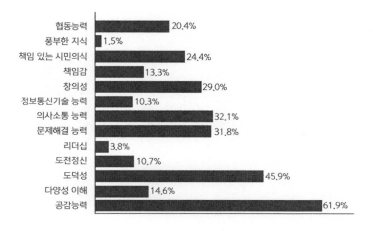

> • 신체(physical) 지능: 개인과 세상의 변화에 대처하고 자신과 주변의 건강
>   과 행복을 구축하고 유지하는 능력

협동능력 20.4%
풍부한 지식 1.5%
책임 있는 시민의식 24.4%
책임감 13.3%
창의성 29.0%
정보통신기술 능력 10.3%
의사소통 능력 32.1%
문제해결 능력 31.8%
리더십 3.8%
도전정신 10.7%
도덕성 45.9%
다양성 이해 14.6%
공감능력 61.9%

미래사회에 학생들이 갖추어야할 주요 능력

출처: 2016년 대구교육연구정보원에서
교원 2,000명을 대상으로 한 미래사회에
학생들이 갖추어야 할 주요 능력조사

슈밥의 주장을 보면서 우리 교육이 미래사회에서 요구하는 능력을 제대로 길러줄 수 있을지에 대한 재점검이 필요함을 절실히 느끼게 된다.

과거에 안주하고, 새로운 것을 받아들이는 데 미온적인 어른들로 인해 아이들이 미래적응에 실패한다면 이 얼마나 슬픈 일인가. 변화와 혁신 없이 혹독한 결과를 맞이하게 될 수도 있다.

하지만 우리가 현재의 상황을 공유하고 변화를 결심한다면 다음 세대에게 행복한 가이드가 될 수 있는 기회가 아직 놓여 있다.

# 이 시대 그들의 동력,
# 후츠파 정신

1967년 미국 공항은 젊은이들로 북새통을 이루었다고 한다. 무슨 일이 일어난 걸까?

이스라엘과 아랍간 전쟁으로 수많은 미국의 유대인들이 고국으로 가기 위해 모인 것이다. 이것이 과연 가능한가? 전쟁이 나면 출국하기 위해 북새통인 것이 일반적인 현상 아닐까.

세계인구의 0.2%

아이비리그의 23%

미국 억만장자의 40%

노벨 수상자의 23%

미국 유명대학 교수 30%

세계 정치와 월가의 부를 이끄는 주역

세계 최강의 군대와 안보 시스템Iron Dome

10억 달러 이상의 자산가가 가장 많은 민족

## 사막 한복판(베르세바)에 글로벌 기업들의 R&D 핵심지역을 만드는 사람들

서건석, 《한 권으로 끝내는 상속의 모든 것》

구글의 창업자 래리 페이지, 페이스북의 마크 저커버그, 천재 과학자 알베르트 아인슈타인, 정신분석의 창시자 지그문트 프로이드, 워런 버핏, 빌게이츠…. 세계를 주도해온 이들에게는 유대인이라는 공통점이 있다.

전 세계에서 유대인으로 분류되는 인구는 약 1,500만 명. 그중 이스라엘에 거주하는 인구는 약 830만 명이다. 그 외 대다수는 전 세계에 분산되어 있으며 상당수가 미국에 살고 있다. 전 세계 인구 75억 명 중 약 0.2%에 불과한 소수민족 유대인이지만 역대 노벨상 수상자 비율은 약 22%를 차지할 만큼 매우 뛰어나다. 1901년부터 2018년까지 의학 53명, 물리학 53명, 화학 36명, 경제학 31명, 문학 15명, 평화 5명 등 총 200여 명의 수상자가 유대인이었다.

특히 예술 분야와 경제계의 거물 중 유독 유대인이 많다.

예술 분야의 유대인을 살펴보면 스티븐 스필버그 감독, 배우 찰리 채플린, 명지휘자 레너드 번스타인, 작곡가 조지 거슈윈, 피아니스트 아르투르 루빈슈타인, 바이올리니스트 아이작 스턴과 핀커스 주커만 등등 일일이 거론하기 힘들 정도다.

부(富)에 관해서도 마찬가지다. 전 세계 거부의 약 3분의 1을 유대인이 차지하고 있으며 IT업계의 거물들 또한 빼놓을 수 없다. 마이크로소프트 창업자 빌 게이츠를 비롯해 괴짜 CEO로 유명한 일론 머스크가 모두 유대인이다.

유대인들은 어떤 힘으로 이렇게 독보적인 성과를 올리고 있을까?

많은 전문가가 그 이유를 유대인들의 독창적인 교육 방식에서 찾는다. 그중 대표적인 교육방식으로 유대인의 전통적 학습법 하브루타 Havruta 와 쉐마shema 교육을 꼽는다. 이 교육을 가능하게 한 밑바탕에는 이스라엘의 후츠파Chutzpah 정신이 있다. 후츠파 정신을 빼놓고 그들의 창의성을 설명하기는 매우 어렵다.

> 유대인들은 조상으로부터 배운 지식을 기반으로 어떻게 스스로 깨닫고 아이디어를 만들고 구상해야 할지 알고 있다. 이것은 후츠파 정신이 있었기에 가능한 일이다. 후츠파 정신과 일맥상통하는 기업가 정신은 글로벌 저성장시대에 새로운 기회를 찾아 도전할 수 있는 지혜와 용기를 줄 것이다.
>
> 헤츠키 아리엘리Hezki Arieli (요즈마 글로벌 캠퍼스 총장)

우리나라에서는 단지 성적을 올리기 위해서 공부하고, 진학을 교육의 가장 중요한 가치로 여기는 학부모와 학생들을 쉽게 만날 수 있다. 현실에서 점수가 나름 중요하다는 것을 부인할 수는 없다. 하지만 학생들은 암기식 점수의 목표를 넘어 자신이 무엇을 좋아하는지 적성을 탐색하고 시대 변화를 관찰하여 기회를 찾을 수 있도록 구체적인 길을 탐색해야 한다.

다가올 미래는 아무도 경험해본 적 없는 새로운 시대에 접어드는 만큼 새로운 시대정신이 필요하다. 그중 하나가 후츠파로 도전하는 기업가 정신이다.

후츠파는 히브리어로 '뻔뻔함, 담대함, 저돌성, 무례함' 등을 나타내는 말이다. 격식과 권위에 얽매이지 않으면서 어려서부터 끊임없이 질문하고 도전하여 답을 찾으며, 때로는 뻔뻔하리만치 자신의 주장을 당당히 밝히는 이스라엘인 특유의 도전정신을 일컫는다. 이 정신은 이스라엘 가정에서는 물론 학교, 친목, 회사 등 사회 전반에 이르기까지 대표적인 기본교육으로 자리 잡고 있어, 이스라엘 창업정신의 토대로 주목받고 있다.

이러한 후츠파 정신은 기업문화에도 깊이 자리 잡고 있다. 특히 세계적인 스타트업 강국인 이스라엘에서 이 정신을 말하지 않고는 창업에 대해 말하기 어렵다. 실패를 두려워하지 않을 때 새로운 도전이 가능하며 나이와 지위를 떠나 자신의 의견을 피력하는 문화는 새로운 도전이 지속되어야 하는 기업의 기본 특성상 필수적이다. 타당한 주장을 했다면 회사의 경고를 두려워하지 않고, 불이익을 당하지도 않는다. 사장이 공개회의에서 제시한 의견을 말단 직원이 지적하는 일도 비일비재하다. 우리 사회 곳곳에서 꼭 필요한 방향이다.

후츠파 정신을 이루는 일곱 가지 요소는 다음과 같다.

형식 타파, 질문의 습관화, 위험 감수, 끈질김, 실패로부터의 교훈, 상상력과 융합, 목표 지향성 등이다. 이를 기반으로 세워지고 성공하는 수많은 기업에서는 유능한 인재가 많이 배출된다. 해당 기업과 인재를 통한 세계시장의 진출에서 그들이 인정받는 것은 어찌 보면 당연해 보인다. 버크셔해서웨이 워런 버핏 회장은 "석유를 위해 중동에 간다면 이스라엘을 빠뜨려도 좋지만, 두뇌가 필요하다면 이스라엘 외의 대안은 없다"고 말한다.

이스라엘 민족이 우수한 평가를 받는 중심에서 후츠파 정신으로 만들어진 도전과 지혜를 통한 인재들이 인정받고 그 역할을 다하고 있음이 엿보인다.

　우리나라를 돌아보자.

　1960년 우리나라의 1인당 국민총소득<sup>GNI</sup>은 76달러에 불과했다. 당시 필리핀의 1인당 국민소득은 170달러, 태국은 220달러였고 북한마저 135달러였다. 찢어지게 가난한 우리였지만 1995년 국민소득 1만 달러 돌파, 2006년에 2만 달러를 달성했고, 2018년에는 3만 1천 달러를 넘어섰다. 60년도 안 되어 약 400배의 기적적인 성장을 기록한 것이다.

　우리나라는 '원조를 받던 나라가 원조를 베푸는 나라'로 전환된 세계 최초의 나라로 세계인의 주목을 받고 있다. 2018년에는 국민소득 3만 달러, 인구 5,000만 명이 넘는 조건을 갖춘 국가들이 가입하는 30-50 클럽에 진입했다. 현재 가입국은 미국·영국·독일·프랑스·이탈리아·일본·한국 등 7개국이다. 이들은 경제력과 인구력을 동시에 갖춘 강국<sup>强國</sup>이다.

　6·25 전쟁의 폐허 속에서 '한강의 기적'을 만든 나라! 불굴의 도전정신과 추진력 없이는 불가능한 기적이다. 이것은 유대인의 후츠파 정신과 같은 우리의 근성과 도전정신 덕분이라고 생각된다. 이러한 민족DNA는 당연히 지금도 우리 아이들에게 흐르고 있을 것이다. 최근 놀라운 성과를 보여준 방탄소년단을 위시한 케이 팝<sup>K-Pop</sup>, 케이 푸드<sup>K-Food</sup> 등을 포함한 케이 컬처<sup>K-Culture</sup>는 아시아를 넘어 세계로 영향력을 확대하고 있다. 세계 반도체 생산을 주도하고 세계 최고의 인터넷 보급률과 변화에 능동적으로 대처하며 창조적인 아이디어로 무장하

는 젊은이들은 우리 미래의 강력한 희망이다.

도전정신과 창의적인 DNA를 품은 우리 아이들을 우리가 도울 수 있는 방법은 무엇일까? 현재의 교육과 사회 시스템은 과감히 개혁하는 힘든 과정이 있겠지만, 끊임없는 성찰과 도전의식을 갖고 혁신해 나아간다면 가능하다. 답은 다시 교육의 변화를 촉구하는 이 질문에 있다.

미래 주역의 인재들을 위해 학교가 창의적인 인재를 배출할 실질적인 시스템과 교육과정을 갖고 있는가?

후츠파 정신이 지금 유대인의 결과를 보여준다면 머지않은 미래에 우리나라도 아이들의 새로운 도전으로 인해 곧 세상이 주목하는 결과를 보게 될 거라 믿는다. 아이들은 한 명 한 명이 콘텐츠이자 행복한 미래를 품은 씨앗이다. 그래서 우리 교육이 반드시 변화되어야 한다.

아이들은 위대하다는 사실을 나는 교육 현장에서 자주 깨닫는다.

과학에 관심이 많은 아이들과 함께 모둠으로 프로젝트 수업을 진행하면 교사인 나도 상상하지 못했던 새로운 방법으로 문제를 풀어나가는 모습을 보고 자주 감탄하게 된다. 그야말로 융합하며 사고하는 아이들의 잠재능력을 발견하는 시간이다.

동료 미술교사 역시, 지도하던 학생들이 처음에는 미숙해도 잠재력을 발휘해서 몰두하여 나온 작품의 결과는 깜짝 놀랄 정도라는 이야기를 많이 한다. 오히려 교사가 관여하면 고정적인 시야의 틀에 갇힌다. 자신의 생각으로 진행하도록 아이들을 적극 독려하면 그 믿음에

힘입어 그간 숨겨졌던 창의성이 발휘되는 기회로 변화된다. 그런 신비한 존재가 아이들이라는 것을 학교에서 30여 년간 그들을 지켜보고 있는 나와 많은 교사들은 잘 알고 있다.

학생부장을 할 때의 일이다. 학생부 교무실이다 보니 폭행, 절도, 음주, 기물파손 등 학교에서 소위 '문제아'라고 하는 학생들을 많이 만났다. 이 친구들을 상담하면서 '열정의 방향을 바꾸어주면 되겠다'는 생각으로 만날 때마다 꼭 안아주고, 하루에 감사한 일 다섯 가지를 스스로 기록하여 그 내용을 학교 홈페이지에 올리게 했다. 그러면서 아이들이 변화되는 모습을 곁에서 자세히 지켜볼 수 있었다. 학교 홈페이지에 올라온 아들이 쓴 글을 읽은 부모가 변화된 자녀의 모습을 이야기하면서 울먹이며 감사의 전화를 해온 기억이 아직도 생생하다.

나는 아이들에게 지적과 불신, 혼냄 대신 격려, 믿음, 사랑이라는 양분을 부어주면 훨씬 더 예쁘게 자랄 것을 알고 있다.

가까이에서 들여다보면 가벼운 오르내림이 있겠지만 한 발짝 멀리서 보면 시간이 갈수록 그들은 무조건 우상향(성장의 상승곡선) 중인 존재들이다.

# 마윈의 성공비결은
# 세상을 향한 선한 마음

알리바바의 하루 매출 35조 원!

2018년 11월 11일 '중국판 블랙프라이데이'라 불리는 광군제의 온라인 매출액이다. 35조 원이라는 금액은 한국의 대기업들도 쉽지 않은 1년 매출을 훨씬 능가하는 금액이다. 전 세계를 통틀어 하루 매출이 이 정도인 기업이 또 있을까?

알리바바의 수장인 마윈. 그는 누구인가?

중국 항저우시에서 태어난 마윈은 어려서부터 무척 왜소했다. 가난한 집에서 태어난 데다 볼품없는 외모의 마윈은 더 열심히 노력하지 않을 수 없었다. 수학 점수가 낮아 낙제의 연속이었고, 영어 외에는 모든 성적이 낮아 고등학교, 대학교 입시에 여러 번 낙방한 후에야 겨우 입학했다.

영어강사로 사회에 첫발을 내디딘 마윈은 월 89위엔(약 14,500원)을 받으며 학생들을 가르쳤다. '하이보'라는 통역회사를 차렸다가 망하고, 이후 중국 최초의 인터넷 회사 '차이나 페이지스'를 설립했지만 마윈에게는 또 다른 실패로 다가왔다.

아픈 실패의 연속으로 1998년 중국 대외경제무역합작부에 취직해 공무원으로 변신했으나 적응하지 못하고 퇴직했다. 그러나 특유의 추진력으로 1999년 자신의 허름한 아파트에서 동료 17명과 함께 두 번째 인터넷 회사 알리바바를 세우게 된다. 알리바바는 치열한 경쟁 속에서 승리하여 2006년 세계 최대 전자상거래업체 이베이를 중국에서 철수시켰다. 그로 인해 알리바바는 중국 전자상거래 시장의 80% 이상을 석권했고 2018년 현재 3만 4천 명이 넘는 직원들이 일하는 글로벌 기업으로 성장했다. 창업 초기 3년 동안 단 1달러도 벌지 못했지만 포기하지 않고 회사를 이끈 그의 의지는 매우 유명하다. 마윈의 미래에 대한 낙관과 직원들과의 협업, 그들에 대한 무한한 투자는 모두가 인정하는 그의 성공 원천이다.

> 미래에 대한 긍정적 접근,
>
> 배울 준비가 되어 있는 마음자세,
>
> 포기하지 않는 정신,
>
> 자격증보다는 잠재력,
>
> 사회에서 살아남는 능력
>
> 마윈의 직원 채용 기준

마윈은 30번이 넘는 취업 실패의 과정, 직업이 없던 긴 백수 시절이 자신을 키운 자산이 된 시간이었다고 말한다. 이와 같은 경험이 기업주로서 출신대학이나 이력보다 열정과 의지를 중요하게 생각한 계기가 되었을 것이다. 우리가 매달리는 '스펙'과는 많은 거리가 있다.

마윈의 첫 전자상거래업체 '타이바오'를 오픈할 때의 이야기다.

막상 사이트를 오픈했지만 아무 거래가 일어나지 않자 전 직원이 제품의 구매자와 판매자로 나서서 사이트를 운영하는 웃지 못할 거래를 매일 했다고 한다. 이후 10일 만에 누군가가 판매할 제품을 올리자 직원 모두가 나서서 매진시켰고 그러다 보니 사무실은 쓰지 않는 물건들로 가득 찼다. 이 과정에서 얼마나 힘들었을지, 얼마나 많은 생각과 고민을 했을지 생각해보게 된다.

그렇게 어려운 과정 속에서도 서서히 성장의 기반을 갖추게 되었고 오늘날 하루 매출 35조 원이라는 기록적인 숫자를 만들어내게 된 것이다.

마윈의 성공을 그저 '불가능한 신화'로만 여기지 말자. 그의 도전 자세와 선한 영향력을 위한 노력의 태도는 우리도 충분히 가질 수 있다.

상대적인 비교가 커지면 재미도 의미도 없어진다.

마윈은 자신의 환경과 무관하게 스스로의 가능성을 믿은 사람이다.

타인에게 믿어달라고 하기 전에, 자신에 대한 애정과 하고자 하는 일에 확고함이 우선될 때 성공의 기본적인 환경이 만들어진다.


좋은 팀, 좋은 비전, 여유 있는 계획과 건전한 이력을 가지고 계속 도전하라. 많은 실수도 자산이 된다. 실수할까 봐 걱정만 하지 말고 꿈이 있다면 계속 전진하라.

이것이 마윈이 우리에게 보여준 도전의 힘이다. 지방학교 영어강사에서 아시아 최대 자산가로 변모해 부러움을 사고 있는 진정한 열정의 소유자, 마윈이 늘 마음속에 품고 있던 세 가지 질문은 이것이다.

- 네가 진정으로 가지고 있는 것은 무엇인가?

- 네가 정말 원하는 것은 무엇인가?

- 네가 정말 버려야 할 것은 무엇인가?


이처럼 마윈은 자신에 대해 솔직해지고 겸손해지려는 노력을 게을리하지 않았다. 이런 그의 생각들은 내면에서 정리되어 세상을 향할 때 소중한 기회가 되어주었다. 10여 년 전, 마윈은 실리콘밸리 벤처캐피탈 수십여 개로부터 투자를 받기 위해 노력했지만 알리바바에 기회를 주는 곳은 단 한 곳도 없었다.

그럼에도 회사에 대한 마윈의 생각은 명확했다. 알리바바는 전자상거래 회사가 아니며 타인의 전자상거래를 도와주는 기초 시설플랫폼을 제공한다는 비전을 가진 회사라는 것이었다. 즉, IT를 활용해 생산력을 키울 수 있도록 돕는 회사라는 강력한 확신을 가지고 있었다. 대기업은 세계를 다니며 효과적인 마케팅을 할 수 있다. 하지만 중소기업이 충분한 마케팅을 하기에는 재정상태가 좋지 않다. 마윈은 이 문제를 해결하기 위해 돕겠다는 선한 계획을 세운다. 그는 이를 실천하는 것은 힘들었지만, 견뎌내고 이겨낼 수 있었던 것은 오롯이 인류애 정신 덕분이었다고 말한다.


마윈은 돈을 벌 목적으로 창업하지 않았고 자신의 고객이 돈을 벌 수 있게 돕고자 했다. 그것이 마윈의 가장 큰 기쁨이었다. 알리바바가 상장된 후에는 마윈만 부자가 됐다고 말하는 사람도 많았다. 물론 마윈도 부자가 되었지만 알리바바의 고객과 직원 역시 부자가 되었다.

마윈은 고객이 알리바바를 이용하여 백만장자, 천만장자가 되기를 바랐다. 그것이 곧 마윈 자신의 성공, 알리바바의 성공을 의미했기 때문이다. 알리바바의 도움으로 중소기업이 돈을 벌고 고객의 장사가 번창하여 그 결과로 알리바바도 돈을 벌 수 있기를 바란 것이다.

이것은 알리바바가 보물선을 발견했지만 직접 보물을 가져오지 않고 다른 사람들이 가져오도록 한 것과 같다. 그리고 가져온 보물 중 일부만 알리바바에게 주도록 했다. 사람들 대부분은 보물선을 혼자서 차지하려고 했을 것이다. 하지만 마윈은 보물을 나누었고 함께 부자가 되었다. '다른 사람이 부자가 되도록 도와주면 자신도 부자가 될 수 있다'는 것이 마윈의 생각이다.

결국 중국 최대 전자상거래업체가 된 알리바바의 창업자, 마윈 회장. 그는 2019년 9월, 경영일선에서 물러난다는 깜짝 발표를 했다. 자신의 54세 생일에 맞춰 은퇴 계획을 발표한 것이다. 흙수저 출신에 '꿈' 하나로 성공한 인생역전의 주인공인 그가 최고경영자로서는 한창 나이인 50대 중반에, 그것도 탄탄대로를 걷는 회사 경영에서 손을 떼겠다고 했으니 사람들이 당장 그의 은퇴 속내를 궁금해했음은 당연하다.

마윈은 "은퇴는 한 시대의 끝이 아니라 시작이다. 이제 교육에 초점을 두고 더 많은 시간과 재산을 쓰고 싶다"며 "1년 뒤 회사 경영에서 물러나 아름다운 꿈인 교사로 돌아가겠다"고 밝혔다. "이렇게 젊은데 왜 은퇴하려 하느냐"는 질문에 마윈은 "회사를 세운 지 19년이 되면서 어느 정도 이룬 것도 있지만 교육과 공익 활동 등 정말 하고 싶은 다른 일들이 많다"고 대답했다.

악당의 소굴에서 훔쳐 온 보물을 사람들에게 나누어준 알리바바처럼 되고 싶었던 마윈. 그는 혼자 부자가 되기보다 많은 사람이 함께 돈을 벌고 함께 성공하기를 진심으로 바라고 있다.

마윈은 은퇴 후 교육 사업과 자선 사업에 더 매진하겠다고 말한다. 그의 은퇴는 자신의 성품과 맞물린 결과로 볼 수 있다. 상품을 만들어도 판로를 찾지 못하고 어려워하는 중국의 중소기업인들과 개인 사업자들에게 도움과 희망을 주고 싶다는 마윈의 각오는 그의 미래를 더욱 기대하게 한다.


우리에게도 보물을 함께 나누려는 선한 기업가가 더 많이 필요하다. 서열과 경쟁 위주의 교육에서 벗어나 문제를 함께 공유하고 해결하는 기업가 정신 교육이나 메이커 교육 등 진로교육이 제대로 뿌리내린다면 우리에게도 이런 멋진 기업가가 탄생할 수 있지 않을까.

그들의 선한 생각은 오늘의 알리바바를 탄생시켰고 성공으로 이끌었다. 투자회사는 당장 보이는 매출액과 수익을 바라보았지만 마윈은 공공을 위한 방향과 방법에 더 큰 목표를 두고 있었다. 우리 교육도 이런 사회적 기업이 갖는 정신을 담을 수 있도록 교육혁명을 이루어야만 한다.

나만 잘 먹고 잘살기 위해 공부하는 것이 아니라, 누군가의 문제를 해결하기 위해 내가 공부한 것을 기꺼이 활용하는 기업가 정신이 우리 교육에 뿌리내리면 선한 기업들이 세상을 더욱 따뜻하게 만드는 데 일조할 것이다.


누군가의 문제를 해결하려고 노력하는 것.
누군가가 불편해하는 그것을 생각하면 기회가 있지 않을까.

절대적 매출과 수익을 계산하고 자신의 손해를 두려워한다면, 누군가의 성공 뒤에 감추어져 있는 세상을 향한 선한 마음을 들여다보기를 권한다. 그것이 삶의 자본이 되고 진정한 성공이 되리라 믿는다. 마윈이 보여준 성공에는 우리가 곱씹어야 할 철학이 깃들어 있다.

# 수용적 사고력 vs
# 비판적 · 창의적 사고력

국내에서 학교 공부 최상위 수준을 인정받고 있는 서울대학교. 그곳에서도 가장 성적이 높은 학생들의 학습법에 대해 집중 방영한 EBS의 〈서울대 A⁺ 학점의 조건〉이 한때 화제가 되었다.

결론부터 말하면 매우 충격적이다. 그들이 A⁺를 받는 최고 비결은 교수들의 강의 내용을 통째로 외운다는 것이다. 다음은 성적이 매우 높은 한 서울대 학생의 인터뷰다.

"교수님 말씀 하나하나를 모두 적어놓고 다음에 다시 보면서 공부합니다. 심지어 교수님 강의 전체를 녹음해서 나중에 다시 녹음을 들으면서 필기를 정리하는 방식으로 공부해요."

"학점을 잘 받으려면 앵무새가 돼야 해요. 별로 의문을 갖지 않고 그냥 알려주신 것 받아 적고, 농담하신 것까지도 적고, 그 다음에 요약해서 다시 외우고, 교과서를 보고, 기출을 구해서 풀고…."

이 서울대 학생들의 답변에는 학생이 가져야 할 비판적, 창의적 태도를 전혀 찾아볼 수 없다. 즉, 교수가 제시한 평가기준에 맞아야 좋은 결과물을 얻을 수 있다는 사실을 깨달은 것이다. 현실적으로 그것이 우리나라에서 최고 성적을 받는 지름길이다. 최고학부의 학생들이 보여주는 적나라한 우리 교육의 현주소다.

현실적으로 교수에게 맞추는 수용적 태도를 가진 학생들의 학점이 높고 비판적일 때는 학점이 낮다. 그들도 알고 교수도 아는 고득점 취득 노하우다. 스스로 수용적인 학습 태도를 갖고 있다고 인정하는 학생들 성적 또한 높다.

미래사회를 주도적으로 이끌고 성장하기 위해서는 창의적인 사고력을 지닌 인재들이 전면에 나서야 한다. 하지만 이 방송을 통해 들여다본 대학의 방향은 큰 숙제를 풀지 못하고 있어 보인다.

서울대 재학생 1,100여 명을 조사한 설문조사를 보면 자신의 비판적 사고력과 창의적 사고력이 수용적 사고력보다 확연히 낮게 나오는 것을 볼 수 있다. 그리고 공부를 열심히 한, 학점이 높은 학생일수록 비판적, 창의력 사고력이 낮다고 답한 비율이 높다. 우리나라 최고 대학의 모습이 창의적 사고력과 비판적 사고력을 낮추는 결과로 나타나다니 참 씁쓸하다.

상아탑인 대학이 이렇다면 중·고등학교는 어떨까.

더 이상 '앵무새 인간형'이 양산되어서는 안 된다. 지금은 AI와 공존하는 시대다. 지식암기 능력은 사람과 AI 지능을 비교할 수 없을 정도다.

AI는 할 수 없는 창의적 사고와 사람만 할 수 있는 새로운 영역을 창조해야 한다. 암기 수업은 학업의 재미를 떨어뜨리는 것은 물론 며칠만 지나도 머릿속에 남아 있는 것이 거의 없다. 그러나 학업에서 생기는 질문과 사고력을 가지고 수업에 임하는 학생들은 성취감과 재미를

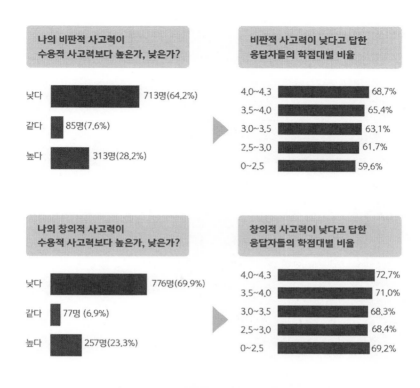

서울대 재학생을 대상으로 한 자신의 비판적 사고력과 창의적 사고력,
수용적 사고력에 대한 설문조사

자료 제공: 이혜정
응답자: 서울대 학부생 1,111명

느끼게 된다. 이것이 바로 사람이 AI와 다른 차별점이다.

　우리는 강산이 한 번 변하고도 남는 초·중·고 12년의 긴 시간 동안 질문 없이 잘 길들여진 '수동적' 수업 시간을 가져왔다. 그런 암기학습과 문제풀이 시간을 통해 대학에 입학했다. 지금도 학교는 네다섯 개의 〈보기〉를 놓고 정답과 오답을 잘 골라내기 위한 시험을 치르고 있다. 잘 골라내면 성적이 높아지고 그로 인해 칭찬을 받는다.

'다음 중 적절한 것은?', '다음 중 적합하지 않을 것은?', '다음 중 일치하는 것은?', '일치하지 않는 것은?'

그야말로 재미없는 정답 골라내기 '선택훈련'이다. 그것도 쉬지 않고 매일 일고여덟 시간의 기술을 연마한다. 그야말로 '문제풀기 기술 프로젝트'다. 게다가 거기에 자신의 생각을 도입하면 절대 답을 맞힐 수 없다. 내가 아닌 저자의 생각, 화자의 생각, 출제자의 의도에 맞추며 철저히 '시험형 인간'으로 양성된다.

이렇게 무섭고 정형화된 시험은 아무런 의식 없이 공부하게 한다. 한 사람의 인생에 부정적인 영향을 끼치는 이런 행태를 사회와 부모, 교사가 공모하고 있다. 정해진 답이 아닌 답은 답이 될 수 없는 상황에서는 아무리 지키려고 애써도 자신의 생각을 키워가기가 무척 어렵다. 특별한 재능을 타고난 아이들도 이 과정에서 획일화되며 정답에 자신을 맞추는 어이없는 능력만 갖추도록 강요받는다. 미래에 주도적으로 살아가기를 바라는 아이들이 교육받아서는 안 되는 불편한 환경이다. 그야말로 선다형의 객관적인 시험이 가장 공정하다고 믿는 또 하나의 미숙함이다. 아닌 걸 알지만 어쩔 수 없는 상황에서 부분적으로 수용했던 시대적 교육이라지만 이제 모든 것이 바뀌었고 더 이상은 통하지 않는 시대가 오고 있다.

개인의 호기심이 눌리고 받아들여지지 못해 결국 낙오자로 찍혀지는 병든 사회는 결코 발전할 수 없다. 《정의란 무엇인가》의 저자인 마이클 샌델Michael Sandel 교수의 말 속에는 우리 교육에 대한 결단의 이유가 보인다.

"교사의 진정한 역할은 정보 전달이 아닙니다. 학생들의 호기심과 배움에 대한 열정과 학습에 대한 도전의식을 일깨우는 것입니다."

이를 위해 우리도 미래사회를 대비한 새로운 학습능력인 4CS(창의적 사고력·비판적 사고력·소통 능력·협업 능력)를 기르기 위한 성장 중심 수업을 과감하게 도입해야 한다.

앞으로 우리는 교과 내용의 단순 지식에서 과감히 벗어나 학생들의 사고를 자극하는 것을 당연하게 생각해야 한다. 수많은 기존 정보를 토대로 분석, 조직, 추론, 통합, 평가하는 지적 창의력과 비판력이 교육의 중심이다.

조금만 도와주면 그들은 의문에 대한 답을 스스로 찾아내고 능력을 키워갈 것이다. 그런 상황 속에서 생각하는 힘, 즉 문제발견, 이해, 평가, 해결 등의 사고력은 성장한다.


학생들은 우리가 생각하는 것처럼 그렇게 어린아이가 아니다. 그들은 과제가 주어지면 상황에 따라 종합적으로 판단하고 결정하는 열린 능력을 가지고 있다. 단, 좋은 훈련과 환경의 경험을 통해서 이것이 촉진된다. 아이들과 함께하며 오히려 현장에서 내가 배우게 되는 학생들의 선함과 정의로운 결정은 놀랄 만하다. 아이들은 화합하고 도우며 문제해결을 같이 해나가려는 기본 심성이 갖춰져 있다. 그것이 능력이고 힘이다. 현장에서 오랫동안 만난 많은 제자는 최고의 인재이자 때론 그 어떤 성인보다도 성숙하고 진지했다. 아쉬운 것은 마음껏 그릴 수 있는 도화지 같은 교육상황이 주어지지 않았다는 점이다.

때론 나 역시도 그들을 가두고 있는 것 같아 무척 두렵다. 이미 그려진 모양에 선을 넘지 않게 색칠하라는 강압되고 억제적인 교육에서 자신의 삶을 맘껏 그려보고 지워보기도 하도록 격려하는 환경으로 혁신되기를 기대한다. 그들은 교사의 눈으로 바라볼 때도 흐뭇한 학생의 모습을 넘어 '최고의 인재'라고 불리기에 전혀 부족하지 않다.

2015 개정 교육과정에서 보면 '창의 융합형 인재'는 여섯 가지 핵심역량을 바탕으로 새로운 지식과 가치를 창출한다고 제시되어 있다. 자기관리역량, 심미적감성역량, 지식정보처리역량, 의사소통역량, 창의적사고역량, 공동체역량이 그것이다.

교육의 변화를 꿈꾸는 나에게는 그야말로 아름다운 인재형의 제시다. 이 핵심역량을 교육 현장에서 잘 키워낼 수 있도록 교육당국에서는 하드웨어, 소프트웨어, 휴먼웨어를 잘 준비해서 현장에 투입해주길 적극 제안한다.

# 더 이상 수능은
# 자녀의 인생을 결정하지 못한다

수능(修能) : '대학수학능력시험(대학에서 수학할 수 있는 적격자를 선발하기 위해
교육부에서 해마다 실시하는 시험)'을 줄여 이르는 말.

한파(寒波) : 겨울철에 기온이 갑자기 내려가는 현상. 한랭 기단이 위도가
낮은 지방으로 이동하면서 생긴다.

네이버 지식

## 수능한파

수능의 단어부터 검색해보았다. 단어에 담긴 뜻을 보면서 다시금
많은 생각이 오갔다. 오지선다형인 현재의 수능이 정말 우리 아이들
의 학업을 위한 적격자 선발의 기준이 될 수 있을까? 대학이 정한 기
준에 아이들을 끼워 맞추려는 시험은 아닐까? 다시 처음부터 짚어가
며 생각해보고자 한다.

지구상에서 찾아볼 수 없는 '수능한파'라는 추위! 12년간의 수업시간이 단 하루의 테스트 시간을 통해서 평가받는다는 것. 그야말로 한파(恨波, 한 맺힌 추움)다. 슬픈 이야기지만 많은 아이들이 그로 인해 목숨을 포기하거나 인생의 큰 좌절로 받아들이고 오랫동안 방황했다는 소식이 쉽게 들려오는 현실이다.

해마다 대학입시일이 다가올 때마다 전 국민의 대화 소재는 수능이 된다. 이후 대학합격 결과를 물어보는 건 예의가 아니며 관심도 가져서는 안 된다는 이야기가 있을 정도다. 수능은 이렇게 아이들은 물론 온 국민의 관심사로 '마음 철렁' 한 이슈가 되고 있다.

합격 여부로 인해 친구들 사이도 서먹해지는 경우도 부지기수다. 예전에는 모 대학 합격이 동네 자랑이 되어 현수막을 걸고 잔치까지 하는 일이 있었으니 그야말로 기가 막히는 일이다. 그만큼 우리나라에서 대학은 인생을 결정짓는 절대 도구로 사용되어 오고 있다.

최근에는 수능제도의 폐지와 절대평가에 대한 논의가 활발하다.

모든 제도가 완벽하면 좋지만 모든 요구를 만족시키는 완벽함은 존재하기 어렵다. 수능 역시 나름대로 그동안 대학입시에 필요한 역할을 수행해온 것은 사실이다. 하지만 이제는 변화가 필요하다.

4차 산업혁명에는 그에 맞게 패러다임도 바뀌어야 한다. 이제 '가르치는 교육'에서 '배움이 일어나는 학습'으로 전환을 시도해야 한다.

단편적인 지식 전수는 학교가 아니어도 가능하다. 정말 학교에서 가르쳐야 하는 것이 무엇인지 냉철하게 생각하자. 현재의 대학이 수능을 통해 아이들을 자기 구미에 맞게 골라내는 변별력을 휘두르고 있지는 않은지 점검해야 한다.

## 지금은 공유와 협력의 시대

이런 세상의 인재를 키우려면 평가방식의 변화가 우선이다.

단순 지식의 측정에서 벗어나 지식 생성 과정과 태도를 측정하는 수행평가와 인성평가를 겸비한 종합평가로 변화해야 한다. 시간이 지나면서 학교와 가정, 사회로의 교육변화 혁신이 일어날 거라고 믿는다. 결국 '가르치는 것'에 집중하는 교육이 아니라 삶의 가치, 인생을 살아가면서 우리가 서로 알아야 하는 다양한 철학, 형이상학적인 고민을 더한 교육, 삶의 질을 높여주는 길이 되는 교육으로 변화할 거라고 생각한다.

대학을 가면 어떻고 못 가면 어떤가. 이제 대학만 논할 게 아니라 우리 삶에 어떤 것이 우리를 가치 있게 하느냐를 살피는 방향으로 나아가기를 제안한다. 국민소득 3만 달러 시대라고 폭죽만 터뜨릴 게 아니라 물질에 맞게 '삶의 진정한 기쁨'을 찾는 진화된 터닝 포인트가 필요하다.

전국 대학을 종합해보면 학생부교과전형으로 가장 많은 인원을 선발한다. 그러나 학생과 학부모가 선호하는 서울에 있는 주요 대학들은 학생부교과전형에서 고교 간 학력 차이 보정을 위해 수능 최저를 두거나 선발 인원을 최소화해 결국 수시에서는 학생부종합전형으로 가장 많은 학생들을 선발한다. 실기 위주의 전형은 주로 예체능 대학에서 선발도구로 사용하며 논술 위주 전형에서도 수능 최저를 두어 수능 성적을 기본 자격으로 선발하는 대학들이 많다.

대통령을 비롯한 많은 학생, 학부모, 교사가 대입전형 방법 중 가장 공정한 것은 수능이라고 여긴다. 점수 한 가지로 모든 수험생을 한 줄

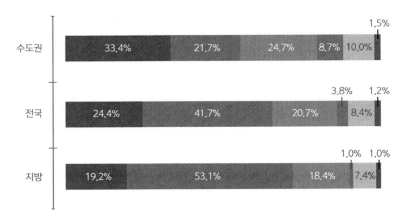

■ 학생부종합 ■ 학생부교과 ■ 수능 ■ 논술 ■ 실기 ■ 기타

**수도권**: 33.4% | 21.7% | 24.7% | 8.7% | 10.0% | 1.5%

**전국**: 24.4% | 41.7% | 20.7% | 8.4% | 3.8% | 1.2%

**지방**: 19.2% | 53.1% | 18.4% | 7.4% | 1.0% | 1.0%

2019년 대입 전형별 학생 선발 비율

자료 출처: 2018년 4월 교육부 발표 자료

로 세울 수 있으니 얼마나 편리하고 효율적인가. 사람을 상·중·하로 구분하기도 쉽고 그 사람의 능력을 9등급이라는 숫자로 간단하게 분류하기에도 용이하다. 뭔가 아닌 것 같지만 모든 수험생을 줄 세우는 그 숫자에는 누구도 반발하지 못한다. 왜? 그들은 그래야 공정하다고 생각하는 오류에 갇혀 있기 때문이다.

학생들의 모든 능력을 정말 수능 점수만으로 변별할 수 있을까?

서울대학교에서 2013~2017년 입학생의 전형별 평균 학점을 분석했는데, 수능으로 선발된 학생보다 학생부종합전형(이하 학종)으로 선발된 학생들이 대학 학업 성취도가 더 높다는 사실을 확인할 수 있었다.

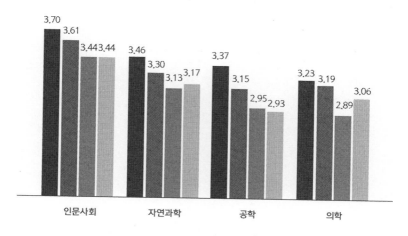

■ 학생부종합 ■ 지역균형 ■ 기회균형 ■ 수능

**서울대 2013~2017학년도 입학생 전형별 평균 학점 비교**

4.3점 만점. 학종(1,208명)과 수능(13명) 입학생 수 차이가 큰 예체능 계열은 비교 대상에서 제외(단위: 점)

자료 출처: 서울대학교

　문제풀이에 익숙한 수능 입학생보다 자기주도적 학습을 해본 종합 전형으로 입학한 학생들이 대학수업 방식을 따라가는 데 더 적합하다고 판단했음을 해석할 수 있다. 서울 상위권 대학에서 더 많은 인원을 학종으로 선발하는 이유가 여기에 있다.

　'수능으로 대학에 가려면 고등학교 4학년을 다녀야 한다', '재학생은 재수생을 이길 수 없다'는 말들처럼 수능은 문제 유형을 잘 알고 문제풀이 위주의 반복학습을 잘하는 학생들에게 훨씬 유리하다. 성적순으로 줄 세우기 위해 변별력을 높이다 보니 기본 교육과정을 준비한 학생보다 사교육을 통해 응용문제를 풀 수 있는 학생에게 더 유리하다는 비판도 듣는다. 실제로 미국 명문대 재학생들에게 우리나라 수

| 학년 | 고교 유형 | 학종 | | 교과 | | 논술 | | 특기자* | | 수능 | | 전체 | |
|---|---|---|---|---|---|---|---|---|---|---|---|---|---|
| | | 인원 | 비율 | 인원 | 비율 | 인원 | 비율 | 인원 | 비율 | 인원 | 비율 | 인원 | 비율 |
| 2017 | 수도권 | 5,822 | 56.1% | 1,344 | 59.9% | 5,076 | 78.7% | 2,257 | 66.2% | 7,600 | 70.6% | 22,099 | 66.5% |
| | 비수도권 | 4,560 | 43.9% | 898 | 40.1% | 1,370 | 21.3% | 1,153 | 33.8% | 3,163 | 29.4% | 11,144 | 33.5% |
| | 계 | 10,382 | 100.0% | 2,242 | 100.0% | 6,446 | 100.0% | 3,410 | 100.0% | 10,763 | 100.0% | 33,243 | 100.0% |
| 2016 | 수도권 | 5,603 | 58.1% | 1,278 | 58.1% | 5,196 | 77.1% | 2,428 | 68.8% | 7,819 | 68.9% | 22,324 | 66.7% |
| | 비수도권 | 4,035 | 41.9% | 920 | 41.9% | 1,546 | 22.9% | 1,100 | 31.2% | 3,525 | 31.1% | 11,126 | 33.3% |
| | 계 | 9,638 | 100.0% | 2,198 | 100.0% | 6,742 | 100.0% | 3,528 | 100.0% | 11,344 | 100.0% | 33,450 | 100.0% |
| 2015 | 수도권 | 4,780 | 56.1% | 1,288 | 58.2% | 5,603 | 75.8% | 2,374 | 66.8% | 8,355 | 68.6% | 22,400 | 66.2% |
| | 비수도권 | 3,746 | 43.9% | 925 | 41.8% | 1,784 | 24.2% | 1,180 | 33.2% | 3,824 | 31.4% | 11,459 | 33.8% |
| | 계 | 8,526 | 100.0% | 2,213 | 100.0% | 7,387 | 100.0% | 3,554 | 100.0% | 12,179 | 100.0% | 33,859 | 100.0% |

2015~2017 서울 10개 사립대 전형유형별 수도권·비수도권 입학생

자료 출처: 서울 10개 사립대학 심포지엄 〈학생부종합전형 3년의 성과와 고교 교육의 변화〉

학종: 학생부종합전형, 교과: 학생부교과전형, 특기자: 특기자전형과 예체능실기전형을 전부 포함한 실기위주전형 전반

능영어, 수학 문제를 주었더니 1등급이 안 나왔다는 언론 기사도 있었다. 이런 시험이 과연 공정한가? 정말 수능 잘 보는 학생이 대학 학업을 더 잘할 수 있다고 말할 수 있을까? 또, 이런 식으로 미래사회가 요구하는 인재를 분별하는 역량이 있다고 말할 수 있을까?

2017년 서울의 10개 사립대학(경희대, 고려대, 서강대, 서울여대, 성균관대, 숙명여대, 연세대, 중앙대, 한국외대, 한양대)에서 공동으로 '학생부종합전형 3년의 성과와 고교 교육의 변화' 심포지엄을 열어 학종의 성과를 조명했다.

2017년 수도권에서는 학종보다 수능으로 입학한 학생의 비율이 높다. 비수도권은 반대의 결과다. 이것을 보고도 학종을 금수저 전형이라고 이야기한다면 지방에 금수저가 더 많다는 결론이 된다. 이 결론에 동의하는가. 여러 가지 자료를 종합하고 비교해보면 수능보다 학

종이 지역의 균형성에 더 기여하고 있으며, 지방에 있는 고등학교에 상대적으로 더 유리하게 작용하고 있다는 것도 학종의 취지가 결과론적으로도 사회가 지향하는 공정성의 방향으로 나아가고 있음을 확인할 수 있다.

2015~2016년 서울 10개 대학 전형별 중도 탈락 현황을 보면 수능으로 선발된 학생6.0%의 비율이 학종으로 선발된 학생2.5% 보다 두 배가넘는다. 이는 학종으로 선발된 학생들의 전공 적합성이 높은 것으로 해석될 수 있는데, 수능 점수로 대학과 학과를 결정하는 것보다 과정 중심 평가의 학종을 통해 입학한 학생이 대학 생활에 더 잘 적응한다는 입학사정관들의 분석을 증명하고 있다.

그러나 일부의 사람들은 현재의 수능방식 유지를 주장하고 있다. 가장 객관적이고 공정한 평과 결과를 제공하기 때문이라는 이유다. 물론 의미와 근거가 없지는 않을 것이다. 하지만 주장하는 형태의 내용으로 들어가 보면 다시 오지선다의 객관식 평가방식을 주장하고 있다. 문제풀이를 향하는 지식적 능력만으로 머물러야 하는 것이 진정으로 '객관적 평가'인지 자문해보자.

박도순 원장은 한국교육평가원장을 지낸 인물로 한국의 수능을 최초로 설계한 분이다. 그 역시 현재의 수능이 잘못되었다고 진단하고 있다. 그는 지나치게 평가에 무게를 두지 말고 본래의 취지인 일종의 '자격고사' 정도로 개선되어야 한다고 말하고 있다. 즉, 수능은 단순히 대학에서의 기본수학능력 측정 수준의 기본도구이지 현재와 같은 줄 세우기 도구로 활용해서는 안 된다는 것이다.

결국 대학입시제도는 세상의 변화에 맞추어 개선이 필요하다. 대학의 무게가 너무 크게 작용하는 현재 상황에서는 대학입시에 맞추는 교육이 지속될 수밖에 없다. 대학진학을 통해 진로의 많은 문제가 해결된다고 믿는 이들이 많기에 어쩔 수 없는 현실이라고 받아들여지고 있다. 결국 아이들의 다양성을 인정하고 확장시키기 위해서는 입시교육의 변화가 우선되어야 한다는 결론으로 모아진다. 교육과정 역시 대학입시의 영향에서 자유로울 수 없다. 가정교육도 여기에서 멀리 벗어나기는 쉽지 않다.

특히 사교육을 줄이기 위해 정부에서 EBS 출제 비율을 높이게 되다 보니, 학교는 후다닥 EBS 교재로 교과서를 대체하고 교사와 학생의 수업활동보다 EBS 문제풀이에 더 많은 시간을 할애하는 웃지 못할 일들이 만연하고 있다. 최근 이런 부작용을 감안하여 2022학년도부터 EBS 출제 비율을 70%에서 50%로 낮추기로 했지만 그렇다고 해결될 문제가 아니다.

결국 수능은 처음 의도했던 대로 전 과목 절대평가와 자격고사 형태가 바람직한 방향이다. 첫 단추가 잘못 끼워지니 오늘과 같은 부작용이 나타난 것이다. 이제 첫 단추를 바로 끼워야 할 때다. 학교가 EBS 문제풀이를 위한 또 하나의 학원으로 전락해서는 안 된다.

## 학생부종합전형을 확대하자

수능을 보완할 전형으로 학생부종합전형이 시행되고 있지만 아직까지는 수능을 대체하지 못하고 있다. 학종의 도입 취지는 사교육 중심 교육에서 탈피하여 공교육을 살리고 과정 중심의 평가를 하기 위해서다. 학생의 고등학교 재학 시절에 수행한 활동을 기록한 학교생활기록부(학생부)를 근거로 학생을 선발하는 전형이다.

수능이 지식 위주의 평가라면 학생부종합전형은 교과 성취도와 인성, 노력, 열정, 성실성, 창의성 등 다양한 요소를 기록하여 평가할 수 있는 방식이다. 학생들의 점수평가 위주에서 벗어나 다양한 학교활동과 생활을 통해 폭넓은 학생의 모습을 알아가고 도와줄 수 있는 형태다. 이런 형태로 아이들을 넓은 시각으로 바라보는 방식은 무척 긍정적이라고 생각한다.

2010년 대입 자율화와 다양화된 교육체제 구축을 위해 도입한 입학사정관 전형의 취지는 점수 위주의 획일적이고 기계적인 학생 선발 방식에서 벗어나 개인의 소질과 적성, 잠재력과 발전 가능성을 비롯해 문제해결능력, 창의력, 리더십 등을 대입학생선발의 주요 요소로 삼는 것이었다.

학교 교육을 통해 우리 사회를 살아갈 창의적인 인재를 육성하기 위한 학생부, 자기소개서, 추천서, 학교 소개자료를 바탕으로 학생의 성장과 과정 및 결과, 지원동기, 인성, 관심영역, 노력과 열정 등 학생의 학업역량을 종합적으로 평가하여 합격자를 선발하는 전형이다. 이 것이 2015학년도 대입전형선발에서 학생부종합전형으로 그 명칭이 변경된 것이다. 학종의 서류평가는 학교생활기록부, 자기소개서, 교사추천서를 토대로 학업역량, 전공 적합성, 인성, 발전 가능성의 네 가지 평가요소를 통해 지원자를 종합적으로 정성평가한다.

대학입시 전형별 대학입학 후 학생들의 학업성취도를 비교해보면, 학교생활기록부를 바탕으로 한 전형으로 선발된 학생이 수능으로 선발된 학생보다 높은 것으로 나타났다. 이것으로 우리는 고등학교에서 열심히 노력했던 학생들이 수능 점수가 높은 학생들보다 대학에서도 높은 학업성취를 보인다는 것을 확인할 수 있다. 이런 결과를 보고도 수능 점수로 한 줄을 세워 학생을 선발하는 것이 공정하다고 주장할 수 있을까? 물론 이런 방식 역시 완벽하지는 않을 것이다. 이 또한 '금수저, 깜깜이 전형'이라는 비판을 받기도 하니 말이다.

최근 일부 학교에서 문제가 되고 있는 학교생활기록부의 공정한 기록 여부와 학교별, 교사별로 차이가 있는 것 등에 관한 학부모의 우려가 있는 것이 현실이다.

2017년 EBS에서 학부모 약 2만 여 명을 대상으로 학생부종합전형에 대해 부정적인 내용으로 보도한 〈대학입시의 진실〉의 설문결과가 흥미롭다. 학종의 긍정적 평가(60.3%) 이유로는 학생선발 기준의 다양화, 진로맞춤형 진학, 공교육 정상화, 암기위주 교육 탈피 등으로 나타났다. 한편, 부정적 평가(39.7%) 이유로는 평가과정의 공정성 의문, 학생부담 과중, 사교육 개입 가능성, 평가 결과 예측의 어려움 등이 있었다.

현재에도 학종에 대한 부정적인 평가가 높은 지역이 있다. 주로 서울 및 수도권인데 학원이 밀집되어 사교육이 가장 번성한 지역들이 많다. 여기에는 수능 고득점자가 많다는 특징이 있고 다른 전형에 비해 상대적으로 학종의 입학생이 적다. 그 이유로 학종은 수능보다 사교육으로 해결이 어렵고 공교육 본질의 수업 참여와 학교활동(동아리,

독서, 창체, 진로 등 비교과)을 기본으로 하기 때문이다. 수능이 점수라는 결과 중심의 평가라면 학종은 과정과 결과를 함께 평가하는 정성평가에 해당한다. 학교생활을 열심히 한 학생들이 수능의 부담을 최소화하여 대학에 진학할 수 있는 전형이다.

학종의 도입으로 학생들의 교내활동이 활성화되었고, 고등학교 교육과정 운영 정상화와 과정 중심 평가인 수행평가의 중요성도 증가했다. 또한 수업과 평가를 연계한 '수업 - 평가 일체화'를 위한 바람직한 방향으로 평가받는다. 대학에서도 자기주도적 학습을 경험한 학종 입학생들이 수능 성적으로만 입학한 학생들보다 대학 생활에 더 잘 적응한다는 결과를 얻었다.

세상의 모든 제도가 완벽할 수는 없다.

속담에 '구더기 무서워 장 못 담그나'라는 말이 있다. 큰 방향이 맞는다면 나아가기로 결단하고 새로운 접근을 통해 철저하게 개선하여 반영할 수 있는 방안에 집중해야 한다. 학종에 대해 부정적인 입장인 일부 의견을 무시해서는 안 되며 해결에 더욱 집중해야 한다. 대전제는 역시나 대학입시 형태의 혁신, 나아가 사회에서 우리 아이들을 평가하는 방식, 바라보는 방식의 변화다. 장기간의 로드맵으로 그려가야 한다. 지금 상황에서 더 나아가, 지금 당장 우리가 결과를 경험하지 못하는 먼 후대들을 위한다는 마음으로 단계별 계획과 시행을 세워가야 한다. 위에서 언급한 것처럼 학종의 긍정적인 결과가 다양하게 도출되고 있음에도 관심을 가지고 수용해가며 더 좋은 방향으로 확장되도록 면밀한 연구와 대책이 동시에 이루어져야 한다.

| 입학년도 | 학생부교과전형 | | 학생부종합전형 | | 논술 위주 | | 실기 위주 | |
|---|---|---|---|---|---|---|---|---|
| | 인원(명) | 학점 | 인원(명) | 학점 | 인원(명) | 학점 | 인원(명) | 학점 |
| 2016 | 2,163 | 3.35 | 9,516 | 3.33 | 6,673 | 3.21 | 3,647 | 3.13 |
| 2015 | 2,142 | 3.38 | 8,272 | 3.34 | 7,209 | 3.26 | 3,658 | 3.2 |
| 평균 | 4,305 | 3.37 | 1만 7788 | 3.33 | 1만 3,882 | 3.24 | 7,305 | 3.16 |

주요 10개 대학 전형 유형별 입학생의 대학에서의 학업성취도

자료 출처: 주요 10개 대학 공동발표.

우리가 원하는 '학교 교육의 정상화'는 어디서부터 시작할 수 있을까. 나를 포함한 많은 동료 교사들 역시 학종을 통한 전형이 확대되면 학교 교육이 결과만으로 평가하는 방향에서 벗어나 과정을 포함한 평가가 진행되고, 인성 영역도 중요한 평가 요소로 자리매김해 교육의 정상화에 도움이 될 거라고 전망한다.

교육당국에서도 이런 부분에 대해서는 잘 알고 있을 것이다. 당국에서는 더 세밀하게 준비하여 전략적인 교사 연수를 추진하고 학종제도의 내적 활성화를 위한 방안을 수립해 실행하며 이를 통해 불신하는 국민들에게 공정성 있는 평가의 공감대 형성을 위한 노력을 기울이길 바란다.

대학에서도 학종에 대한 선발 비중을 과감히 높여야 하며, 이를 위해서는 평가 결과의 신뢰성 확보도 매우 중요하다. 학부모들이 궁금해하는 선발 기준도 공개가 가능한 것은 최대한 공개하는 등 학종에 대한 불필요한 불신을 과감히 없애는 작업이 병행되어야 한다.

무엇보다 현장의 교사들은 '한 사람의 미래를 책임져야 한다'는 막

중한 사명감과 정의감을 잊지 말자. 자신의 자녀에 대한 활동을 기록한다는 부모의 마음으로 섬세하면서도 공정하고 객관적인 평가 결과를 기술하자. 한 사람을 살리는 일, 그들로 인해 세상과 미래를 바꿀 수 있다는 확신을 갖자. 지금 교사인 우리들이 만나는 학생 한 명 한 명은 우리의 미래다. 그런 마음으로 교단에 서야 학교 교육에 대한 신뢰가 회복될 수 있다.

아무리 좋은 제도도 제대로 활용하지 못하면 무용지물이 된다.

장점이 많은 학종 역시 자칫 잘못하면 학생들의 불신은 물론이고 많은 이들이 지탄하는 '변질'이 매우 많을 수 있는 제도다. 하지만 교사의 철저한 노력과 교육당국의 세심한 지원이 동반된다면 충분히 활용되어 가치가 빛날 우수한 작품이 될 수 있다.

자칫 잘못하면 아이들의 불신을 가져올 수도 있는 뜨거운 감자지만 제자를 사랑하는 일선의 교사들은 충분히 그들을 위해 더 구체적이고 사실적으로 기록해갈 수 있다고 나는 믿는다. 학교 현장의 교사들은 학종이 사교육의 영향력을 줄일 수 있는 좋은 제도임을 누구보다 잘 알고 있다.

따라서 정부도 교사들이 책임감을 가지고 학생들을 제대로 평가할 수 있는 교육 여건을 조성해야 한다. 예나 지금이나 힘들어하는 교사의 잔무를 획기적으로 줄여 교사가 자신의 기본 역할인 학생을 가르치는 일에 전념할 수 있도록 시스템을 구축해야 한다. 또, 현재 학급당 학생 수를 20명 이내로 조정하여 매우 가까이에서 밀도 있는 평가가 이루어질 수 있도록 하루 빨리 여건이 개선되었으면 하는 바람이다.

# CHAPTER 5

# 다시 본질로
# 돌아가자

·

진정한 교육은 별로 필요하지도 않은 정보를 학생들의 머릿속에 억지로 채워 넣는 방식으로는 결코 가능하지 않다.

– 마하트마 간디(Gandhi)

·

# 부모는 자녀의
# 인생 가이드 러너

"빨리빨리."

한국인이 존재하는 모든 곳에서 통용되는 단어다. 우리는 여유를 찾으러 간 해외여행에서도 현지인들을 통해 '빨리빨리'라는 한국말을 쉽게 들을 수 있다.

여행 중 식당이나 관광지에서 우리는 물론 현지인들도 서로 '빨리빨리'로 통하고, 여전히 그 안의 속도전 일정을 통과하며 잽싸게 기념사진을 남긴 후 돌아오는 경우도 종종 있다. 특히 학교라는 정해진 일정 안에서 움직이는 내 경우는 더욱 그렇다.

우리는 그동안 참 부지런히 살아왔다.

1964년에 1억 달러 수출액을 달성했고, 겨우 13년 후인 1977년에는 100억 달러를 달성하는 드라마틱한 성과를 낸 우리들이다. 우리는 먹고살기 위해 일하고 아이를 기르면서 부모를 봉양해야 했다. 때론 형제·자매들도 서로 도와야 하는 현실 속에서는 더욱 바빠져야만 했다. 눈 뜨면 열심히 일해야만 행복을 누릴 수 있을 거라고 꿈꾸고 견뎠다. 그러는 동안 밤낮없이 일한 세대는 빠르고 부지런한 자세가 마른 솜에 물이 스며들듯 절대적으로 체득된 것이 아닐까.

예전에는 자랑거리였던 부지런함을 통해 가진 여유를 즐기기도 전에 세상과 환경이 너무 급변해버렸으니 어쩌랴. 우리가 무엇에 기준을 두고 '빨리빨리'를 외쳐야 하는지에 관한 판단은 반드시 필요해 보인다.

'세 살 습관이 여든까지 간다'고 한다. 우리 핏속에는 스피드를 추구하는 유전 인자가 생겨나서 세대로 이어지는 우성인자가 되었나 보다. 이것은 우리에게 긍정의 결과도 가져왔다. 지금의 광속시대에 맞는 '맞춤전략'으로 사용되어 경제성장과 IT 시대를 영위하는 자랑할 만한 부분을 만들어다. 이렇게 대한민국은 세계 최고의 인터넷 인프라를 가진 나라 중 하나가 되었다.

하지만 극도로 빠른 결과를 바라는 문화는 슬픈 결과로 나타나기도 했다. 삼풍백화점이 붕괴되어 수많은 이들이 목숨을 잃었고, 영화 속의 한 장면처럼 성수대교가 끊겨 아침 등교 시간의 학생들과 삶의 현장으로 향하던 우리 이웃들이 허무하게 세상을 달리했다.

나를 돌아본다. 나 역시 두 아이를 키우면서 조급증을 가졌었다. 학업에 좀 더 속도를 냈으면 하는 바람이 많았던 게 사실이다. 그나마 직업이 교사의 자리에 있다 보니 조금은 자제하려고 애를 쓰긴 한듯하다. 어떤 자리를 막론하고 부모는 그렇게 자녀에 대해 높은 기대를 하게 된다. 부모라는 자리가 그렇다.

인기를 끌고 있는 〈영재발굴단〉이라는 TV 프로그램이 있다. 평소 TV 시청을 거의 하지 않지만 아이들을 가르치는 교사로서 많은 관심을 갖고 보는 프로다. 시청하면서 알게 된 점은 '영재 아동 중에는 늦둥이가 많다'는 특별한 통계 결과다. 조금은 심리적인 여유가 있는 부모의 양육 태도가 아이들에게 영향을 주고 있음을 알려준다. 늦게 태어난 자녀에게 부모는 특별한 애정을 갖고 더 많은 표현을 한다. 사랑이 풍성할수록 더 많이 전해진다. 이런 부모의 눈에 아이의 웬만한 실수 정도는 오히려 귀엽고 신기하다. 때론 남들 눈에 버릇없어 보일 정도로 마음껏 행동해도 나무라지 않고 받아주기도 한다. 특별히 의도적인 교육방식 없이 자기도 모르게 잘할 때까지 기다려주고 칭찬하는 언어를 많이 사용하게 된다. 이런 다양한 환경이 평범한 아이라도 영재가 될 수 있는 환경을 만들어주는 것은 물론이며 영재성을 가진 아이에게는 더 좋은 영향을 주게 된다.

물론 무조건적인 긍정만이 정답이 아닌 것은 당연하다. 하지만 기다려주고 응원해주는 부모가 제공하는 본성의 애정과 지원이 자양분이 되어 성장한다는 것은 어느 정도 가늠하게 된다. 세상을 어느 정도 살아온 부모들은 인생에 대한 큰 그림을 바라보고 경험하면서 살아왔다. 당연히 무조건 재촉하는 것이 반드시 필요한 것은 아니라는 것을 알고 있다. 삶에서 '조금 빠른 것'이 그리 대단한 것만은 아니라는 것도 우리는 이미 알고 있지 않은가.

이제 생각해보자.

우리 아이들에게 경제 성장처럼 계속해서 급성장을 요구해 나가야 할 것인가? 그것을 통해 우리가 얻고 싶은 효과는 과연 옳은 것인가?

아이들에게는 꿈꾸라고 하면서 정작 꿈꿀 시간을 주고 있는가?

우리 스스로에게 물어보자. 우리의 학창시절을 생각해보자. 우리도 이루고 싶은 많은 꿈들이 있었다. 그때의 꿈을 지금도 꾸며 흐뭇해하는가? 바랐던 꿈이 현실이 되어 살고 있는가? 나 역시도 진학에 집중하고 부모님의 기대에 맞추기 위해 눈치 보던 시간이 매우 길었다.

> 부모는 '멀리 보라' 하고, 학부모는 '앞만 보라' 한다
>
> 부모는 '함께 가라' 하고, 학부모는 '앞서가라' 한다
>
> 부모는 '꿈을 꾸라' 하고, 학부모는 꿈을 꿀 시간을 주지 않는다
>
> 당신은 부모입니까, 학부모입니까?
>
> 부모의 모습으로 돌아가는 길, 참된 교육의 시작입니다
>
> 자료 제공: 한국공익광고협의회

TV나 라디오에서 한동안 많이 접했던 우리에게 익숙한 공익광고다. 부모의 모습으로 돌아가는 길이 참된 교육의 시작이란다.

그럼 우리 아이들에게 '멀리보고, 함께 가고, 꿈을 꾸라고' 어떻게 애기해주어야 할까. 그동안 우리는 '앞만 보고, 앞서 가고, 꿈꿀 시간 없이 무조건 달려야 한다'고 열심히 말해왔는데 말이다.

혹시 주변 엄마들의 열성과 호들갑 때문에 '우리 아이가 뒤처지지 않았나' 하는 불안감에 시달리고 있지는 않은가.

답은 예전에 아이였을 때, 우리가 부모에게 바랐던 '그것'을 하면 된다고 생각한다. 부모라고 해서 항상 어른 행세하지 말고 때로는 눈높이를 낮춰 아이들과 마음을 공유하는 친구가 되어주는 것이다. 그들이 독립적인 인격체로 홀로 서게 하면서, 동시에 끈끈한 유대관계를

형성해야 한다. 아이들을 가르치려 들지 말고 그들의 이야기에 먼저 귀 기울여 들어주고, 도움을 요청할 때까지 기다려주는 인내를 선물하자. '공부해라'는 말 대신에 '아빠는 너를 믿는다', '엄마는 네가 있어 든든하다', '사랑해' 등 지지의 말로 격려해보면 어떨까. 물론 쉽지 않지만 노력하면 못할 일도 아니다. 얘기하기 쑥스러우면 카톡이나 문자로 대신해도 좋다. 세상 그 누구보다 든든한 울타리인 부모가 믿어주고 지지할 때, 우리 아이들은 그들이 기쁘게 나아갈 수 있는 가장 큰 에너지를 얻는다.

가끔은 조급해하지 말라고 말해주자. 산에 올라 내려다보는 것처럼 여유를 갖고 현재를 바라보는 시간도 중요하다는 것을 알려주자. 우리도 같은 성장기를 지나 현재의 그들과 비슷한 시기를 지내고 나서 지금 부모의 자리에 있지 않은가. 우리 역시 그때 그렇게 조급해하며 지냈어도 지금 현실을 사는 데 무슨 이득이 있는가. 오히려 그때의 시간에 대한 아쉬움이 있기에 자녀들에게 욕심이 더 생긴 듯하다.

여유를 갖고 주위를 돌아보며 지낸 시간의 결과는 지금 당장 보이지 않을 수도 있다. 하지만 머지않아 다가오는 미래에 삶의 경험과 지혜로 돌아오게 될 것이다.

바다를 항해하는 배가 멀리 있는 빙산을 보지 못하면 빙산에 부딪히게 된다. 자전거를 타본 사람이라면 모두 자전거를 탈 때 바닥을 보며 페달을 밟으면 자주 넘어지지만 멀리 보며 타면 여유 있게 즐길 수 있음을 알고 있다. 같은 이치로 큰 방향을 볼 수 있는 여유를 우리 아이들에게 알려주자.

지금 당장 보이는 자녀 성적에만 집중해서 바라보기보다 우리 아이가 더 잘하는 것에 대한 가능성을 응원해주고 믿어주자. 우리가 함께 삶의 행로를 동행해주려고 한다면 어른인 우리가 그들이 원하는 방향으로 함께 가주어야 한다. 힘들어할 때 그들의 눈높이에서 원하는 방향으로 함께 고민해주며 시야를 더 확장시킬 수 있도록 돕기도 해야한다. 이것은 혼자만의 고민이 아니라 또래라면 누구나 갖고 있는 고민임을 깨닫게 하고 자신의 문제에서 벗어나 주위 사람들도 둘러보는 여유도 갖도록 말이다. 말로만 그런 것이 아닌 실제 삶에서 이기심이아닌 이타심을 경험하는 기회, 사회와 관계 속에서 부모가 살아가고 있는 지혜를 알려주고 보여주며, 그들을 위한 의미 있는 교육을 실행하자.

가이드 러너Guide Runner는 장애인 올림픽에서 시각장애인 선수가 경기를 잘할 수 있도록 함께 달리면서 돕는 안내자를 말한다.

2018년 동계 올림픽 후 열린 패럴림픽에서 우리는 고운소리라는 선수를 통해 '늦더라도 함께 가는' 모습을 볼 수 있었다. 태어날 때부터 시각장애로 앞을 볼 수 없었지만 청각만으로 국가대표 스키선수로 출전한 양재림 선수의 가이드 러너를 자처한 그녀. 가이드 러너 고운소리는 양재림 선수를 돕기 위해 자원했고 두 사람은 경기를 위해 오랜 시간 같이 연습하며 시간을 보냈다. 앞에서 고운소리 선수가 내려가는 스키장의 바닥소리를 듣고 양재림 선수가 뒤를 따른다. 이 두 사람의 의미는 바로 '함께 갔다'는 것이다. 이것을 우리는 '가치'라고 말한다.

이런 모습처럼 부모와 자녀도 인생을 함께 가는 관계이기에 부모야말로 자녀의 진정한 가이드 러너라고 생각한다. 든든한 응원자의 역할을 다하는 부모, 어른이기에 가능한 자리다.

두란노에서 진행하는 프로그램 중 '아버지학교'라는 프로그램이 있다. 나는 여기에서 스태프로 장기봉사하면서 다양한 아버지들을 만난다. 5주 동안 아버지들을 대상으로 하는 프로그램인데 아버지학교 첫날 그들의 표정은 매우 어둡고 무겁다. 하지만 5주 후 프로그램이 끝날 때는 활짝 웃으며 환하게 변화한다. 그런 점에 매료되어 스태프 봉사를 계속해오고 있다. 이 프로그램 안에서 주어지는 숙제 중 하나가 '허깅(Hugging, 안아주기)'이다.

매일 아침·저녁으로 아내와 자녀를 안아주며 "사랑해요"라고 말하는 숙제다. 아주 단순해 보이기도 하고 누군가에게는 머쓱해 보이기도 하는 이 과제가 아버지들을 변화시키고 밝은 미소를 불러오는 큰 촉매제가 되고 있다.

우리는 평소에 가족을 어떻게 대해왔는가. 허깅을 통해 '생물학'적인 아버지에서 정서적으로 공감하고 사랑을 표현하며 실천하는 '사랑하는' 아버지로 바뀌었다고 고백하는 아버지들의 눈에는 대부분 촉촉이 눈물이 고여 있다.

아버지학교의 가장 매력적인 요소는 삶의 우선순위를 다시 정립하게 하고 이후를 살아가게 하는 터닝포인트가 된다는 것이다. 아버지라는 자리에서 무엇이 이루어지고 이어져야 하는지에 대한 생각으로 자녀의 가이드 러너가 되겠다고 결단하고 실천하기 시작한다. 머리로는 알고 있었지만 생활 속에서는 좀처럼 실천이 되지 않았던 가이드 러너의 역할이 제대로 시작되는 기점이 되기도 한다.

아버지학교에 오는 가장들의 공통점은 모두 자신이 최고의 아버지라고 생각하고 있다는 점이다. '나만큼 잘하는 아버지는 없다'라는 생각이 지배적이다. 그래서 이 학교가 자신에게 무슨 도움이 될까, 내심 기대 없이 오는 경우도 있다. 하지만 주어진 5주가 진행되면서 그간 지내온 자신의 모습을 돌아보는 시간을 갖게 되고 가정의 진정한 가장으로서의 역할을 점검하게 된다. 특히 자녀를 위한 가이드 러너로서의 방향을 진단하고 제대로 준비하는 특별한 시간이 된다.

가이드 러너는 무작정 혼자 앞서지 않는다. 양재림 선수를 리드하는 고운소리 선수처럼 훈련하고 맞추는 시간이 필요하다. 반드시 힘을 주고 용기를 주며 신뢰를 주고받는 과정이 있어야 한다.

선수를 기다려주고 잘 따라오도록 거리를 파악하고 위험한 길로 들어서지 않도록 알려주지만, 그들 자신의 꿈을 꾸며 따라올 수 있도록 그들에게도 시간을 주는 것 역시 가이드 러너로서 중요한 임무다.

아이들이 꿈을 꾸고 생각해가며 나아가는 즐거운 작업을 실행할 때는 반드시 시간이 필요하다. 관심 있는 부분에 대해 더 알아보기도 하고, 자신의 장점을 발견하고 찾아가는 과정이 필요하다. 앞에 아무도 없지만 스스로 나아가야 한다고 움직이는 용기가 필요하듯, 우리 아이들도 스스로 알아갈 시간이 주어져야 한다. 그러니 보채지 말자.

지금 아이들은 세상이 급변하는, 이전에 없던 특별한 시대에 놓여 있다. 예전에 우리가 꾸었던 꿈과는 많이 다른 것을 꿈꾸고 있고, 또 꿈꾸어야 하는 세상을 맞이한 그들이다. 때론 이해할 수 없을 수도 있을 것이며, 지금 현실과는 많이 다른 또 다른 방향을 이야기할 수도 있다. 그렇기에 우리가 살아온 경험만으로 필터링해서는 안 되며 다른 것을 이야기하는 우리 아이들을 믿어주어야 한다. 어떤 꿈을 꾸더라도, 실현 가능성이 없어 보인다 해도, 꿈을 꾸는 아이들은 그 자체로도 미래를 위해 노력하고 있고 매우 건강하다는 방증이다. 부모와 교사가 믿지 않으면 아이들을 사랑으로 믿을 사람은 그 누구도 없다. 오늘 아침에 심은 자두나무가 저녁에 열매를 맺을 수는 없는 일이다.

모든 아이들은 반드시 성장한다. 그들이 자신의 그림을 그리기 위해서는 부모는 물론 이 시대 어른, 사회의 모든 곳에서 든든한 신뢰구축이 선행되어야 한다.

새하얀 캔버스에 어떤 색을 선택하여 어떤 그림을 그릴지, 스스로 결정하는 힘은 신뢰에서 나온다. 스스로 '불후의 명작'이 되는 삶을 살 수 있도록 그들에게 믿음을 가져보자.

# 진로를 향한 도전이 멈추지 않는 한
# 절대 우상향인 아이들

　과학교사 해외연수 프로그램으로 서유럽 5개국을 방문한 적이 있다. 일행 중 한 과학고 교장선생님은 파리의 에펠탑 엘리베이터 안에서 우연히 졸업한 제자를 만나게 되었다. 파리에서 음악을 전공하고 있는 제자는 뜻밖에 과학고에서 공부한 시간들이 매우 도움이 됐다고 말했다. 언뜻 생각하기에는 과학고에서의 학업 시간들이 예술 분야와는 거리가 멀어 보이는데 말이다. 그는 대학에서 바이올린 연주를 배우며 악기계발에 관심을 가지고 있는데 고등학교 때 배운 물리 지식이 이해의 폭을 넓혀주어 잘 활용하고 있다고 했다.

　이렇게 음악과 과학이 융합되며 활용되듯 한 개인의 '진로'는 어느 한순간에 결정되는 것이 아니다. 주어진 다양한 주변 상황은 자신의 길을 찾아가는 데 잘 활용되고 진화되어간다. 경험하고 배운 모든 것은 사라지지 않으며 스며들어 삶의 요소요소에 사용된다.

　한번은 로마에서 세계 최대의 벽화 〈천지창조〉를 보았다. 시스티나 성당 천장에 웅장하고 화려하게 그려진 미켈란젤로의 대작은 '작품'이라는 한 단어로 규정하기에는 부족하다. 정말 대단하다. 미켈란젤로가 벽화작업을 한 4년의 세월. 모든 사람들의 출입을 통제하면서 천장 밑에 세운 작업대에 앉아 고개를 뒤로 젖힌 채 천장에 물감을 칠해나갔던 날들이었다. 그 과정에서 목과 눈에 이상이 생기기도 했지만 자신이 목표한 작품을 생각하며 극복하고 완성했다. 병마와 싸우는 그 긴 시간들을 누가 감히 쉽게 공감할 수 있으랴. 목 디스크와 말로 표현하기 어려운 고통 속에서도 그는 〈천지창조〉라는 목숨을 건 목표를 완성시켰다.

자신의 길을 찾아가는 길과 방법은 제각기 다르다. 때론 미켈란젤로가 겪었던 것처럼 고난과 어려움이 따를 수도 있다. 많은 오르막과 내리막을 오갈 수도 있다. 가슴이 철렁하는 힘든 시간이 올 수도, 혹은 환희의 기쁜 시간들을 만나게 될 수도 있다. 중요한 것은 내가 바라보고 있는 목표를 이루기 위한 과정은 내면의 기쁨을 맛보기 위한 시간들임을 잊어서는 안 된다는 것이다. 과정을 통해 자신의 재능과 성향을 찾아내고, 그로 인해 즐겁게 자아실현의 기쁨을 맛보는 것이 진로의 과정이다.

신은 음악이든, 그림이든 다른 즐거움이든 각자에게 맞는 재능과 열정을 주었다. 아이들은 학교에서 공부하면서 그것을 알게 될 것이고 어느 부분에 마음이 쏠리게 될 것이다. 그것을 즐겁게 하기 위한 로드맵을 작성해보자. 목표를 갖고 그리는 로드맵은 길을 잃지 않게 해준다. 나침반이 되어 의미 있는 가이드 역할을 해주게 한다. 힘이 생기는 에너지 샘물도 될 것이다.

로드맵을 그리고 구체적으로 실천하기 위해서는 어떻게 하는 것이 좋을까? 쉬운 방법은 다른 사람들의 모습을 즐겁게 벤치마킹하는 것이다.

목표를 향해 뚜벅뚜벅 나아가는 인생 선배들의 모습을 보면 대부분 계획부터 매우 구체적이라는 공통점이 있다.

적자생존.

적응하는 자가 살아남는다는 말일까? 그것도 맞다.

하지만 내가 말하는 적자생존은 '펜을 가지고 종이에 적어야 살 수 있다'는 것이다.

하고 싶은 일이, 되고 싶은 모습이 있다면 적어보자. 아주 구체적으로 적어보자. 이루고자 하는 꿈과 목표가 있다면 되고자 하는 이유와 자신이 매일 노력해야 할 것들을 자세히 기록하자. 장기, 중기, 단기목표로 상세하고 구체적으로 적어보자. 그 과정에서 매일 목표를 점검하면서 앞으로 나아갈 수 있다. 물론 중간중간 수정도 하게 될 것이다. 당연한 과정이다. 단, 구체적으로 적을 때만 가능하다. 때론 처음으로 돌아가 다시 적어야 한다고 생각하게 될 때도 있을 것이다. 그런 과정을 반복하다 보면 자신이 진정 원하는 것이 무엇인지 조금씩 알아가게 된다.

포기만 하지 않으면 된다. 시간이 지날수록 한 단계 한 단계 성장하고 있음을 느끼게 될 것이다. 작은 일에도 최고의 성취감과 만족감을 느끼는 시간을 만나게 될 것이다. 적어야만 느낄 수 있는 자신만의 감동이다. 이처럼 작은 성공과 작은 성취감들이 모여 삶의 의욕이 고조되며 도달한 자가 갖는 자신감을 만끽하게 된다.

지금 당장 노트와 펜을 들고 기록을 시작하자.

우리 가족은 연말이 되면 각자 새해의 버킷리스트 10개씩을 만들어 함께 공유하며 서로를 응원한다. 사실, 연말에 한해를 돌아보면 버킷 리스트 10개 중 절반도 달성하지 못할 때가 대부분이다. 그럼에도 생각하고 계획하여 글로 적는 것은 특별한 의미가 있다. 우선은 이 리스트로 가족들과 이야기하며 새해를 도전적으로 시작할 수 있다. 자녀에게 먼저 시키거나 강요하지 말고, 부모가 먼저 적어 공유하면서 아이들도 자연스럽게 생각하고 적어보게 하는 것이 바람직하다. 또, 어른이 되어 하고 싶은 일들을 기록하는 버킷리스트를 추가해보면 꿈에 대한 그림이 구체화되기도 하고 새로운 활력소가 되어 스스로를 견인하게 된다.

기록하는 것에 좀 더 익숙해지면 자기주도 학습 플래너를 쓰면서 하루 계획, 주 계획, 월 계획 작성, 목표설정, 시간 관리, 일의 중요도와 순서 정하기 등을 작성하여 기록하고 점검하는 일들이 진로에 많은 도움을 준다.

또한 1년 후, 5년 후, 10년 후, 20년 후, 40년 후의 모습을 기록하여 눈에 잘 보이는 곳에 붙여놓으면 꿈을 의식하고 생각하게 하는 힘도 생기게 된다. 좋은 결과, 바라는 결과는 그것을 위한 마음과 작은 노력들이 쌓이는 과정 속에서 이루어진다.


예전에는 학교생활기록부를 작성할 때 '진로 희망' 부분에 구체적인 직업명을 조사하여 기록했는데 최근에는 '희망 분야'를 기록한다. 이것은 세상의 변화에 따라 자신이 원하는 직업이 사라질 수도 있고, 새로운 직업이 생겨나기도 하고 또 기존 직업과의 융합이 일어나기 때문에, 구체적인 직업보다는 직군이나 희망 분야를 정하게 되기 때문이다.

동사형 꿈으로 표현하는 것도 추천한다. 예를 들어, 학생 선호도가 높은 '교사'라는 직업이 명사형 꿈이라면 동사형 꿈은 '가르치는 것'이다. '내 꿈이 교사가 될 거야'라고 말하면 진로가 정해지고, 교대나 사대를 가기 위해 거기에 맞는 것들을 준비한다. 그러나 '가르치는 것'이 꿈이 되면 가르칠 수 있는 일들은 매우 많다는 것을 알게 된다. 학교나 학원과 같은 곳도 있겠지만 기업인들을 대상으로 하는 연수도 있고, 좀 더 공부해서 교수가 될 수도 있다. 명사형 꿈이 간결하여 폭이 좁다면 동사형 꿈은 폭이 더 넓어지는 효과가 있다. 이처럼 자신을 말해주는 동사를 찾아보면 꿈의 확장을 가져온다. 좋아하고 잘하는 '동사'들을 기억하는 것은 꿈을 찾아가는 지름길을 잃지 않게 하는 좋은 방법이다. 더 나아가 자신이 좋아하는 동사를 리스트로 만들어 보는 것도 진로를 찾는 데 도움이 된다.

고도원의 책 《꿈 너머 꿈》에서는 '꿈 너머 꿈'에 대해 잘 소개하고 있다. 꿈을 꾸는 사람은 행복하지만 '꿈 너머 꿈'을 꾸어야 지치지 않고 기쁨과 행복을 유지시킬 수 있다. 도대체 '꿈 너머 꿈'은 무엇인가. "내가 그리는 목표를 완성시키기 위한 이유에 대한 생각이 꿈 너머 꿈"이다. 내가 왜 그 일을 하려고 하는지의 진짜 이유를 자신에게 물어보라.

부자가 되고 싶다면? 기업가가 되고 싶다면? 내가 왜 부자가 되려고 하는지, 내가 왜 기업가가 되고 싶은지를 생각해보면 된다. 소극적이 될 필요도 없다. 어떤 것을 생각하든 그 자체로도 소중한 것이다.

잊지 말아야 할 것은 그것을 생각할 때 내 가슴이 뛰게 하는 즐거운 일이어야 한다는 것이다. 그래야 우리는 역동적 삶을 영위하게 된다.

그것을 우리들은 '행복한 일'이라고 말한다. 내 인생을 채우는 매일을 즐겁게 채울 수 있는 행복한 일이 무엇인지 생각하고 적극적으로 다가가 보자. 그것이 진로다.

기회는 누구에게나 항상 있다. 단지 그것을 구체적으로 생각해보는 기회가 적을 뿐이다. 우리들이 만나는 특별하고 큰 기회를 바라보기보다는 자신에게 충실한 매일을 살아가다 보면 그것이 쌓이고 쌓여 언젠가는 기회가 되는 시간이 되어줄 것이다. 당장은 표시 나지 않을 수 있지만 1년 후, 10년 후, 머지않아 우리가 바라는 시간들에 근접해 있을 것이다.

'실패의 양이 성공을 결정한다'는 말처럼 계획에 과감히 도전하고 실패를 거듭할수록 자신이 세운 성공이라는 즐거움의 크기는 달라지고 가까이 다가올 것이다.

오르락내리락하는 그래프는 희망적이다. 반면, 움직이지 않는 일직선의 그래프는 정지이고 때론 사망을 의미한다. '움직이는 변화를 두려워할 것이 아니라 멈춤, 정지를 두려워하라'는 말처럼 살아 있다는 것은 도전하는 것이다.

결과를 두려워하지 않고, 최선을 다하면서 정지하지 않는 것. 조금씩이라도 매일 성장하는 우리는 반드시 우상향이다.

# 진로 여행은 미래지도를
# 그려갈 수 있는 절호의 기회

낯선 곳으로의 여행은 우리에게 새로운 기대와 만남, 경험을 선물한다. 여행지에 도착하기 전까지의 준비 시간은 새로운 세상에 대한 호기심과 삶의 에너지를 끌어올리는 특별한 시간이 된다. 가보지 않은 길에는 두려움도 있지만 더 큰 호기심이 우리 마음에 가득 차며 교차된다. 여행을 통해 다른 세상을 만나는 것처럼, 자신의 진로를 찾아가는 탐색의 시간들 속에도 다양한 진로의 경로를 만나게 되기에 여행과 같은 설렘의 시간들이 있다.

진로 여행에서는 어떤 준비가 필요할까?

### 1   자신을 알아갈 수 있는 시간을 마련하자

자신이 향하고 싶은 새로운 여행지를 찾아보듯 다양한 특징과 환경을 짚어보며 자신의 향후 진로를 많이 그려보는 시간을 할애하도록 돕자. 즉, 행복한 삶과 진로와의 관련성을 구체적으로 생각해보는 시간을 갖도록 기회를 만들어 제공한다. 자신에 대한 이해가 선행되는 것이 진로 여행의 큰 준비다. 자신의 흥미, 적성, 가치관, 성격, 주변 환경, 신체 조건을 다양한 측면에서 탐색해보고 가장 적합한 장·단기 진로 목표를 설정할 수 있도록 아이의 인생 가이드로서 도와야 한다.

아버지학교에서는 '자녀가 사랑스러운 20가지이유'를 작성하게 한다. 처음에는 '자녀가 사랑스런 이유가 꼭 있어야 하나? 무조건 사랑스러운 거 아닌가?' 하며 갸웃했지만 구체적으로 적어보니 아이에 대해 더욱 애정을 가지게 되고 이후로도 자세히 바라보게 되는 태도를 갖게 되었다.

부모는 자녀가 진로를 찾아가도록 장점을 찾아주는 관점으로 응원하는 것이 절대적으로 필요하다. 지금 자녀의 장점과 칭찬 내용 20가지를 기록해보면 어떨까. 그리고 멋진 장소에서 맛있는 식사와 함께 그것을 읽어주고 코팅해서 선물로 주는 이벤트를 가져보기를 권한다. 아이들에게 평생 잊지 못할 추억이자 자신의 독특한 특성을 찾아 계발하는 좋은 안내서가 될 듯하다.

자녀에게도 자신의 장점을 찾아 기록하게 하는 것도 좋다.

## 2 직업 세계에 대한 이해가 필요하다

직업의 세계가 얼마나 다양화, 세분화, 전문화되어 가는지부터 짚어보자. 미래직업 세계의 변화는 예측이 안 되는 것도 있지만 어떤 것들은 우리가 바라보고 준비할 수 있는 것들도 있다. 직업 생활을 하는 데 필요한 기초 능력을 배우고 부족한 부분이 있다면 채워 나간다. 기회가 주어진다면 미래직업 세계를 탐색하는 방법도 좋다.

아이들이 접하는 직업 세계는 한정적이다. 중·고등학생들에게 알고 있는 직업의 수를 물으면 10개를 넘지 못할 때가 대부분이다. 부모들도 크게 다르지 않다. 아이들의 성적 향상을 위해서는 학원에 많은 시간과 돈을 투자하지만 직업 세계를 알아가는 것에는 상대적으로 관심이 적다. 아이에게 미래 유망한 직업과 최근 인기 있는 학과나 이색학과 등을 소개하는 책을 선물하면 어떨까?

물론 커리어넷이나 워크넷 등에서 많은 직업 정보를 얻을 수 있지만 인터넷 정보는 쉽게 잊어버리는 가벼움과 휘발성이 강한 단점이 있다. 이러한 단점은 독서를 통해 보완할 수 있다.

**3  학부모는 자녀가 진로를 미리 체험할 수 있는 여행을 통해 진로 탐색력을 키워주자**

자녀에게 필요한 진로 체험처를 파악하고 자기 주도적으로 체험할 수 있는 기회를 제공하자. 분당의 한국잡월드나 주변의 직업체험센터는 다양한 직업 세계를 만나 진로를 체험할 수 있게 돕는 곳이다. 성장기 아이들이 있는 가정은 자녀들과 함께하는 진로 여행을 계획해보면 좋겠다. 그동안의 여행이 맛과 멋을 찾거나 또는 힐링을 위한 여행이었다면 아이들에게 진로 여행을 계획하게 하는 미션을 주면 어떨까? 진로와 미래에 관련한 사이트와 도서들은 무궁무진하다. 학교에서 아이들에게 믿고 맡기면 놀라울 정도로 잘 찾고 계획한다. 볼수록 경이로운 능력을 가진 그들이다.

## 4 회복탄력성

회복탄력성은 자신의 시련과 어려움을 도약의 발판으로 삼아 힘을 내는 것을 말한다. 회복탄력성이 높은 사람들은 역경에 맞닥뜨렸을 때, 원래 자신이 있던 자리로 되돌아올 수 있는 힘이 있을 뿐 아니라 오히려 더 높이 올라간다. 이 힘은 진로를 바꾸거나 일을 할 때도 지치거나 약해지지 않고 정상 궤도로 돌아올 힘을 만들어준다. 회복탄력성은 용수철이나 고무줄의 탄성력이 종류마다 다르듯 사람마다 차이가 있다.

회복탄력성의 힘을 키우기 위해 무엇보다 필요한 것은 '자기 스스로를 믿고 지지해주는 사람'이 되는 것이다. 실패로 인해 무기력해졌을 때, 가장 먼저 스스로의 강한 위로와 응원이 필요하다. 이 강력한 자기존중은 어디서 나오는 것일까?

바로 자신에 대한 긍정적인 정서를 갖는 것에서부터 시작한다. 스스로에 대한 자존감, 잘 해낼 거라는 자기존중의 힘은 부모의 신뢰부터가 첫 물꼬다.

## 5 교사는 교과 진로의 '최고의 가이드'로서 준비해야 한다

학부모들을 상담하다 보면, 학기 초 엄마들의 가장 큰 바람은 좋은 담임 선생님을 만나는 것임을 알게 된다. 최고의 학생은 최고의 교사로부터 시작된다. 그만큼 우리 교사들의 역할이 제자들의 삶을 변화시킨다. 특히 학생들에게 교과 지식과 연계된 진로 관련 분야의 직종이나 직업을 소개하면서 직업 폭을 넓히도록 시각의 확장을 안내해야 한다. 학교의 테두리 안에서 배우는 것은 기본이고 더 나아가 세상의 많은 것이 진로와 지속적인 관계가 있음을 알리는 연결고리로서의 역할을 감당해야 한다. 학생들의 호기심과 탐색의 문을 열어주려는 노력이 필요하다.

1년에 1회 이상 진로교육 연수를 이수하여 자신의 교과와 진로교육을 융합하는 커리큘럼을 만들거나, 교육과정 재구성시에 학생들의 진로와 연계하는 것도 필요하다. 진로교육은 다양성에 대한 인정으로부터 시작된다. 작은 일에도 칭찬과 격려로 아이들의 자존감을 키우고 학생 주도적인 진로 개척을 돕자. 여러 과목의 교과 교육을 통해 학생들이 다양한 일과 직업 세계에 대해 관심을 갖고 능동적인 태도로 나아가도록 연계한 도움이 중요하다.

교사 자신부터 혹시나 가지고 있을 수도 있는 무의식적인 직업에 대한 귀천의식, 고정관념에 대해서도 생각해보는 시간을 갖자. 신간 서적이나 유튜브 등 다양한 매체를 통해 자신의 전공과 관련되어 새롭게 탄생되는 직업에 대한 지식을 확대하자. 그래야 학생들이 미래의 주역으로 건강하게 살아가도록 우리가 도울 수 있다. 결국 학생을 상담하고 지원하는 가장 가까운 자리에 있는 교사의 열린 태도와 마음이 먼저 필요하다.

"좋아하는 일을 해야 할까요? 아니면 잘하는 일을 해야 할까요?"
아이들이 나에게 가장 많이 하는 질문이다. 나는 이렇게 말한다.
"세상에서 필요한 일을 해라!"
많은 창업자가 자신의 일을 좋아하고 잘할 수 있는 분야에서 창업한다. 많은 경우, 사업을 곧 접기도 하지만 반대로 굳건히 성장하는 사람들이 있다. 살펴보면 그들에게는 특별한 공통점이 있다. 세상에서 필요로 하고, 누군가에게 도움이 되는 일들에 열정적으로 집중하는 경우다. 좋아하고 잘하는 일은 자기만족에서 그치는 경우가 많다. 하지만 필요한 일을 하게 되면, 처음에는 잘 느끼지 못해도 일정 시간이 지나 자신이 하는 일을 통해 다른 사람들의 기쁨을 바라보게 되면서 엄청난 가치와 보람을 느끼게 된다. 이런 인정욕구가 충족되면 당연히 그 이후는 더 잘하기 위해 노력하게 되어 사업유지와 성장의 동력이 된다.

학교에서도 마찬가지다. 자신이 좋아하고 잘하는 일에만 집착한 경우는 자신이 원하지 않는 일을 부여받았을 때 불만을 갖고 어쩔 수 없이 응하는 모습을 본다. 그 모습을 바라보는 입장에서는 차후 다른 기회를 주기가 망설여지는 건 당연한 게 아닐까.

반대로 학급에 필요한 일은 물론이고 무슨 일이든 부여받은 일을 묵묵히 수행하는 아이들이 있다. 그들에게는 또 다른 여러 기회가 주어지고 성장의 속도가 빨라지는 것을 오랫동안 교육 현장에서 보아왔다.

사람들이 여행을 즐기는 이유는, 여행을 통해 새로운 것을 체험하게 되고 이후 사람들과의 대화에서 즐겁게 공유할 스토리가 생기기 때문이다. 여행을 통해 얻은 경험과 추억은 평생을 이야기해도 없어지지 않고 닳지 않는다. 오히려 시간이 지날수록 잊히지 않는 기억으로 의미를 더해간다.

여행은 즐거운 추억을 넘어 한 사람의 인생을 바꾸기도 한다. 돈으로 경험을 살 수 있는 유일한 방법 중 하나가 바로 여행이다.

이야깃거리가 있는 여행은 무한한 행복을 준다. 자녀가 돈을 벌어 소유물을 늘리는 소비에 집중하기보다는 경험을 늘리는 데 투자하게 하자. 이것은 자녀에게 줄 수 있는 돈에 대한 멋진 가르침이다. 여행은 경험을 풍요롭게 하는 소비다. 행복한 경험도 자산이 된다.

경험이 스토리와 스펙이 되고 최종적으로 자신의 길을 찾아가는 결과를 가져온 한 젊은이를 소개한다.

수능 7등급, 반에서 49명 중 43등. 그렇다고 신나게 놀기만 하거나 취미나 특기가 있지도 않은, 그저 존재감 없는 학생이었던 오현호. 그는 사회생활을 출발하기에 앞서 임진각에서 제주도까지의 자전거 전국횡단을 했는데 그때 사람들이 자신에게 가장 많이 해준 말을 듣고 후회하지 않을 인생을 살기로 다짐했다고 한다.

"나도 젊었을 때 너희처럼 자전거 타고 전국일주 한번 해보고 싶었는데! 무전여행하고 싶었는데…."

"참 멋지다! 나도 해보고 싶었는데 벌써 나이가 이렇게 됐네…."

그는 그들처럼 후회하지 않기 위해 돈을 모아 호주에서 스킨스쿠버 강사가 되고 80일간의 유럽여행을 기획했다. 여행경비도 후원받아 20개국을 여행하는가 하면 히말라야 텐트 피크(5,665m) 등정, 250km를 6일 동안 달려야 하는 사하라 사막 마라톤 완주, 철인3종경기 완주 등 새로운 도전에 계속 성공했다. 이후 남들이 부러워하는 대기업 입사도 했지만 다시 새로운 꿈인 파일럿에 도전했고 성공하여 자신만의 항로를 열어가고 있다.

나는 이런 열정과 도전정신을 갖고 '제2, 제3의 오현호'로 살아갈 젊은이들이 지금 내가 매일 만나고 있는 제자들이라고 믿는다. 누구나 드라마틱한 스토리는 아닐지라도, 먼 훗날 후회하지 않을 오늘의 경험을 소중히 이어나가면서 자신의 길을 찾아 즐기길 열심히 응원한다.

# 사명감으로 시작해서 사명감으로 끝나는 '스승'이라는 이름의 직업, 교사

2007년부터 2017년까지 10년간 학생들의 장래 희망직업 1순위는 '교사'였다.

2018년 초·중등 진로교육 현황조사에서는 2위로 10년 만에 순위가 바뀌었지만(1위 운동선수), 여전히 아이들에게 교사는 인기 있는 직업으로 자리잡고 있다. '교권이 땅에 떨어졌다'는 우려에도 학생들은 교단을 지키는 스승을 오랫동안 롤 모델로 삼고 있다.

교사 스스로는 어떠한가. 2017년 OECD 27개국 교사 만족도 조사에서 우리나라 교사들의 만족도는 22위였다.

학생들의 우상이자 존경스러운 교사로서 큰 영향력을 주고 있음에도 일선 교사인 우리의 직업 만족도는 하위권이다. 이러한 사실을 어떻게 설명하고 이해해야 할까. 나는 사람을 살릴 수 있는 직업이 의사와 교사라고 믿는다. 우리는 계산할 수 없는 숭고한 가치로 학생들을 사랑으로 품어 성장시키는 직업이다.

맹자는 '군자의 세 가지 즐거움' 중 하나로 교육하는 즐거움을 꼽았다(맹자의 〈진심〉편). 그만큼 교육에는 중요한 가치와 기쁨 그리고 풍성한 보람이 있다. 교사는 하늘이 내려준 직업, 천직이다. 그만큼 베풂과 사랑이 필요한 영역의 일이다. 그런 기쁨이 있어야 하는 직업임에도 우리는 왜 교육 현장에서 힘들어 할까?

학생과 교사간의 상호신뢰감과 존경심이 무너졌기 때문은 아닐까? 때론 아이들이 우리를 지식전달의 범위로 가두어 자신들을 잘 이해하지 못하는 '직업교사'로만 바라보고 있는 건 아닐까? 어디서부터 꼬이고 잘못되기 시작했을까?


교사가 되기 위해 임용고시를 준비하고 열정을 다해 문을 두드렸던 그때로 돌아가 보자. 푸릇푸릇한 아이들을 만나는 매력을 가진 직업. 그들에게 꿈을 심어주고 삶을 가르쳐주려는 마음으로 행복한 욕심을 낸 직업. 물론 안정적이어서 선택한 점도 일부 있을 테지만 그것은 선택 조건에서 후순위였다. 그렇게 우리는 가르치는 직업을 사랑해서 선택했다. 그러나 지금은 어떠한가. 존경이란 단어는 어디에 있는가. '스승'이라는 호칭을 얼마나 들어 보았는가?

누구를 탓할 필요가 없다. 아니, 시간이 없다. 우리들을 진정 사랑한다면 처음의 우리로 돌아가야 한다. 초심으로 말이다.


'선생 똥은 개도 안 먹는다.'

내가 어릴 때 많이 들었던 어른들의 이야기다.

아무 생각 없이 들었던 이 이야기는 지금 되돌아보니, 그만큼 학생들을 위해 고민하고 성찰하며 노력하는 '아픔'을 가지고 있는 존재라는 의미가 내포된 말이다. 그런 안간힘을 쓴 스승의 몸에서 나온 그것은 스님들의 사리와도 같은 결과물이라는 것이다. 결국 그런 길을 걷는 사람이 교사이며, 자녀를 가르치는 어려움을 공감하는 부모들이 건넨 위로의 말이었을 것이다.

다시 그런 고난으로, 우리의 자리를 찾기 위해 제자들을 위한 기쁜 고난의 자리, 초심의 자리로 우리 같이 되돌아가자. 교사의 노력이 필요한 부분들을 짚어본다.

### 1 교직의 사명감을 가진 교사. 학생을 인격체로 존중하는 교사

열심히 공부하고 많은 과정을 거친 후에야 교사가 된다. 교사는 세상이 부러워하는 다른 '사'자와는 달리 부자 대열의 직업이 아님에도 자격이 주어지면 주위의 축하전화를 받는 직업 중 하나다. 안정된 직업이라고 부러워하기도 한다. 아이들을 생각하고 평생을 헌신할 각오로 결단한 특별한 직업이다. 한 사람의 삶을 잘 살아갈 수 있도록 이끌기 위해 자신이 가진 삶의 지혜와 시간을 온통 내어놓는 직업이다.

우리 교사는 그런 첫 마음으로 시작한다. 교사를 통한 삶의 바통을 학생에게 전하면서 이 세상은 이어진다. 그래서 희망을 노래하고 학생을 존중하며 그들이 가진 숨겨진 능력에 대한 믿음과 확신을 간직해야 한다. 그런 자리에 있는 우리이기에 첫 마음인 '나는 교사다'라는 교직에 대한 강한 자부심과 신념이 식지 않도록 지켜내야 하는 노력이 반드시 필요하다.

교직을 생계수단으로 보면 다른 직업과 차별성이 없지 않을까. 교사의 남다름은 사람을 살리고 미래를 열어주는 숭고한 직업 중 하나라는 점이다. 교사는 아이들에게 절대적 영향력을 주고 그들의 인생을 변화시키며 성장시켜야 하는 견인차 역할이 주어진 존재다. 그 목표와 책임이 매일 아침 우리를 교단에 서게 한다.

교사도 때로는 사람이기에 흔들리기도 하고 회의가 생기기도 한다. 그땐 초심을 점검하면서 연수나 동료들과의 적극적인 소통을 통해 자신의 신념과 사명감을 회복시켜야 한다. 학생을 피교육자로 한정 지어서는 안 된다. 그들은 하나의 인격체이고 각자 나름대로 적극적인 학습 능력을 지니고 있으며 교사는 이를 촉진하는 조력자 또는 안내자 역할을 수행하고 있음을 기억해야 한다. 그들과 함께 성장하고, 사제 간에 서로를 통해 배움이 있는 학교 공동체를 이루어가는 삶이다. '학교의 질은 교사가 결정한다'는 말처럼 좋은 프로그램보다 좋은 교사가 좋은 학교를 만든다. 좋은 학생은 우리 교사의 몫이다.

## 2  제자를 정성으로 대하고 생각을 경청하는 교사

교직 생활에서 학생들을 대할 때의 마음가짐은 매우 중요하다. 교육자와 피교육자, 스승과 제자, 멘토와 멘티, 교사와 학생, 어른과 아이, 학습자와 조력자 등 많은 관계 설정이 있지만 상황과 설정에 따라 적용되는 것이 다르다. 하지만 소통을 전제로 하는 만남은 그 뿌리에 사람과 사람, 인격과 인격의 관계가 있다.

아이들과 함께 이야기할 때도 교사의 말은 줄이고 그들의 말에 귀 기울여주어 그들이 변화하는 과정을 존중하고 기다려주는 모습이 필요하다.

사람들 대부분은 자신의 이야기를 들어주는 사람을 좋아하고 신뢰한다. 아이들도 마찬가지다. 그들 말의 내용이 옳고 그름을 판단하기 전에 진솔하게 귀 기울여줌으로써 신뢰의 마음을 얻어 배움을 일으킬 수 있는 발판이 조성된다.

간혹 학생 중 일부는 놀랄 만큼 무례하고 비인격적으로 교사를 공격하는 경우도 있다. 이런 학생들에게는 전문적인 응대법이 필요하다. 연수나 선배 교사들의 조언 등을 통해 무작정 경청하는 것이 아닌 전문적인 응대 방법을 익혀나갈 것을 권한다. 어려운 일이지만 교사라는 직업은 이들까지도 품고 존중해야 한다. 그러면 당장은 아니지만 학생들도 반드시 교사의 마음을 알게 된다. 교사의 기본 마음은 학생에 대한 사랑이다.

### 3  세상의 변화에 따른 새로운 교수법을 수용하는 교사

학교에서 교사간 자체 연수를 통해 수업의 변화를 꾀하기 위한 시도를 했었다. 비주얼씽킹, 하브루타, 거꾸로교실, 스마트러닝, 액션러닝, 융합수업, 협력학습 등을 주제로 자신의 수업에 적용하고 싶은 학습주제 모둠을 선택하여 진행했다. 1년간 관련 서적을 통해 지식을 탐구하고, 전문가를 초빙해 강의를 듣고 궁금한 것을 묻고 답하니 자연스러운 '교사 간 배움의 장'이 만들어졌다. 이후 이 주제를 직접 자신의 수업에 적용하여 공개수업으로 발표하고 토의·협업하면서 수업에 대한 고민과 발전방향을 모색했다.

교사는 학습 내용과 교수 방법에 대한 지속적인 연구가 필요하다. 학생은 물론이고 세상이 변화하고 있다. 이것은 현장 교사인 우리가 더 잘 알고 있다. 기존의 교수법에서 달라진 아이들의 특성에 맞도록 변화가 필요하다.

요즘 아이들은 정보를 찾을 때 대부분 유튜브 검색으로 정보를 얻는다. 교사가 유튜브의 내용보다 방대한 지식을 가질 수는 없다. 콘텐츠도 부족하다. 그렇기에 교사는 유튜브 콘텐츠가 제공하지 못하는 자신만의 교수법이 필요하다. 앞서 열거한 다양한 교수법을 통해 주입식에서 벗어난 배움의 욕구를 도출하는 수업으로의 전환이 요구된다. 결론적으로 학생과 교사가 함께 성장하는 교실, 배움의 즐거움이 있는 교육 현장으로의 전환을 꿈꾼다. 다양한 교수법을 상황에 적절하게 제시하는 교사의 능력이야말로, 기능이 아니라 창의적인 영역에 속한다. 교사는 학생들에게 흥미로운 수업 운영을 통해 집중력을 배가시켜 자발적인 참여가 일어나도록 할 수 있다. 수업에서 가장 큰 변수는 환경이 아니라 교사 자신이다. 수업에 책임감을 갖고 최선을 다하는 교사야말로 위대한 스승이다.

## 4   긍정적인 생각과 언행일치를 이루는 교사

교사는 아이들에게 큰 영향력을 발휘하는 존재다. 교사의 생각은 보이지 않아도 학생들에게 그대로 전달된다. 학교의 행정적 관리자만 리더가 아니고 모든 교사는 다 리더다. 리더의 생각이 부정적이면 그와 함께하는 공동체도 그 영향권 아래 놓인다.

때론 교사가 책임을 회피하며 학생, 학부모, 전 담임, 미디어, 사회 탓으로 문제를 떠넘기는 모습을 보이기도 한다. 교육 환경의 어려움에 매몰되지 않고 오히려 적극적으로 그 어려움을 극복해보면 좋겠다. 학교에서 발생하는 문제의 원인을 자신에게 돌리고 스스로 해결하기 위한 내공을 키우자. 우리는 그들의 리더이자 학교 변화의 중심에서 있는 사람들이다.

화려한 언변보다 삶을 살아가는 스승의 모습이 참될 때, 아이들은 금방 그 모습을 알아채고 존경의 마음을 갖는다.

'휴지를 주워야 한다'는 말을 하기보다 직접 줍는 모습을 보여줄 때 그 영향력이 발휘된다. 도덕적인 삶을 이야기하는 것도 필요하지만 그렇게 살아내는 모습을 보여주는 것이 참교육이지 않을까. 이러한 삶의 자세와 행동 양식은 학생들의 행동과 가치관에 직접적인 영향을 준다. 그런 영향력을 가진 스승의 칭찬이야말로 학생들의 인생에, 자존감에 행복한 동력이 된다.

사실 교사는 수업해야 할 학생 수가 많다 보니, 일일이 칭찬하고 격려하기보다는 잘못을 지적하는 편이 훨씬 수월하고 익숙하다. 첫술에 배부르지 않듯 칭찬을 조금씩 늘려가며 세밀한 관찰을 통해 학생들을 격려하고 칭찬하자. 칭찬은 진정성 있는 순수한 마음을 전달하는 유용한 도구다.

### 5  가르치고 배우는 행복한 삶을 통해 자아실현을 이루는 교사

다음은 《맹자》에 나오는 '군자삼락君子三樂'이다.

군자에게는 세 가지 즐거움이 있으니 첫째는 부모님이 모두 살아계시고 형제가 무고한 즐거움이요, 둘째는 하늘에 부끄럽지 않고 사람에게 부끄럽지 않은 즐거움이며, 셋째는 천하의 뛰어난 인재를 가르치는 즐거움이다.

교사에게는 인재를 가르치는 즐거움이 있다. 교직에서 우리의 가르침으로 학생들이 배우고 성장하는 모습을 맘껏 보게 된다. 이것이 교사의 특권이자 행복이다.

나를 통해 아이들이 변화하고 배움의 즐거움을 느낄 때, 교사로서 보람은 표현할 수 없을 정도로 크다. 이러한 보람과 즐거움을 삶의 원천으로 삼고 살아갈 때, 교직 생활에서 힘든 일도 거뜬히 뛰어넘을 수 있는 에너지가 된다. 성과급 평가에서 S등급을 받는 교사보다 학생들이 인정하는 위대한 영향력을 가진 교사가 훨씬 더 멋지지 않은가.

교사는 대체로 무척 다양한 역할과 과다한 업무를 수행해야 하는 형편에 있다. 과다한 업무에 시달리다 보면, 자칫 모든 업무에 소극적이 되고 최소의 노력을 하게 되기도 한다. 무엇보다 교사 본연의 업무인 교재 연구와 학생 이해를 위한 연구, 교수 – 학습 자료 수집 등을 소홀히 하게 될 가능성이 있다. 교사 역할의 중요성에 비추어, 교육 환경의 어려움에 매몰되지 말고 오히려 적극적으로 어려움을 극복해보자.

우리는 더 열정적이어야 한다. 더 많은 가능성을 품고 희망을 선포했으면 좋겠다. 교사가 희망을 노래하면 학생들은 꿈을 견고히 다져가며 성찰할 것이다.

꿈꾸지 않으면 사는 게 아니라고
별 헤는 맘으로 없는 길 가려네
사랑하지 않으면 사는 게 아니라고
설레는 마음으로 낯선 길 가려 하네
아름다운 꿈 꾸며 사랑하는 우리

아무도 가지 않는 길 가는 우리들

누구도 꿈꾸지 못한

우리들의 세상 만들어가네

배운다는 건 꿈을 꾸는 것

가르친다는 건 희망을 노래하는 것

배운다는 건 꿈을 꾸는 것

가르친다는 건 희망을 노래하는 것

우린 알고 있네 우린 알고 있네

배운다는 건 가르친다는 건 희망을 노래하는 것

간디학교 교가 〈꿈꾸지 않으면〉

자료 제공: 간디학교

교사라면 이 가사에 마음이 흔들릴 것이다. 그만큼 우리는 아이들을 깊이 사랑한다.

## 6  정부의 노력이 필요하다

### 1  사명감을 갖고 열정을 쏟을 수 있도록 행정적 지원을 아끼지 않는다

교사들이 가장 많은 어려움을 호소하는 부분이 교육 외적인 것에 시간과 에너지를 빼앗긴다는 점이다. 그래서 행정조직인 '교육청'이라는 이름을 '교육지원청'으로 바꾸었는데 일선 교사들은 지금도 학교나 교육활동을 지원하는 곳으로 느끼지 못하고 있다. 교육지원청에서는 명칭만 '지원'이지 아직도 수많은 종류의 공문을 일선 학교로 보내 오히려 교사들의 업무를 늘리고 있다. 그래서 교육청 폐지론까지 등장하고 있는 실정이다.

진정으로 학교나 교육활동을 지원하는 관청이 되고자 한다면 지원을 받는 사람들의 의견을 수렴하여 지원해야 한다. 일선 학교에 내려보내는 공문을 획기적으로 줄이고 학교와 일선 교육 당사자들의 어려움을 해결하기 위해 조직을 변화시켜야 한다. 정부는 1991년, 교원에 대한 예우 및 처우를 개선하고 신분보장을 강화함으로써 교원의 지위를 향상시키고 교육발전을 도모하기 위해 '교원지위향상을 위한 특별법'까지 만들었다. 그러나 법을 만들었다고 해서 교원의 지위가 향상되었다고 생각하는 사람은 많지 않다. 교사들이 사명감과 열정을 쏟을 수 있도록 지원을 아끼지 않는 교육부, 교육청, 교육지원청이 되기를 바란다.


2  학교 잡무를 처리할 행정 직원들을 보충하여 교사들이 교수 활동과 학생 성장에만 전념할 수 있는 여건을 조성한다


교사들은 수업준비를 충실히 하고 학생들을 가르치며 상담하는 데도 시간이 부족하다. 여기에 공문서 보고, 통계 작성, 예산 편성 및 신청, 행사 기획 및 준비, 생활기록부 점검 등 끝없이 이어지는 학교의 잡무들이 교사를 지치게 한다. 이를 해결하지 않고는 교사들이 온전히 수업과 학생지도에 몰입할 수 없다.

교사들의 잡무를 줄이기 위해서는 학교의 요구를 수용하는 방향에서 잡무를 전담할 행정 실무사들을 배치하고 증원하여, 교사들을 잡

무로부터 구해내야 한다. 교사가 수업과 인성교육에 전념할 수 있는 환경이 속히 조성되어야 한다. 잔무로 인해 수업 준비가 소홀해지면 결국 그 피해는 고스란히 아이들에게 돌아간다. 교사들과 소통하는 정부와 교육청이 되려면 교사들의 요구가 무엇인지 꼭 파악하길 바란다. 교사들이 학생들의 교육활동에 전념할 수 있도록 행정업무 '0'을 만들어줄 것을 정부에 요청한다.

### 3 학교폭력 전담관을 배치하여 일선 교사가 학교폭력 업무로 시달리는 것을 더 이상 방치하지 말자

교사들이 학교 업무에서 가장 기피하는 것 중 하나가 학생부장과 학교폭력 담당업무다. 학교폭력이 발생하면 해당 부장이나 담당교사는 수업활동과 준비보다 폭력 사안 조사, 학부모 상담 및 관련 업무처리로 인해 빚어지는 야근과 스트레스로 고통을 호소한다. 과연 이런 일을 언제까지 교사가 해야 하는가. 전문 법조인력, 퇴직 경찰관 등을 학교폭력 전담관으로 배치하여 교사의 과중한 업무를 해소해주기를 부탁한다.

### 4 교사의 안식년을 보장하여 성찰을 통해 사람을 잘 키울 수 있도록 재충전할 시간을 제공해야 한다. 이것은 처우개선이 아니라 반드시 필요한 성장의 시간이다

대학교수에게는 안식년이 있다. 1년 동안 수업으로부터 벗어나 재충전을 통해 앞으로 좀 더 열심히 연구하기 위함이다. 안식년을 통한 혜택은 학생들이 받게 된다.

교사에게도 안식년은 절대적으로 필요하다. 교사를 일반 급여를 받는 사회직업의 하나로만 보지 않기를 바란다. 교사는 학생을 위해 꾸준한 노력을 기울이는 것은 물론 그들의 정신적인 부분까지 돌보는 특별한 임무를 가지고 교단에 선다.

성찰을 통해 더 잘 가르치기 위해 준비하고 더 많은 연구를 위해 안식년 제도가 필요하다. 평생을 아이들을 가르치는 직업을 선택한 교사들에게 힘을 실어주어야 한다. 그 혜택은 다음 세대에게 돌아간다. 길게, 멀리 보고 계획해야 한다.

서울과 경기도 교육감은 교육경력 20년 이상인 교사들에게 유급 안식년 개념의 자율연구년제를 시행하겠다고 공약을 걸었고, 이를 시행하기 위해 준비 중에 있다. 다소 늦은 감이 있지만 이제라도 잘 준비해서 교사들이 성숙되고 재충전되어 학생들과 더 밀도 있게 소통하고 수업에 열정을 쏟을 수 있었으면 하는 바람이다.

또, 교사가 철학을 갖고 건강하게 교단에 서도록 힘이 나는 환경조성을 부탁한다. '스승의 그림자는 밟아서는 안 된다'고 했다. 그런 귀한 권위를 우리 스스로 회복하기는 쉽지 않다. 아무리 좋은 나무도 햇볕과 양분이 있어야 열매를 맺는다. 교사들의 노력과 좋은 환경이 함께 주어져야 아이들이 혜택을 본다. '백년지대계'는 말로만은 안 된다. 세계적으로 교육의 선진국을 걷고 있는 나라들은 아주 오래 전부터 교육에 많은 공을 들여왔다. 교육은 하루아침에 만들어진 결과물이 아니다.

마지막으로 '배움의 즐거움을 경험'할 수 있는 학교에서 아이들과 다시 만나야 한다. 〈교실 이데아〉가 아직도 적용되는 현실을 서로를 인정하며 응원하면 해결할 수 있다.

# 좋아하는 일은
# 어떻게 찾아낼까?

창직은 창조적인 아이디어로 새로운 직업을 만들거나 기존의 직업을 재설계하는 창업활동을 의미한다. 예술가가 자신의 작품을 만들 듯 자신의 직업을 스스로 새롭게 만들어 내는 것으로 이해하면 쉽다.

지인의 권유로 뭔가 색다르다는 한 모임에 참석했다. 학생들의 진로를 늘 염두에 두다 보니 새로운 '창직'의 시선으로 바라보게 된다. 참석자들 중에 영어로 누군가가 꿈꾸는 삶을 돕는 것을 목표로 한다는 '라이프 영어 컨설턴트' 이소연 대표가 눈에 들어왔다. 그녀는 에어비앤비를 이용하여 한국에 머물고 있는 외국인들을 대상으로 서울 가이드를 하는 1인 스타트업 '마이서울가이드'의 대표다. 매달 각종 활동을 함께 즐기며 외국인 친구들을 사귀고 한국 문화 교류 모임을 운영한다.

여행 가이드 역할을 통해 동적 활동에 재미를 더한 스타트업으로 토요일에 '한복 입고 고궁 투어하기' 등의 문화 교류 모임을 운영하고, 우리 역사와 외국어 공부를 자연스럽게 하는 모임 등 자신의 즐거움을 비즈니스 영역으로 확대한 좋은 창직의 경우다.

세상이 급변하고 직무가 변해 어느 날 갑자기 직업이 없어지기도 하고 새롭게 생기기도 한다. 이에 맞춰 교육 시스템도 적절히 변화되어야 한다. 급변하는 직업세계의 특성과 개개인의 재능을 고려하지 않는다면 제조업 중심의 1차 산업혁명에 적용된 획일화된 주입식 교육 시스템을 가지고 4차 산업혁명시대를 이끌어갈 인재를 육성하는 것과 같다.

학교 진로활동 중 청소년들을 위한 창직 캠프는 학생들에게 무척 인기가 있다. 보통 4~6시간 정도의 활동을 통해 창직 프로그램이 운영되는데, 학생들이 만들어낸 직업들은 꽤 다양하고 신선하다. 아래는 그들이 제안한 창직의 예다.

> 문화재복구 3D 프린터 전문가, 바이오리듬 전문연구원, 멘탈관리사, 노인 자립 도우미, 채소소믈리에, 동물보험 전문가, 애완견 바리스타, 숲속음악가, 여가컨설턴트, 교도소 디자이너, 우주웨딩플래너, 3D 안경디자이너, 동물통역 전문가, 가상현실 작가 등등.

이들이 제안한 직업 중 이미 생각보다 훨씬 다양한 직업이 생겨났다. 최근 많은 사람들이 가지고 있는 문제를 해결하여 만든 창직 스타트업 예도 있다.

- 일찍 출근하고 늦게 퇴근하는 직장인들은 빨래를 할 시간도, 세탁소에 갈 시간도 없다. 이를 해결할 방법이 있을까?

  → 세탁특공대(스마트폰 앱에서 몇 번의 클릭만으로 원하는 시간에 세탁물 수거와 배달, 결재까지 가능해 굳이 세탁소를 찾을 필요가 없게 되었다)

- 해외 여행지의 제품을 쉽게 구매할 수는 없을까?

  → 셀러문(해외 출장이나 여행가는 곳의 물건을 현지에서 직접 셀러문Sellermoon 어플을 통해 판매. 여행자는 여행비용을 벌 수 있는 구조)

- 보고서 출력 등으로 많은 비용이 들어가는 대학생들에게 공짜로 문서를 출력해주는 서비스를 하면 어떨까?

  → 에드투페이퍼(20대와 대학생을 대상으로 광고를 통해 무료로 문서를 출력해줌)

- 간단한 앱을 만들어 줄 디자이너와 개발자를 쉽게 찾을 수는 없을까?

  → 위시캣(온라인 플랫폼에 소개된 프로필을 통해 콘텐츠 개발에 필요한 디자이너와 프로그래머를 찾을 수 있는 아웃소싱 플랫폼)

- 홈페이지를 무료로 쉽고 편리하게 만들 수는 없을까?

  → 윅스(무료로 제공되는 템플릿을 이용해 누구나 간단한 마우스 조작만으로 쉽게 홈페이지를 만들 수 있다)

- 배달해주지 않는 맛집의 음식을 배달시킬 수는 없을까?

  → 푸드플라이, 배달의 민족(유명 음식점의 메뉴를 결재하고 배달시킬 수 있는 서비스 실시)

- 온라인 송금을 간편하고 편리하게 할 수 있는 방법은 없을까?

  → 토스, 카카오뱅크(송금액, 상대방 번호, 비밀번호만 알면 송금 가능한 모바일 앱)

결국 사람들이 어려움을 겪고 있는 문제에 대한 해결이 기회의 발견이자 창직으로 연결된다.

다시 학교 안으로 들어가 생각해본다. 열심히 공부하지만 왜 공부를 해야 하는지에 대해 명쾌한 답을 하는 아이들은 많지 않다. 우리는 아이들에게 그에 대한 답을 생각할 여유와 이유를 주지 않았다. 줄을 세우고 코너로 몰아가기만 했을 뿐이다. 일탈을 용납해서는 안 되는 현실만 고집해왔다. 물론 공부 자체가 즐겁다는 아이들도 있긴 하지만 극소수일 뿐이다.


우리 아이들이 하루 중 가장 많은 시간을 보내는 학교생활. 짜여져 있는 시간표대로 일사불란하게 움직이는 아이들을 보고 있노라면 안타깝고 미안하다. 나 역시 생각할 시간을 주지 않는 참 나쁜 교사다. 그나마 진로를 담당하기에 개인의 특성과 미래를 이야기하지만 그 역시 역부족일 때가 대부분이다. 학교 수업 후에도 아이들은 이리저리 학원 차 패키지를 통해 움직인다. 학원을 다니지 않으면 세상에서 뒤처지고 낙오자가 될 것만 같은 불안 마케팅을 조성하는 사교육 업체와 이에 동요하는 학부모들로 인해 우리 아이들의 자율적 선택권은 사라진 지 오래다.

부모님들과의 상담은 결국 아이가 좋은 환경에서 잘 먹고 잘사는 미래를 바라는 것으로 귀결된다. 세상의 변화에 민감하게 반응하지 못하고 자신의 경험과 주변 엄마들의 영향에서 벗어나지 못하는 일부 어른들의 모습이 무척 안타깝다. 부모 세대는 늘 배고팠던 시대를 살아보아서일까. 시대의 흐름을 놓친 왜곡된 사랑의 표현이라는 생각이 든다. 하지만 이 역시 사랑의 방식이니 방향을 잘 찾아 나아가도록 교육 현장의 교사와 참된 지식인들이 함께 안내해 나갈 수밖에 없다.

청소년기의 자율적 결정은 때론 실패를 맛보게 할 것이다. 하지만 이런 결정으로 잃는 것만 있는 것은 아니다. 결정하고 추진하는 과정에서 자신의 선택에 대한 결과를 경험하기도 하고 역경을 이겨내면서 방법과 지혜를 얻게 된다. 더욱 소중한 삶의 주도성도 그때 생성된다. 이것은 그들의 성장 과정에 반드시 필요한 훈련 시간이 된다.

자녀들의 삶에 너무 깊숙이 관여하고 돌보는 것, 그것의 경계, 합리적인 범위에 대한 어른들의 알아차림이 필요하다. 그렇지 못할 때, 우리는 때로 그들의 권리를 막는 경우가 있다. '사랑'이라는 이름으로 좋은 학원을 알아보고, 좋은 과외선생님을 소개하고, 아이에게 좋은 정보를 제공하기 위해 몸을 사리지 않는다. 그 과정을 주도하는 것은 아이가 아닌 부모다. 비닐하우스에 아이들을 가두는 것과 같다. 아이들은 햇볕도 쬐어야 하고 바람도 느껴야 한다. 과감히 비닐을 걷고 그들에게 기회를 부여하자. 그들의 실수와 기회는 그들의 권리다. 스스로 삶에 대한 열정과 재미를 찾도록 활짝 열어주어야 한다.

열정이란 누군가로부터 물려받는 것이 아니라 내가 소중하다고 생각하는 것을 찾아내고, 그것을 이루기 위해 간절하게 구하고, 자신의 노력과 정성을 쏟아붓는 흥분된 작업이다. 열정을 가진 아이들은 주어진 일을 하는 것에 만족하지 않고, 그것을 자신처럼 소중히 여기고 목표를 세워 저돌적으로 일을 추진한다. 열정은 도전, 몰입, 창조, 성취, 동기와 동일어로 사용된다.

자신이 품은 씨앗의 의미를 발견하도록 돕고, 그로 인해 즐거운 경험이 이어지도록 기름진 토양을 제공하자. 그렇게 자신이 존중받고 있다는 것을 깨닫게 되면 우리 아이들은 주도적이고 열정적으로 신나는 직업을 고민하고 찾아내게 될 것이다.

때론 학교 성적이 낮아 기대하는 학교에 지원이 어려울 수도 있다.

대학진학만의 문제에서는 그럴 수 있다. '하지만 지원 못 한 그게 뭐 어쨌다는 거냐'는 배짱을 가질 필요가 있다. 좋은 대학이 반드시 좋은 인생을 보장하는 건 아니지 않은가. 사람의 길은 다 다르다. 누군가에게 피해주는 것이 아닌 이상 조금은 불안하더라도 기회를 주자. 자신을 신뢰하는 사람은 상대도 신뢰한다. 좋아하는 일을 찾을 수 있는 가장 큰 여건은 '신뢰'다. 우리의 통 큰 신뢰로 그들의 든든한 백그라운드가 되어주자.

그들이 개척해나갈, 개인의 다양한 즐거움을 충분히 누릴 수 있는 새로운 창직이 기대된다. 그런 그들을 함께 응원하자.

앞으로의 세상은 개인이 CEO가 되고 기업이 된다. 즐겁게 이곳저곳을 누비는 행복한 '이소연'들이 누리는 그들의 내일을 생각하면 나는 언제나 가슴이 설렌다.

# 우리가 잊고 있던
# 가훈의 강력한 힘

'사랑하라. 실천하라.'

우리 가정의 가훈家訓이다. 평소 우리 가족은 '말보다 실천'이라는 주제에 대해 이야기를 많이 나눈다. 그렇게 함께 만든 우리 가족만의 가훈이다. 가훈을 정한 지는 좀 되었지만 떡 하니 벽에 걸어둔 것은 3년 전부터다. 대통령 별장으로 사용되었던 청남대 방문 때 생각지도 않게 가훈을 써주는 봉사자 분을 만났다. 가족이 공유하고 작은 액자로 세워두었던 우리집 가훈이 봉사자를 통해 긴 족자로 작품이 된 것이다. '보는 것이 믿는 것'이라던가. 잘 안 보이던 가훈이 족자가 되어 벽에 걸리자 매일 눈에 가득 들어온다. 그러니 더 의식이 된다.

사람들은 말한다. '가정교육은 무너지고 가정해체의 시대'라고. 부정적인 기사는 넘쳐나지만 그에 대한 대책을 논하는 목소리는 들리지 않는다. 가정교육의 시작을 가훈으로 시작하자.

"우리집 가훈이 뭐예요?"

어린 시절을 생각해보면 학교에서 새 학년에 올라갈 때마다 가훈을 적어오라고 했던 기억이 난다. 재미있게도 우리 가족의 가훈은 해마다 바뀌었다. 그중 몇 가지만 소개한다.

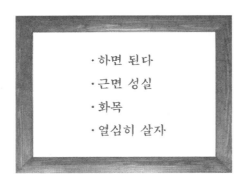

완벽히 정해진 가훈들은 아니었지만 아버지가 평소의 생각을 가훈으로 정해 순발력 있게 알려주셨다. 그 역시 아버지 혼자서 정한 후 상명하달된 가훈이지만 하지만 요즘에는 가정의 가훈을 적어오라는 주위 아이들의 이야기는 들은 기억이 없다. 또, 가정에 가훈이 걸려 있는 집도 거의 본 적이 없다.

왜 그럴까? 가훈으로 가족이 마음의 방향을 함께하며 맞춰가려는 소중한 노력이 왜 이렇게 흐려지고 있는 것일까. 우리가 더 찾고 노력해서 회복해야 할 것들 중 하나라는 생각이 든다. 정보의 홍수 속에 진정 어떤 게 정보인지도 모르게 마구 휩쓸리는 세상이다. 그에 따라 우리의 도덕적 기준도 갈대처럼 휘날린다. 혼란스럽기도 하고 때론 마음이 나뉠 수 있는 세상 속에서, 가족이 함께 바라보며 지켜나갈 수 있는 나침반 역할을 하는 가훈이 더더욱 가정에서 필요한 시대다.

가훈은 생명을 불어넣는 공기와 같은 존재다. 가장 소중한 에너지면서도 평소에는 그 존재에 대한 감사를 느끼지 못하는 것과 같다. 가족이 하나 되어 나아가야 할 어떤 상황에서 가훈은 큰 힘으로 드러날 것이다. 평소에는 느끼지 못하는, 때론 고리타분해 보일 수 있는 가훈은 가족이 한 방향을 바라보며 숨 쉴 수 있는 중요한 공기의 역할을 하기에 충분한 도구다.

우리에게 가족은 무엇인가. 가족家族. 한문을 살펴보면 '한 지붕 아래 있는 사람들'을 말한다. 당연히 많은 내용을 공유하며 소통할 수 있는 가장 기초적인 사회집단이다. 가족은 당연히 자주 모이게 되기에 얼굴을 마주하며 같은 방향을 바라보는 즐거움도 누려야 한다.

그럼에도 요즘에는 가족을 구성하는 개개인이 많이 갈라지고 있다. 부부 간 갈등도 너무 많이 들려온다. 오히려 갈등 없는 행복한 부부가 이상해 보일 정도다. 바쁜 생활인들이다 보니 부지불식간에 가족 사이에 틈이 생기기도 한다. 부모와 자녀 사이의 관계에서도 그렇다. 학원 가라, 공부하라 등등의 이유로 가족은 각각의 생활 폴더들이 형성되어 점차 갈라지기도 한다.

위기를 의식하고 문제를 발견할 때 해결의 답을 바로 눈앞에 두고 찾는 경우가 매우 많다. 가족의 어려움을 힘들어하는 수준에서 멈춘다면 그로 인한 결과는 어마어마하게 아플 수도 있다. 반대로 단합의 계기를 찾아가는 노력을 함으로써 더욱 뭉치는 기회가 되어 가족화합의 아름다운 작품을 만들어갈 수도 있다.

가정의 위기 상황에서 가훈은 가족의 힘이 된다. 성장하는 아이들에게는 함께 만든 가훈을 통해 서로가 단합하고 또 부모로서 노력하고 있는 삶의 중요한 방향을 가르쳐줄 수 있기 때문이다. 서로에게 힘이 되는 가정, 소통하며 행복을 만끽하는 가정을 구상하고 열망한다면 가훈을 기억하자.

가훈은 '그 집안의 핵심 가치와 교훈을 적은 글'이라는 의미를 담고 있다. 가훈이 고리타분하다고 생각한다면, 지금 당장 가훈의 힘을 느껴보길 권한다. 부지불식간에 가족을 하나로 잇고 함께 마음을 모으는 중심 생각의 역할을 해낼 것이다. 초대형 크루즈도 한 방향으로 항해하기 위한 선박의 키는 반드시 갖추고 있는 것과 같다. 가정에서는 가족이 지금 시점부터 하나 되어 이어갈 약속과 비전이 되는 가훈을 꼭 준비하기 바란다.

성실, 정직, 인내 등 내용이 너무 흔하다고 생각할 수 있는 가훈도 상관없다. 결정한 가정의 구성원들이 그들의 삶을 그런 방향으로 노력하고 실행하려는 잠재된 힘을 가훈에 담은 것이다.

일단 모이자. 뭔가를 정하기 전에 모이는 게 먼저다.

모이는 것부터 새로운 시작이 된다. 다양한 생각을 이야기하고 모아가며 가족의 비전, 방향, 즐거움 등등을 공유하면서 만들면 된다. 때론 집안에 대대로 전해 내려오는 가훈도 있을 것이다. 가훈을 정하면 어떤 형태로든 가족 모두가 볼 수 있는 곳에 자연스럽게 붙이거나 걸어두고 보면 좋겠다.

나는 산에서 길을 잃으면 온 길로 되돌아가 다시 방향을 잡고 길을 찾은 적이 여러 번 있다. 가훈은 기준이 되고 살아가면서 마음속 나침반이 된다. 원치 않았지만 급변하는 세상으로 인해 중요한 것을 놓치고 있음을 깨달았다면 그에 맞게 준비해서 새로운 기회를 만들면 된다. 가훈의 중요성은 아무리 강조해도 지나치지 않다. 세대 간 격차가 짧은 시간에도 너무 커지는 세상이다. 이럴 때 가훈은 가족의 마음을 나누며 부모의, 어른의 비전을 공유하고 자녀의 바람도 반영하는 역할을 해준다.

함께 가훈을 만들며 서로의 생각과 긍정의 방향을 찾아가는 방법으로 가족회복과 미래공유에 의미 있게 활용하자.

나도 아내와 자녀들과 함께 각자 가정에서 가장 중요하게 생각하는 가치들을 포스트잇에 적어 의견을 나눈 뒤 우리집 가훈으로 만들었던 기억이 있다. 가족 구성원들의 다양한 생각들을 맘껏 표현하고 모으는 것 자체가 가훈을 만들며 만나게 되는 첫 번째 행복이다.

부디 모든 가정에 오래도록 서로를 이어주게 될 가훈이 걸려 있기 바란다. 보면 생각하게 되고, 생각하면 우리의 마음이 움직인다.

그 큰 힘을 느껴보자.

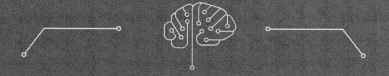

# CHAPTER 6

완전한
변화를 위해
간절하고 절박하게

·

교육이 한 인간을 양성하기 시작할 때의
방향이 훗날 그의 삶을 결정할 것이다

– 플라톤(Plato)

·

# 가르치는 교사?
# 함께 성장하는 교사!

'열강하는 선생님, 그러나 나는 자야겠습니다' 하고 엎드려 자는 학생들 모습이 선생님들에겐 퍽 익숙하다.

수업 시간에 잠을 자는 학생들의 모습이 자주 뉴스에 등장한다. 대부분의 사람은 그게 가능할까 싶겠지만, 일선의 교사와 우리 학생들은 이젠 포기와 이해가 교차되기도 하고 때론 고개를 끄덕이며 어느 정도 그럴 수밖에 없는 상황으로 받아들이기도 한다.

이런 상황을 대하며 '교사 주도로 가르치는 수업의 한계'에 대한 걱정과 고민, 그리고 해결안에 대한 실타래를 풀고는 싶지만 실행하지 못하는 현실이기에 가슴속엔 답답함으로 가득하다.

학원과 인터넷 강의 등 지식 관점의 선행학습이 많이 되어 있는 학생들에게는 학교 선생님의 수업이 그저 복습에 지나지 않는다. 학원의 족집게 수업과 비교하면 그리 매력적이지 않고 지루할 수도 있다. '다 필요 없어. 점수만 잘 나오면 돼'라는 날 선 기준으로 학생을 평가하는 잣대와 평가가 그들의 소중한 학창시절을, 그들이 하루의 대부분을 보내는 학교의 모습을 이처럼 흉물로 만들어 놓았다.

지인들은 교사인 내게 "아이들에게 성적보다 사람됨을 더욱 강조해 달라"고 부탁한다. 그들은 성적보다 '사람됨'을 강조하지만 막상 좋은 조건의 삶을 쟁취(?)하기 위한 대학을 갈 수 있는 성적이 나오지 않아도 그런 메시지를 전할 수 있을까? 이처럼 우리는 일관된 생각을 유지하기 어려운 현실 속에 살고 있다. 바깥에서는 우아하게 사람됨을 강조하지만 눈앞에 닥친 내 자녀의 현실 앞에서는 '여전히' 성적이 우선되는 현실을 살아가는 우리의 모습이다.

우리는 수없이 흔들린다. 빠르게 다가오는 세상의 변화를 지켜보고 있지만 그 변화가 두렵기도 하고 쉽게 받아들여지지도 않는다. 이것이 우리 어른들의 현실이다. 이제 생각을 바꾸는 것을 넘어 내가 습득한 지식의 한계를 인정하는 것부터 시작하는 '생각을 내려놓음으로써 얻는 자유'를 수용해야 한다. 그래야 교육 방향에 대한 기초설정이 시작된다.

교사는 교수·학습의 전문가다. 하지만 오랫동안 한결같던 우리의 '교사주도 주입식 교육'은 이 시대에 더 이상 매력적이지 않다. 우리가 평생을 가르치고 학생들은 열심히 배워도 지식은 무한하며 사람의 머리로는 한계가 있다. 또, 무한한 지식을 다 수용해야 할 필요도 없다.

지금은 창의와 융합의 세상이자 우리에게는 언제든 찾을 수 있는 지식을 활용하는 고유한 능력을 키워야 하는 시대다.

교사는 말하고 학생들은 듣기만 하는 일방적 학습형태로는 다가오는 변화의 물결 속에서 학생들을 만족시키기 어렵다. 작은 시작부터 실행해보자.

변화의 첫 노력으로 바로 실행할 수 있는 방법의 예로, 간단한 책상 배치가 있다. 지금의 교사를 향하는 책상 배치에서 학생 상호간에 토의하고 협동할 수 있는 다양한 위치로 바꾸어 보았으면 좋겠다. 이렇게 눈에 보이는 일상적인 것에서부터 시작하자. 뜻밖에 많은 변화가 이루어질 것이다.

학생들을 통해서도 서로 성장할 수 있다.
체험학습 장소는 어떻게 정해지고 있는가. 학교 위주, 교사 편의로만 진행된 것은 아닌지 돌아보자. 학생들을 믿고 맡겨보면 어떨까. 학생들에게 과감히 장소 선택권과 프로그램을 운영할 수 있는 선택권을 맡겨보자. 학생들의 다양한 생각으로 진행되는 모습 속에서 교사는 신선한 충격과 함께 새롭게 배우는 시간을 가질 수 있을 것이다. 서로에게 배움과 체험이 일어날 수 있도록 그동안의 교육 경험을 활용하고 전수하며 학생들을 도울 수 있는 좋은 기회가 될 것이다. 신뢰는 선물이다. 스스로 찾아나서는 노력과 그에 대한 결정을 지지받는 경험 속에서 학생들은 또 성장한다. 또 다른 수업이다. 살아 있는 배움을 통해 학생들과의 관계와 신뢰가 두터워지게 된다. 이것이 성장이다.

수업평가 방식도 살펴보자.
객관식 선다형 지필고사와 단답형 문항의 평가방식을 돌아보자.
이 방식들은 학생들 스스로 공부하는 방향을 다양화시키기 어렵고 확장된 사고를 막을 수밖에 없다. 즉, 평가의 용이함과 그를 저해하는 주관적인 요소를 배제하기 위해 만들어진 형태다. 이제는 개선이 꼭 필요한 평가방식이다. 결과 위주의 세상에서는 과정이 무시될 수 있다. 어떻게 생각하고 진행하는지, 무엇이 중요한지를 잘 알고 있는지 평가하고 알려주는 교육으로 나아가려면 과정 평가에 대한 실질적인 접근이 필요하지 않을까?

창의성과 미래인재상에 맞는 역량을 키워주려면 과정 평가를 강화하는 것이 매우 중요하다. 과정 평가의 하나로 논술 평가의 확대를 통해 논리적 생각의 힘을 키워줄 수도 있다. 답이 하나가 아닌 적어내는 모두가 답일 수 있는 문제도 있다. 주어진 과제에 대해 다양한 문제해결법을 내놓으려면 지식을 융합시킬 수 있도록 학습 내용도 폭넓게 변화되어야 한다.

교사로서 현재의 선다형 지필 평가 방식으로는 아이들이 논리적이고 창의적인 성장을 이루기 어렵다는 사실을 고백한다. 이처럼 창의성은 점수라는 높은 담벼락을 무시하며 나아가기가 정말 어렵다.


학부모들에게도 교사에 대한 신뢰 회복을 부탁드린다.

'스승의 그림자를 밟지 않아야 한다'는 옛 어른들의 가르침은 스승을 위해서가 아니라 자녀를 위한 가르침이다. 존경의 마음을 가져야 가르치는 사람의 말을 경청하고 마음에 새기게 된다. 그 깊은 의미를 우리 선조들은 알고 계셨다. 학부모는 교사에 대해 '지식을 가르치는 사람'이라는 인식을 넘어 내 자녀를 믿고 맡길 수 있는 교육 전문가로 인정하기를 부탁한다.

교사는 부모와 같은 눈높이에서 아이들의 미래를 위해 무엇이 필요한지 끊임없이 생각하고 준비하고 있다. '좌청룡 우백호'라면 '좌부모 우교사'라고나 할까. 어느 한쪽으로 치중하는 것은 아이들에게 긍정적이지 않다. 균형이 중요하다.

부모가 자녀의 학교와 교사를 존중해야 아이들도 그런 마음을 갖는다. 아이는 부모의 모습을 보고 학습한다. 자녀의 모습 속에 부모의 일상이 깃든다. 결국 최고의 교과서는 부모다.

부모님들께 또 하나의 부탁이 있다. 당연하지만 실천하기는 어려운, 인내가 필요한 부탁이다.

아이들은 어느 날 갑자기 크지 않는다. 그들의 몸짓을 바라보며 기대하는 아름다운 기다림의 시간을 충분히 내어주기를 소망한다.

높은 성적과 당장 보이는 결과를 바라는 부모의 급한 마음 이상으로 아이들은 더 힘들다. 때로는 부모가 못 다 이룬 꿈을 자녀가 대신 이루어주기를 바라기도 하며 어떤 이는 자신의 사회적 위치를 유지시키기 위한 목표로 여기기도 한다.

존재 자체로만으로도 감사한 아이들이다. 성적과 입시의 틀을 무너뜨리고 그들의 미래를 그들의 손에 맡기면 어떨까?


사회 변화도 필요하다.

아이들은 학교에서만 배우지 않는다. 가정과 사회, 그들이 접하는 모든 곳이 배움터다. 사회의 모든 구성원은 아이들에게 교사가 된다. 특히 미디어나 게임 등 아이들이 많이 접하는 분야의 담당자들에게 묻고 싶다.

'내가 만든 콘텐츠가 내 자녀에게 보여주어도 될 만큼 떳떳한 것인가?'

이에 대한 스스로의 답을 가지고 콘텐츠를 생산해주길 부탁한다.

이처럼 교육은 한 사람, 한 가지 방식의 정답을 요구하는 과정이 아니다. 삶의 질, 인본을 생각하는 것이 교육이리라. 우리는 한 개인의 힘으로 창직이 가능한 변화된 세상에 와 있다. 세상은 개인이 그간 열심히 걸어온 과정이 인정되며 그 진정성을 경쟁력으로 갖춰 세상과 기업에 채용되는 길로 이미 나아가고 있다. 아쉽게도 유독 교육만 더딘 걸음이다.

나는 방향을 찾지 못할 때, 책에서 답을 찾는다.

시대의 석학들은 세상의 변화를 책으로 쏟아낸다. 책을 읽다 보면 마음은 더 갈급해진다. 급변의 세상을 살아가고 있음을 더더욱 알게 되고 나를 바라보는 제자들에게 이 변화를 잘 가르쳐야 한다는 마음이 절실해진다. 교육 현실의 제약을 너무 잘 알기에 답답함도 동시에 몰려온다.

왜 변화의 세상은 책 속에서나 존재하는 것일까. 여전히 학교에서 매일 상담하는 학부모와 학생들의 과녁은 입시에 치중되어 있다. 입시가 중요하지 않은 건 아니다. 하지만 그것을 뛰어넘어, 더 중요한 우리의 삶과 세상의 변화를 보는 시각이 넓어지기를 바란다.

아이들을 도우려면 어른부터 변화되어야 한다. 그런 변화의 방향에 대한 인식을 위해 부모의 독서를 권한다. 입시 정보에 할당하는 시간만큼이나 내 자녀를 위해 세계의 석학들이 내놓는 시대 제안을 듣기위해, 부모는 서점으로 달려가야 한다. 세상에 민감해지는 방법은 옆집의 교육 방식이 아니다. 우리 아이의 재능과 관심을 기준으로 한 스스로의 삶의 기준과 철학을 세우는 일이다.

세상은 우리의 의지와 무관하게 급변하고 있다. 미래와 아이들의 행복이 걸려 있는 강력한 요구다. 어른의 시야와 다음 세대가 배워야하는 시대적 교육 사이에 점점 간극이 벌어지고 있다.

학교와 교사 역시 이 요구를 외면하지 말아야 하며 '지금 우리도 변하지 않으면 안 된다'는 시대적 소명을 갖고 학교 시스템 변화에 대한 노력을 위해 손을 맞잡아야 한다. 모두의 변화 이전에 무엇보다 우리 교사의 결단을 공유하고자 한다.

우리의 희망인 아이들과 함께 미래로 나아갈 것인가, 안주하면서 다가오는 변화를 외면할 것인가에 대한 결단이 필요하다. '다른 사람이 아닌 내가 해야 한다'는 생각으로 기존의 관습과 관례를 과감히 혁신하기를 호소한다.

- 무엇을 가르칠 것인가?
- 어떻게 가르칠 것인가?
- 왜 가르치는가?
- 교사로서의 정체성은 무엇인가?

교사들을 위한 질문이다. 동시에 나를 위한 질문이기도 하다.

우리 교사들 스스로의 답을 생각해보자. 그에 대한 답을 마음에 품고 학생들 앞에 서야 하지 않을까. 학생들의 내면에서 최선의 것을 이끌어내는 것, 그것이 교육이다.

# 청소년들에게

## – 살면서 반드시 정직해야 한다

우리는 하루에 몇 번이나 거짓말을 하고 있을까?

미국의 한 대학에서 거짓말에 대해 조사한 결과에 따르면 사람들은 보통 8분에 한 번꼴로 거짓말을 하고, 하루 평균 200번의 거짓말을 한다. 가장 많은 거짓말을 하는 직업은 매장의 판매 직원이었고, 두 번째는 정치가, 세 번째는 언론인, 네 번째는 변호사, 그 다음은 세일즈맨 순이라고 한다.

> 정직함에 대해(경험이 있다면 그 상황에서의 본인의 입장 및 대처 사례) 기술하라

2017년 하반기 한 대기업의 '자기소개서' 란에 적힌 질문이다. 사원 채용에 있어 정직의 가치를 매우 중요하게 여긴 기업임을 엿볼 수 있다.

정직正直의 사전적 정의는 "마음에 거짓이나 꾸밈이 없이 바르고 곧음(「표준국어대사전」)"이다.

학급 담임으로서 학생들과 가까이서 보면 어떤 아이들은 인지하지 못하는 작은 거짓말부터 꽤 중대한 거짓말까지 다양한 거짓말로 상황을 모면하며 자신을 정당화하거나 포장하는 경우가 있다.

왜 이런 방법으로 자신을 방어하는 것일까? 정직한 자세, 책임지는 자세에 약한 것은 무엇 때문일까. 어른인 우리가 잘 가르치지 못하고 보여주지 못한 책임이 가장 클 것이다.

매일 미디어를 통해 전해지는 우리 사회 전반의 정직하지 못한 문화가 아이들에게 직·간접적으로 큰 영향을 주고 있다. 정말 걱정이 많이 된다. 아이들은 보는 대로 믿고 배운다. 그들은 어른들의 부정직한 행동으로 나타나는 정치, 경제, 사회의 많은 모습들을 여과 없이 보고 자란다. 우리가 나서서 일상의 삶을 통해 좋은 모습을 보여주는 모습이 중요하다. 어른들이 책임지는 태도, 정의를 지키는 모습을 아이들에게 보여주는 것이 교육이 아닐까.

많은 이들에게 큰 슬픔과 고통을 안겨준 세월호 사건은 정직하지 못한 어른들로 인해 발생한 대표적인 사고였다. 배가 기울어져 갈 때도 자기 목숨만 챙긴 선장을 비롯한 일부 승무원들이 보여준 정직하지 못한 행동은 많은 이들의 목숨을 앗아갔다. 재난영화와도 같았던 과거 대형건물 붕괴 등의 무서운 사건들 역시 우리의 진실하지 못하고 정직하지 못한, 숨기고 싶은 어른들의 모습이다.

교사 부모와 학생 자녀가 같은 학교에 다닌다면 어떨까? 예전에는 간혹 우연히 그렇게 배정받은 시절도 있었다. 하지만 서울의 한 여고에서 일어난 일로 인해 그런 일은 앞으로 발생할 수 없는 역사 속 이야기가 되었다. 교무부장으로 있던 아버지가 같은 학교에 있는 자녀에게 시험문제를 유출한 것으로 의심되는 씁쓸한 사건이었다. 그 학교 학생들이 직접 물증을 찾아나서는 기사를 접하면서 마음이 착잡했다. 연관된 비슷한 뉴스를 접할 때면 같은 교사 입장에서 정말 부끄럽다. 어떤 아버지들은 입시전형을 위한 좋은 스펙을 만들기 위해 자신의 연구 논문에 자녀의 이름을 공저자로 슬쩍 올려 입시에 반영되도록 하는 등의 문제가 발생한 적도 있었다. 또, 대학교수인 아버지의 아들이 대학원에 입학할 때 아버지가 면접관으로 참여하는 웃지 못할 일도 있었다. 이들은 거짓말을 넘어 버젓이 부정을 행하는 것이다.

최근에는 교수인 아버지 연구실에서 아들인 학생이 병역특례 전문 연구요원으로 학위 과정을 이수하고 있다는 보도도 있었다. 일반적이지 않은, 그야말로 특수한 예이지만 이런 이야기는 수단과 방법을 가리지 않고 어떻게 하면 조금이라도 더 좋은 결과를 얻을 것인가의 유혹 앞에 선 우리의 자화상으로 보인다.

누군가 '거짓이 들키면 복福'이라고 했다. 나쁜 일을 더 진행하지 않게 되는 강제적 징벌을 받기 때문이다. 아직도 들키지 않은 우리 주변의 은밀한, 때론 공공연한 거짓들은 이후 어떤 결과를 가져올지 두렵다. 이처럼 우리는 현재의 교육제도 속에서 평가에 시달리고 곧잘 유혹을 받으며 희생되고 있다.

어떻게든 자녀가 잘 되게 하기 위한 결정은 쉬울 수도 있지만 진정으로 바른 길을 생각하며 가르치는 것은 쉽지 않을 수도 있다. 자녀에게 시험지를 유출하는 부모는 당장 정답 몇 개를 가르쳐 줄 수는 있을지언정 평생을 가져가야 하는 정직한 삶의 길은 가르치지 못한다.

부도덕하게 쌓아 올린 탐욕의 바벨탑은 반드시 무너진다. 비뚤어진

부모의 행동에도 이유가 있을 것이다. 하지만 그들이 '가시고기 같은 눈물겨운 사랑'이라고 주장한다 해도, 방법이 옳지 않으면 그것은 사랑이 아닌 독이다. 떳떳하고 당당함을 가르치는 교육에 대해 생각해 볼 일이다. 지금은 앞서 언급한 사건의 아빠와 딸들에게 불행일지도 모르지만 여기서 진실이 밝혀지게 되면 다행일 수도 있다.

정직하지 못해서 생긴 사례는 우리나라만의 문제가 아니다.

미국의 '워터게이트 사건'은 정직하지 못해 불행을 야기한 대표적인 사건이다. 닉슨은 대통령 재선을 위해 비밀 공작반을 동원하여 워터게이트 빌딩에 도청장치를 설치하려다가 들키고 말았다. 그때 바로 인정하고 사과했더라면 많은 사람들이 덜 분노했을 것이다. 그런데 사건을 부정하고, 끝까지 버티다 결국 탄핵되었다. 이를 통해 닉슨은 '재임 기간 중 탄핵된 미국의 첫 대통령'이라는 불명예를 얻게 되었다.

이처럼 정직은 책임지는 자세를 가진 자만이 가능한 영역이다. 정직은 상대에게 인정받을 수 있는 용서의 명분도 된다.

누군가를 탓하기 전에 자녀 앞에서 먼저 정직한 모범을 보여주려는 부모의 노력은 더없이 중요하다. 부모가 모범을 보이지 않으면서 다른 이를 탓한다면 오히려 이중적인 무서운 교육을 하는 것과 같다. 가장 가까이에서 진정한 교육을 시킬 수 있는 스승, 말보다 행동으로 본을 보이는 위대한 스승인 부모를 그 누구도 대신할 수는 없다.

한 학교의 연구부장으로 재직하던 때의 일이다. 학생들이 직접 참여하여 정직의 가치를 경험하고 실천할 방법을 고민하던 중, 그들이 가장 중요하게 생각하는 '시험'을 통해 정직의 힘을 경험하게 하는 것이 좋겠다고 생각했다. 그렇게 나는 감독교사 없이 시험을 치르는 무감독 시험을 진행했다. 중간·기말고사 지필시험을 모두 감독 없이 실행해보기로 결정한 것이다.

먼저 이 시험의 목적을 모두가 공유했다. 선생님의 감독과 감시 없이 정직하게 시험을 볼 수 있으며, 그를 통해 서로에 대한 믿음을 회복하자고 했다. 그리고 의미 있는 선서식도 거행했다. 감독 없는 정직한 시험을 위한 교사와 학생의 선서식!

지금 생각해도 참 설레고 행복했다.


처음엔 '정말 잘될 수 있을까?' 하는 걱정이 설렘 이상으로 많았던 게 사실이다. 고민도 많이 하고 밤잠을 설치기도 했다. 그만큼 나는 아이들을 믿지 못하고 자신이 없었던, 부족한 교사였음을 고백한다. '그래, 해보자. 아이들을 믿어보자. 혹시 재시험을 치르게 되더라도 시도할 가치가 있잖아'라는 마음으로 스스로를 세뇌시켰다.

결국 우리는 감독 없는 시험을 당당히 잘 치렀다. 우리 모두가 챔피언이 되었다. 이 단순해 보이는 정직의 경험으로 우리는 서로에 대한 신뢰가 두터워졌고 각자의 방식대로 마음속에 품은 자랑거리가 되었다. 이후 이 무감독 시험은 학교의 전통으로 남아 계속 시행되고 있다. 많은 학생들이 졸업 후에도 그때 자신들의 경험과 정직함의 실천을 자랑스레 이야기하는 뿌듯한 소재로 이어지고 있다. 무감독 시험 속에서 3년의 시간을 보내고 졸업한 한 제자의 고백은 정직의 의미를 잘 전해준다.

"그때 우린 무감독 시험이 너무 자랑스러웠어요. 제 삶에서 정직의 가치를 잘 배우는 소중한 경험이었고 지금도 저의 삶에서 무척 중요하게 자리 잡고 있어요. 저희를 믿어주신 선생님들이 너무 감사했고, 친구들과의 관계도 뭐라 말할 수 없는 친근함이 깊어진 시기였습니다. 평생의 추억을 주셔서 감사합니다, 선생님!"

우리는 하나하나의 부실이 모여 한순간에 대형건물들이 무너지는 예를 참 많이 보고 있다.

'프로는 아주 당연한 일을 바보처럼 철저히 하는 사람'이라고 한다. 작게 생각한 것들이 결국 모든 것이 무너지는 원인이 된다. 작은 나사를 제자리에 끼우는 아주 작은 일을 철저히 하는 프로. 그런 모습을 우리 아이들이 보면 좋겠다. 그것이 교육이 아닐까.

교육은 기초를 다지는 작업이다. 우리 아이들이 큰 건물이 되어도 흔들리면 안 되는 교육의 기초를 다져주어야 한다. 우리가 너무 배고프게 살아온 민족이어서일까? 어떻게든 생존을 위해 발버둥 쳐야 하는 나라의 지리적 환경과 특성에서 온 결과일까? 아니면 우리에게 익숙한 '뒤처지면 안 된다'는 잘못된 분위기 때문일까? 정확한 원인을 어디서 찾을지는 모르겠지만 이제 계속 이렇게 살아서는 안 된다는 것을 많은 사람이 공감하고 있다고 믿는다.

부족한 어른이자 교사로서, 청소년들에게 감히 말하고 싶다.

애들아, 살면서 부디 정직해라.

어른들이 잘못 보여주어 마음이 닫혔다면 용서를 구하고 싶다. 어른들도 잘못되었다면 인정하고 바로 서는 것부터 정직함을 회복해야 한다. 우리의 부족함이 드러나야 도울 수 있다. 잘못된 것이 있다면 책임지는 태도는 삶에서 매우 중요하다. 정직해야 서로 사랑하고 인정하며, 시작할 수 있는 힘이 생긴다.

우리나라는 2014년에 세계 최초로 인성교육 의무화를 골자로 한 '인성교육진흥법'이 제정되었다. 인성교육을 법으로 만들어 강조한 것에 대한 의견은 분분하지만 사회적으로 인성의 중요성에 대해 공감대를 형성하고 있음을 생각하게 한다. 그만큼 인성은 지식 위에 있고 사람다움을 나타낸다. 굳이 법으로 따지지 않더라도 정직은 자신을 바로 세울 수 있는 힘이며 다른 사람과 함께 살아가는 시대에 꼭 필요한 신뢰의 핵심이다.

나를 인정하고 상대를 인정하는 다양성의 시대를 맞이하는 아이들의 정직은 아름다운 자산임에 틀림없다. 세상에 어떤 새로운 혁명이 닥친다 해도 그 중심은 사람일 것이다. 정직으로 무장되고 인간애의 인성으로 잘 준비된 아이들이 다음 세상을 리드할 거라고 나는 자신한다.

부족한 기성세대의 시대는 끝이 나고 오늘 이 시대, 우리 아이들이 정직함으로 굳건한 첫 세대로 세워지기를 나는 기대한다.

# 획일적인 교육과는
# 과감히 작별을 고해야 할 때

'유대인 100명에게는 100개의 의견이 있다.'

유명한 유대인들의 속담이다. '남보다 뛰어나게'가 아닌 '남과 다르게'를 강조하고, 그래야만 더 인정받는 교육과 문화 환경을 가진 덕분에 나온 속담이리라. 여전히 붕어빵처럼 찍어내야 안심이 되고 '모난 돌이 정 맞는다'는 사고가 팽배한 우리의 교육 환경과는 너무 큰 차이가 있다. 모든 사람은 그들만의 색이 드러나야 진정한 가치가 있음을 인정하는 문화 토양의 차이다.

학교 교육, 또는 '중·고등학교' 하면 가장 많이 연상되는 단어는 무엇일까?

'획일적', '주입식'이라는 단어가 대부분이다. 그도 그럴 것이 대부분의 학교 운영 방식은 같거나 비슷한 게 사실이니 말이다.

중학교는 '45분 수업+10분 휴식', 고등학교는 '50분 수업+10분 휴식'으로, 아이들의 자발성과는 무관하게 주어진 시간표에 끼워 맞춰 수업을 진행한다. 물론 모든 것을 다 자유롭게 진행하면 현실적으로 어려운 점이 많다. 그렇다면 그중 하루라도 창의적으로 수업을 운영해보면 어떨까.

## 1   수업 시간을 조정해보자

예를 들면, 수요일은 수업시간을 5분씩 단축하고 점심시간을 두 시간으로 늘려보면 어떨까? 식사를 하면서 친구들과의 수다 시간도 겸할 수 있다. 그렇게 그들만의 쉼의 여백을 통해 창의적인 생각을 하도록 열린 시간을 주는 것도 하나의 방법이라고 생각한다. 일정한 사이클을 정해서 생활하는 것도 필요하지만 가끔은 형식 파괴의 시간을 통해 특별하고 독특한 창의적 사고가 계발될 수 있기 때문이다.

같은 방법으로 주 1회 정도는 수업시간을 5분씩 단축하고 쉬는 시간을 15분으로 조정하는 '크리에이티브 데이Creative Day' 등 다양한 시도 속에서 새로운 변화도 생각하게 될 것이다. 큰 변화의 시작은 아주 작은 움직임에서부터다.

## 2   시대에 뒤떨어진 학교의 건물 구조를 변화시키자

학교를 떠올려보자. 대부분 학교를 그리라고 하면 넓은 운동장을 그리고 가장자리에 블록 몇 개를 그린다. 그만큼 우리는 환경의 영향을 많이 받는다.

군대를 제대한 사람들 역시 그리는 그림은 학교와 별다를 게 없다. 어떤 이는 "한번 설계하면 계속 설계도를 고칠 필요가 없는 게 학교"

남양주시 동화고등학교 전경

자료 출처: 건축사진가 남궁선

라고 말하기도 한다. 그만큼 우리 사회는 교육의 변화에 관심을 늦춰
왔다. 큰 기대가 없었다고 해도 과언이 아니다.

이렇게 군대 막사와 연병장, 교도소 건물처럼 일자형 건물, 스탠드,
운동장으로 설계된 학교는 창의성과 효율성을 떨어뜨리기 쉽다.

어떤 이는 우리 교육이 역사적으로 외부환경의 영향을 받은 탓이라
고 말하기도 한다. 그렇다면 더욱 더 우리의 것을 갖추려는 노력이 필
요하다. 아이들에게 창의적인 생각을 키워주고 싶다면 그에 맞는 공
간과 환경이 조성되어야 한다.

환경은 사람을 지배한다. 사람은 자신도 모르게 환경을 흡수한다.

'남귤북지南橘北枳'라는 말이 있다. 중국 춘추전국시대에 제나라 안영이 초나라 영왕에게 했던 말이다. 귤나무가 회수(淮水, 중국의 동서를 가로지르는 강) 남쪽에서 자라면 귤나무가 되지만 회수 북쪽에서 자라면 탱자나무가 된다. 잎은 비슷하지만 열매는 크기와 맛이 다르다. 그 이유는 그 지역의 물과 흙이 다르기 때문이다. 즉, 환경에 따라 열매가 다르다는 말이다.

"배 한 척을 만들기 위해 사람들을 불러 모아 이런저런 일을 시키기보다는 끝없는 망망대해茫茫大海에 대한 동경심을 심어주라"는 생텍쥐페리의 글이 생각난다. 이처럼 학교 건물과 환경 변화는 아이들의 미적 감각과 창의력을 향상시키고 미래에 대한 동경심을 가져올 수 있다.

인도의 시성詩聖인 타고르를 성장시킨 교사는 자연이었다고 한다. 늘 문제아였던 어린 시절의 타고르를 위해 아버지는 아들과 함께 히말라야로 여행을 떠난다. 여행은 타고르를 이후 시성이라는 자리에 오르게 한 교육의 기반이 되는 역할을 한다. 환경을 바꿔주는 것이 얼마나 중요한 교육인지 알게 하는 경우다.


독일 연수 때 만난 한 학교가 생각난다.

아이들이 쉬는 시간에는 복도 중간에 있는 홈베이스라는 휴게공간에 모여 편하게 이야기하며 개인 시간을 갖다가 다시 수업에 임하는 모습을 보며 '우리 아이들에게도 이런 공간이 제공되었으면…' 하는 생각이 들었다.

최근 우리나라에서도 학교 공간의 재구성에 관한 관심이 높아지고 있다. 이전에는 학교가 공부만 했던 장소였다면 학습, 휴식, 놀이의 균

현천고 전경

충남 삼성고 전경

형이 잡힌 공간으로 확장되기를 바란다. 가정은 물론 사무실도 사람 중심으로 정말 많이 변했다. 학교는 가장 우선적으로 변화되어야 할 공간인데 수십 년간 비슷하게 유지되어 오고 있다. 사람과 사람이 소통하고 지역과 학교가 만나는 공간의 중심이 학교가 될 수 있게 재구성되길 바란다.

2022년부터 고교 학점제가 전면 시행된다. 그에 맞춰, 획일화된 교실이 다양한 크기와 주제가 있는 공간으로 변화되었으면 한다. 직선의 건물 대신 곡선의 부드러움이 있는 학교를 느끼며 자라나기를 바란다.

교사와 학생들이 하루 종일 생활하는 환경에 대한 변화는 매우 큰 의미가 있다.

학교 건물의 새로운 모습은 물론 교실의 크기까지도 세밀하게 조정해가며 사람 본연의 삶을 재조명해 보아야 한다. 그간 어쩔 수 없이 획일적이고 균일한 공간으로 지어져 왔다면 이제 기준을 달리하여 다양한 색깔이 드러나는 '삶의 공간으로써의 교실'이 되는 공간설계 디자인을 도입해야 한다.

학교마다 '크리에이티브 존'을 만들어 드론도 날려보고, 사물인터넷도 체험하고, 3D 프린터로 자신이 만든 작품을 출력할 수 있게 하고, 무인자동차도 탑승하는 등 미래기술들을 직접 체험할 수 있도록 교육 당국의 인력과 예산의 적극 지원을 기대한다.

## 3   정답 없는 수업 내용은 왜 안 되는 걸까?

나는 우리 교육에도 정답 없는 수업이 가능하기를 갈망한다.

빨간색으로 동그라미와 밑줄을 그어가며 시험에 나오는 내용 위주로 집중적으로 암기하는 그런 내용으로만 수업을 채워야 할까? 물론 여기에는 입시 위주, 교사는 가르치고 아이들은 받아들이는 위에서 아래로의 '탑-다운TOP DOWN'의 교육 시스템이 변화되지 않으면 불가능하다는 것을 잘 알고 있다.

학생들의 지적 욕구를 자극하여 학생과 교사의 수업 공간에서 배움이 일어나는, 수요로부터 발생한 공급의 변화인 '바텀 업BOTTOM UP' 방식을 지향하는 수업 혁신을 일반화하기를 감히 주장한다.

이제는 정답만 찾는 교육에서 탈피하여 '실패해도 좋으니 너만의 것을 만들어보라'고 하자. 선생님들도 이런 응원을 보낼 수 있는 자리에 적극 서고 싶어 한다. 한 명 한 명이 콘텐츠로 세워지고 또 그로 인해 살아가는 미래사회를 위한 혁신적 교육이 시급하다. 공부한 것을 맘껏 시도해보고 무엇을 할 때, 어떤 방향을 시도할 때 행복을 느끼는지 스스로 고민하며 찾아가도록 열심히 돕는 진정한 교사가 되고 싶다. 정해져 있는 답이 아니라 자신만의 답, 세상에 하나뿐인 자신만의 정답을 당당히 제시하는 '100인 100답'의 정답을 찾도록 돕고 싶다. 정답 없는 정답. 생각만 해도 가슴이 설렌다.


미래는 기대가 되기도 하지만 직업으로만 보면 많은 일자리가 줄어들 게 확실하다. 지금도 이미 많이 감소했다. 하지만 반대로 기존에 상상하지 못했던 직업과 분야들이 늘어나고 있다. 사라지는 것만 생각하면 우리는 불안하다. 더 위험한 것은 대책 없는 미래준비다. 과거에만 매달려 논하는 것은 이제 시간이 아까울 정도로 세상의 직업은 상상 이상으로 확대되고 있다.

  학교 정규교육은 그야말로 '정규'를 원하는 경우에만 다녀도 될 것이다. 학력이나 자격증보다는 새로운 세상에 적응하는 능력이 대세가 되고 있다. 다양한 경험을 통해 성장하는 것이 누군가와의 '공유'에 필요한 지식으로써의 역할 이상을 다할 수 있는 세상이다.

  이제 더 이상 지식을 전달하고 학습하는 정도로는 학교의 역할에 만족되지 않는다. 무엇이 정답인지를 새롭게 인식해야 하는 세상, 거기에 시야를 함께 맞추는 자세가 절실하다.

  기성세대가 나름의 방식으로 판단한 삶의 노하우를 다음 세대에 주입하면, 그들은 자신의 삶을 충분히 고민해보지도 않고 부모가 짜준 인생을 그대로 살아가게 된다. 부모 세대가 경험해보지 못한 전혀 다른 세상이 열리고 있는데 옛날 방식을 고집하는 것은 매우 위험한 일이다. 전혀 다른 새 시대다. 틀린 게 아니라 '다른 세상'이 오고 있다.

  의사가 각자 다른 치료법들이 필요한 환자들에게 동일한 처방을 한다면 어떤 일이 벌어질까? 그 결과는 생각만 해도 끔찍하다. 치료는커녕 수많은 사람들이 극심한 고통에 빠지게 될 것은 뻔하다.

  지금 우리의 학교가 혹시 그런 처방을 하는 것은 아닐까? 한 학급에 모인 30여 명의 학생들에게 똑같은 것을, 똑같은 방식으로 가르친다! 어디 한 학급만의 일이랴.

  의사가 심장 수술을 통해 한 아이의 삶을 구할 수 있다면, 훌륭한 선생님 역시 한 아이의 심장에 다가갈 수 있는 위치에 있다. 자신의 삶을 자신의 색깔로 그리며 살아나갈 수 있도록 활기를 공급할 수 있는 사람이 교사다. 때로는 아무리 잘해도 비난받는 영웅과도 같은 존재가 되기도 하지만 나무를 잘 자라게 키우려는 열정과 기쁨을 기대한다면 그 정도의 비난은 감내할 수밖에 없다. 재미를 위해 노력하다 보면 창조적으로 된다. 똑같은 것만 계속하면 창의적이지도 않고 재미는커녕 지루해지는 것은 당연하다.

　공부는 재미있어야 한다. 학교의 기원은 그리스어로 '스콜레<sup>schole</sup>', '공부하다', '삶을 즐기다', '여가를 즐기다'는 뜻에서 출발했다.
　학교는 재미있게 사는 법을 가르치는 곳이어야 하고 자신이 하고 싶은 것을 하면서 재미를 누리는 공간이어야 한다. 때때로 우리는 자리가 원하는 일을 할 때면 시간, 공간, 자신에 대한 생각까지도 잊게 되는 신비한 심리 상태를 경험하기도 한다. 학교는 그런 몰입감을 얻는 즐거움이 되는 장소가 되어야 한다. 재미를 느끼면 자신감도 충만해진다. 좋아하는 것을 공부하며 자신이 주인공이 되어 삶을 주도할 수 있도록 커가는 공간인 학교. 아이들이 원하고, 이미 시작된 미래사회가 원하는 그런 학교로 재구성하고 역할을 다시 살려야 우리 교사들의 인생도 함께 신이 난다.

　학생이 학교를 그만두면 웃어야 할지 울어야 할지 모르겠다. 결론적으로 스티브 잡스는 학교를 그만두고 웃은 경우가 됐다. 그는 졸업식 연설에서 "내가 인생에서 가장 잘한 것은 학교를 그만둔 것"이라고 했다.

앞으로, 학교는 더욱 변신을 거듭해야 한다. 열정적으로 도전할 수 있는 콘텐츠를 제공하기도 하고, 또 자신의 콘텐츠를 만들어가는 학생들이 필요한 배움을 이어가는 공간을 만들기 위해 무엇을 해야 할 것인지도 연구해야 한다.

"자만하지 말고 항상 갈망하라 stay hungry, stay foolish."

학교를 그만둔 스티브 잡스는 안일한 공간과 시간에 안주하지 않았다. 자신이 원하는 것을 찾아 나서고 그것에 대해 본격적으로 배우려는 마음으로 곧바로 세상 속에 뛰어들었다. 학교는 자신의 갈망에 대한 답을 주지 못했기 때문이다.

학교는 앞으로 넓은 세상학교로써의 역할을 감당해내야 한다. 스티브 잡스처럼 스트레스로 박차고 나갈 필요 없이 그 안에서 보고 경험할 수 있는 실제적인 현장이 되어야 한다. 그게 학교의 본래 의미다.

기본으로 돌아가면 된다. 삶에 대한 기대와 경험을 맘껏 누리고 준비할 수 있는 학교. 스티브 잡스가 간절히 원했던 창의적인 학교로 나아가야 한다.

그래서 나는 정답 없는 수업을 갈망한다.

# 진로근육은
# '그릿'으로부터

**그릿**GRIT

- **성장**Growth

- **회복력**Resilience

- **내재적 동기**Intrinsic Motivation

- **끈기**Tenacity

그릿은 내적인 근육생성에 대해 미국의 심리학자인 앤젤라 더크워스Angela Duckworth가 주창한 용어다. 그릿은 '성취를 끌어내는 데 반드시 필요한 의욕과 용기'를 말한다. 단순한 열정과 근성을 뛰어넘은 담대함과, 낙담 없이 매달리는 끈기를 포함한다. 그것은 하루아침에 이루어지지 않으며 수년간에 걸쳐 열심히 노력해야만 생성된다. 나는 이 그릿이야말로 '정신적인 성장과 성숙을 준비시키는 근육'이라고 말하고 싶다.

우리 아이들에게 어떻게 하면 이런 '그릿 근육'을 만들어줄 수 있을까? 우리가 몸만들기를 위해 개인 트레이너의 도움을 받는 것처럼, 그들에게 비전을 보여주고 같은 꿈을 꾸도록 우리가 개인 트레이너의 역할을 해야 한다.

2016년 리우 올림픽 펜싱 경기 중 박상영 선수가 크게 벌어진 점수 차로 거의 게임을 포기할 즈음 자신에게 속삭인 유명한 말이 있다.

"나는 할 수 있다. 나는 할 수 있다."

가난한 가정형편으로 어려움을 겪었음은 물론 무릎 부상으로 힘든 재활의 시간을 보낸 그였다. 대부분의 관중이 박상영 선수의 우승을 포기했을 때도 스스로 포기하지 않고 자신의 그릿 근육으로 일어섰다. 끝까지 자신을 믿었던 그는 그릿 근육의 힘으로 금메달을 차지하게 되는 영화 같은 결과를 맛보았다. 결국 우승은 그의 것이 되었다.

또 다른 그릿 근육의 소유자가 있다. 최근 세계적인 돌풍을 일으키고 있는 동양의 테니스 바람, 정현이다. 비록 발바닥 살이 찢어지고 파여 경기를 이어가지 못한 경우도 있었으나 테니스를 위한 그릿 근육이 단단하기에 여전히 경기장에서 세상을 향한 도전을 이어가고 있다. 이렇게 '끝까지 버티게 해주는 내적인 힘'이 바로 그릿이다.

누구나 자신이 좋아하는 미래를 꿈꿀 수 있고, 그것을 바라볼 때 고난의 시간도 기꺼이 견딜 수 있다. 힘들지만 해낼 거라는 스스로에 대한 믿음과 확신! 그릿 근육은 그때 생성된다.

우리가 할 일은 그들이 바라보는 비전에 대해 선명하게 그려갈 수 있도록 돕는 역할이다. 혹시 부모의 욕심을 위해 자녀의 눈을 가리고 있는 것은 아닌지 생각해보는 시간을 가지면 좋겠다.

이제 우리에게는 정보력보다는 신뢰가 필요하다.

교육심리학에서 '로젠탈 효과Rosenthal Effect'라는 말이 있다. 실험을 통해 긍정적 기대와 관심의 힘을 입증한 효과로, 특별히 부모의 기대나 관심을 받으면 재능에 상관없이 자녀의 성취도가 오르고 결과가 좋아지는 사례들이 많다는 것이다. 자녀에게 '공부하라'는 잔소리 대신 아이를 맹목적일 정도로 한번 믿어 보면서 로젠탈 효과를 기대하면 어떨까.

부모로부터 신뢰받고 자란 자녀는 긍정적 자존감이 단단한 상태로 성장한다. 그런 자녀는 거칠고 험난한 세상과 당당히 맞선다.

자식이 성적을 조작한 사실을 알고도 아들을 위해 유일한 재산인 돼지를 잡아 동네잔치를 한 박찬석 전前 경북대 총장의 아버지에 관한 예화는 신뢰에 대한 멋진 이야기다. 그 절대적인 믿음을 경험한 아들이 잘못될 수 있을까. 아들의 모든 것을 전적으로 신뢰한 아버지가 가르쳐주는 자녀에 대한 교육 방향은 우리에게 시사하는 바가 크다.

부모의 정보력이 잘못된 정보력이라면 어떨까. 사실이 아닌 자신만의 경험 속에서 완성된 정보력으로 아이들의 길을 열어준다고 믿는 것도 경계해야 한다. 그것은 우리 아이들의 그릿 근육을 키워주지 못한다. 오히려 그들을 나약하게 할 수 있다. 자녀 스스로 자신의 즐거움과 관심을 통해 경험하고 선택하며 조금씩 앞으로 나아갈 수 있도록 도울 때, 그릿 근육은 만들어진다.

'엄마의 정보력'으로 들어간 학교 졸업장으로 아이는 어떻게 자기 힘으로 살아가는 법을 터득할까.

부모들이 자라던 환경과 보아왔던 세상은 이제 지나간 과거가 되었다. 대학 졸업이 아닌 능력으로 인정받는 시대가 시작되었고 갈수록 더 가속화되고 있다. 대학 졸업장이 불필요하다는 것이 아니다. 자신이 선택한 학교, 자신이 나아가려는 방향에 대한 존중이 삶의 질과 비례함을 강조하고 싶다.

최근 자녀의 대학교수들에게까지 전화하는 학부모들이 늘어나고 있다고 한다. 과제 및 논문 등 학생의 문제를 부모가 대신 상담하는 기막힌 전화가 늘어나고 있다는 것이다.

심지어는 자녀가 다니는 직장 상사에게 전화해서 자녀가 근무하기에 불편한 점들을 해결해달라며 호소하는 일도 있다고 한다. 더 나아가 몸이 아파 출근을 못한다는, 혹은 내일 결근하려 한다는 등의 시시콜콜한 내용까지 부모가 자녀 대신 회사로 전화하는 경우도 있다고 하니 정말 씁쓸할 뿐이다.

우리 아이들의 그릿 역량을 사라지게 하는, 정도를 벗어난 부모의 지나친 관여로 나는 아이들이 걱정되고 마음이 힘들다.

사람은 자신이 선택한 것에 대한 책임을 지려고 한다. 진로 역시 마찬가지다. 학교에서 아이들에게 답을 정해주기보다는 질문을 통해 스스로 답하고 결정하도록 했을 때 아이들은 더욱 몰입한다. 자신이 결정한 것에 대한 성과를 내기 위해 동분서주하는 아이들의 기특한 행동을 나는 오랜 교직 생활 속에서 지켜봐 왔다. 아이들은 처음에 선택한 자신의 결정이 완벽하지 않을지라도 스스로 물어가며 성장한다.

그릿 근육을 스스로 만들 수 있도록 돕는 부모 트레이너로서의 도움 방법은 여전히 신뢰를 보여주는 것이다. 그것이 진로교육의 처음과 끝이다. 학교 현장에서 교육하고 있는, 그들과 아주 가까이에서 얻은 나의 보석 같은 답이다.

# 알파덕후는
# 4차 산업혁명시대의 인재상

정말 '잘 노는 사람'이 성공할까?

이 말은 학창시절에 놀기만 하는 사람들을 위로하기 위해 만들어낸 변명인가 싶었는데, 세상이 바뀌니 놀면서 성공한 사례가 언론에 자주 등장한다. 특히 새로운 문화를 창조하고 있는 정보의 바다인 인터넷에서는 이런 이들이 하루아침에 스타로 등극하는 일이 부지기수다.

게임방송을 운영하는 인기 BJ '대도서관(나동현)'의 경우를 보자.

그는 어떻게 놀면서 스스로 일자리를 만들고, 흔히 말하는 성공의 자리에 올라 모든 이의 부러움을 사게 되었을까?

처음에 그는 신나게 떠들면서 게임하는 방송으로 유명해졌다고 한다. 게임을 잘하는 요령을 설명하는 것도 아니고 그저 자신이 좋아하는 게임을 신나게 즐기면서 인기 BJ가 된 것이다. 그는 현재 EBS 방송국에서 전문가를 초빙해 직업 세계에 대해 배우는 직업 안내 프로그램을 진행 중이다. 게임으로 유명해진 사람이 교양 프로그램의 사회자가 된 것이다.

만약 그가 자신이 좋아하는 게임을 즐기지 않았다면 지금 무엇을 하고 있을까? 아마 지금보다는 평범한 생활을 하고 있지 않았을까.

그는 자신이 즐기는 게임 방송을 시작으로 온·오프라인에서 많은 사람에게 인기를 얻었다. 2018년에는 연소득 17억 원을 벌어들이는 1인 미디어 기업이 되어 있다.

1인 미디어 스타는 어떻게 될 수 있을까?

대도서관이 좋은 예다. 한마디로 잘 놀아야 한다. 이제 재미를 추구하면서 여러 사람과 만나고 자유롭게 생각하는 사람이 성공할 수 있는 세상이다. 미디어 세상에서는 자신의 생각을 유쾌하고 친근하게 전달할 수 있는 사람을 찾고, 보고 싶어 한다.

화장법을 알려주는 스타 뷰티 유튜버인 포니는 자신의 이름을 내건 화장품을 출시할 정도다. 그녀가 스스로 브랜드가 되어 마케팅을 주도한다. 어떤 화장품 관련 기업들이 그녀에게 손을 내밀지 않겠는가.


수년 전의 용인 한국민속촌은 전통 문화를 보존한다는 이미지 때문인지 지루하고 볼 게 없다는 인식이 많았다. 그런 민속촌이 2012년부터 테마파크로 변신을 시도하기 시작했다. 잘 노는 청년들을 뽑아 민속촌에 걸맞은 캐릭터를 연기하도록 적극 지원했다. 그런 과정을 통해 민속촌을 다시 띄운 구미호, 거지, 기생, 이방, 사또, 관상가 등 다양한 캐릭터들이 탄생하는 계기가 되었다. 이후 민속촌에서 벌어지는 이벤트와 각종 캐릭터의 일상을 재밌게 담아 유튜브에 소개하면서 민속촌을 찾는 관람객 수는 급속도로 늘어났다고 한다.

이렇듯 잘 노는 프로들을 찾아내 좋은 콘텐츠로 개발하여 관심을 유도하고 즐거운 마케팅으로 전환시키는 경쟁력, 즉 '잘 노는' 것이 능력이 되고 탁월한 경쟁력이 되는 세상이 온 것이다.

"학점이 3.5가 넘는 지원자의 이력서는 보지도 않는다."

국내 어느 기업 경영자의 이야기다. 그는 공부 잘하는 사람들 대부분은 공부 경험이 거의 전부라 상대적으로 사회 적응력이 낮다는 관점을 가지고 있다. 그래서 공부 잘하는 사람은 사회생활과 관계를 기초부터 다시 가르쳐야 하는 기업의 어려움이 예상된다고 한다. 관계가 좋은 사람, 폭넓은 사고를 가진 사람이 필요한 세상이다. 사람의 관계와 소통, 감성이 중시되는 세상에서 누군가, 또는 기기가 대체할 수 있는 지식은 이제 그리 중요하지 않다.

많은 분야에서 소통 능력은 같이 잘 놀면서 어울리는 가운데 생긴다. 그것이 능력으로 평가되는 것이 미래사회다.

'잘 노는 사람이 성공한다'는 말은 이제 많은 영역에서 부정할 수 없는 사실로 점점 더 드러나고 있다.


문화심리학자인 명지대 김정운 교수는 자신의 책 《노는 만큼 성공한다》에서, 놀면서 성공하는 비결로 베타 엔도르핀Beta-Endorphin을 들어 설명하고 있다.

어린 시절, 친구들과 한창 놀이에 집중해 있을 때는 놀이 외에는 아무 생각도 안 나고 심지어 무릎이 까져 피가 줄줄 흐르는 것도 알아채지 못하고 신나게 논다. 그는 그 이유를 뇌 호르몬의 하나인 베타 엔도르핀 분비 때문이라고 본다.

베타 엔도르핀은 어떤 호르몬일까? 좋아하는 일을 하거나 뇌가 쾌락 상태로 바뀔 때 분비되는 천연마약과 같은 역할을 하는 호르몬이다. 어떤 일을 해도 즐겁고, 무엇이든 적극적으로 받아들이는 상태, 즉 '성공 뇌'를 형성하는 대단한 호르몬이라고 한다.

김정운 교수는 좋아하는 취미 활동을 하거나 맛있는 음식을 먹다가 자신도 모르게 기발한 아이디어가 떠오를 때, 베타 엔도르핀이 분비된다고 주장한다. 그는 이처럼 재미가 가진 경쟁력이야말로 '진정한 경쟁력'의 사회라고 강조한다. 현 시대 상황에 비춰볼 때 매우 공감 가는 주장이다.

그의 이야기를 좀 더 인용해본다. 그의 주장에 따르면 어떤 결과를 바라보는 행복이 아닌 '과정으로서의 행복론'의 가치가 중요하다고 말한다. 지속적으로 무엇이 채워지고 욕심의 크기가 커져가는 것과 비례해서 올라가는 그런 행복이 아닌, 자신의 원하는 것들을 이루어가는 과정에서 얻게 되는 심리 상태의 행복, 즉 참여하고 즐거워하는 과정의 행복에 가치를 둘 때 더 많이 행복하고 더 기쁜 삶을 살아갈 수 있다고 한다. 그때 역시 베타 엔도르핀이 분비되어 마약 같은 강력한 행복을 즐길 수 있다는 것이다. 나는 잘 노는 것에 대한 그의 통찰력을 적극 지지하고 동의한다.


알파덕후.

어떤 분야에 몰두해 마니아 이상의 열정과 흥미를 가진 사람을 가리키는 신조어다. 강조하지만 미래는 일과 놀이의 구분 없이 즐기는 인재가 창의성을 발휘하고 부를 창출할 수 있다. 잘 놀아서 성공할 수 있었던 사람들의 예를 더 들어본다.

인스타그램을 만든 케빈 시스트롬Kevin Systrom의 경우도 재미있다. 그는 장난감보다 카메라를 더 좋아한 어린 시절을 보냈다. 크리스마스 때마다 부모님으로부터 새 카메라를 선물 받았고 자연스럽게 사진과 포토샵의 즐거움을 만끽하는 시간을 누렸다. 고등학생 때는 사진부 회장을 맡았고, 대학 때는 이탈리아 피렌체에 가서 전문 사진 수업을 들을 정도였다. 이런 다양한 경험은 고스란히 인스타그램을 설립하고 확장시키는 밑바탕이 되었다.

'드론 계의 스티브 잡스'로 불리는 왕타오汪滔. Frank Wang는 초등학교 시절부터 비행기를 끼고 살았다. 그는 공부보다 모형 비행기를 조립하는 걸 더 즐거워한 조립광이었다. 그의 회사 DJI는 현재 드론 관련 특허를 가장 많이 보유하고 있고 전 세계 상업용 드론 시장의 70%를 장악하고 있다.

왕타오는 "자기가 가장 좋아하는 일을 사업 아이템으로 삼아야 합니다. 저도 처음부터 세계적인 기업을 만들겠다는 생각은 없었어요. 그저 제가 좋아하는 소형 무인기를 만드는 게 유일한 목표였지요"라고 말한다. 그러다 그는 드론 계의 최고가 되었다.

'알파고의 아버지'로 불리는 데미스 하사비스Demis Hassabis. 체스 신동이었던 그는 컴퓨터에 빠져들었고, 게임에 몰두하다가 게임 회사를 만들기도 했다. 인공지능 벤처기업인 딥 마인드를 설립해서 3년 후, 구글에 4억 달러(약 4천4백억 원)에 매각했다. 그는 구글 딥 마인드 CEO로서 여전히 연구를 이끌고 있다. 그는 신나게 놀다가 결국 세상에 알파고를 내놓았다.

고프로 창업자이자 CEO인 닉 우드맨Nick Woodman을 보자. 그는 어릴 때부터 서핑광이었다. 대학도 서핑 장소가 가까운 곳으로 진학할 정도였다. 이런 그의 열정으로 서핑 장면을 잘 찍을 수 있는 방법들을 찾게된다. 액션카메라인 고프로는 이렇게 탄생되었다.

그는 "열정을 따르다 보면 반드시 최고의 아이디어가 동반된다"고 말한다.

이들의 공통점은 바로 자신이 재미를 느낀 한 분야를 미친 듯이 파고든 알파덕후들이라는 것이다.

'노는 만큼 성공한다.'

지금 당신은 무엇을 하며 놀고 있는가?

좀 더 재밌게 즐기며 놀아보기 위해 어떤 궁리를 하고 있는가?

지금 당신이 즐기는 그것이 미래의 길을 열고 새로운 역사를 쓸 수 있게 한다. 더 큰 즐거움으로 다른 사람들과 함께 공유하며 많은 사람을 당신처럼 행복하게 할 수 있다.

'잘 노는 아이들이 성공하는 이유'는 활동에 적극 참여하며, 협동심이 강하고, 자기만의 멋과 독특한 개성을 가지고 있기 때문이다. 그들을 자세히 들여다보면 창의력과 도전정신이 강하고 당당한 자존감을 갖추고 있다. 그들은 당당히 그들의 길을 즐긴다.

또 다른 덕후를 만나보자.

2016년 〈동아일보〉에 소개된 세일러문 덕후이자 '무적핑크'로 유명한 변지민 웹툰작가다. 그녀는 초등학교 때부터 세일러문을 좋아해 어른이 되어서도 자신의 소득 일부를 세일러문 요술봉, 변신 펜, 브로치 등을 구입하는 데 쓰고 있다고 한다.

그런 그녀가 재미없는 역사를 재밌게 즐길 수 있는 웹툰 〈조선왕족실톡〉을 만들었다. 중·고등학교 역사 시간에 누구나 한번쯤 주문처럼 외웠던 '태정태세문단세 예성연중인명선…'을 가지고 조선시대 왕들에게 살을 붙였다. 생기를 불어 넣은 웹툰을 포털에 연재하고 다시 책으로 출간했다.

이 웹툰은 《조선왕조실록》에 기반을 두고 27명의 조선 왕들의 재미난 이야기들을 캐릭터화해 쏠쏠한 재미를 느끼게 한다. 쑥갓을 싫어하는 태종을 편식쟁이로 표현하기도 하고, 큰 옷 입기를 즐기는 세조는 허세꾼의 캐릭터로 나타낸다. 《조선왕조실록》의 기록들에 기초하여 카카오톡 대화라는 형식을 이용해서 과거 역사를 풀어간다. 그 덕에 과거를 현재로 불러온 새로운 재미를 준다.

〈중알일보〉에 소개된 양말 덕후인 이명은 '구달' 작가의 기사도 흥미롭다.

120켤레가 넘는 양말을 갖고 있으면서 자기가 양말을 좋아하는 이유를 책으로 쓴 《아무튼 양말》도 출판했다. 그녀는 예쁜 양말을 골라 신는 것만으로 평범한 일상이 특별한 인생으로 바뀐다고 믿는다. 중학교 시절, 소심한 반항심에서 출발한 캐릭터 양말을 구입하고 모으면서 다양한 패턴의 양말을 구입하고 양말 전용 서랍장까지 마련했다고 한다.

양말 정리 3원칙도 만들었다.

- 양말을 구기지 않는다
- 양말을 사각지대에 두지 않는다
- 양말 패턴과 색깔이 잘 보이도록 한다

그녀가 좋아하는 양말로 어떻게 미래를 열어갈지 무척 궁금하다. 자기가 좋아하는 일에 열정을 갖고 도전하는 그 용기에 응원의 마음을 보낸다.

이처럼 덕후는 기준도 한계도 없어 보인다. 그들은 때론 외골수 같아 보이기도 하지만 특별한 관심으로 애정을 쏟으며 즐거워한다.

덕후가 무조건 옳은 것이며 잘 나가는 방향이라고 할 수는 없다. 다만 이들을 통해 자신이 가진 관심 분야에 집중하다 보면 새롭게 '관심을 통한 경험의 힘'이 생겨 또 다른 자신만의 분야를 만들어가게 된다는 사실을 말하고 싶다.

# 미래시대에 걸맞은
# 교육을 시작하자

"우리는 매일 학원에 10시간씩 갇혀 있다. 우리는 어른들을 UN에 고발한다!"

2019년 2월, 우리는 고발당했다. 〈한국아동보고서〉를 준비해서 스위스 제네바로 달려간 우리나라 청소년들은 그들의 부모이자 어른인 우리 모두를 고발했다. 그렇게 지금, 한국의 어른들은 UN의 피고소인이 되었다.

이 뉴스를 접하는 순간, 나는 엄청난 충격을 받았다. 성인이 일하는 시간보다 많다고 그들이 하소연한 '하루 10시간'이라는 숫자는 한창 혈기왕성한 시기의 청소년들이 온종일 답답한 교실과 학원에 갇혀 있는 장면과 겹쳐졌다. 대한민국에서 두 아이를 둔 부모이자, 수십 년간 교단에 서온 교사로서 이미 충분히 알고 있는 교육 현실임에도 짐짓 숨기고 싶어서였을까. 제네바로 향한 그들의 생생한 외침이 나를 뒤흔들었다.

그들이 3년간의 설문조사와 토론을 토대로 준비하여 제출했다는,

일주일에 60시간씩 공부하는 우리 학생들의 현실을 담은 〈한국아동보고서〉를 접한 UN의 위원들은 무척 놀라워했고 심각한 반응을 보였다고 전한다. 그들이 학교와 학원에서 공부하는 10시간은 OECD 국가 평균의 최대 두 배에 달하는 공부 시간이니 그들도 정말 놀랐을 것이다.

"선생님들은 우리에게 지금 참고 견디면 언젠가는 좋은 날이 올 거라고 말해왔습니다. 그런 말들이 오히려 선생님들의 인식이나 사회의 압력, 억압으로 느껴졌습니다."

"우리를 틀에 가둬놓고 좋은 성적을 받아야 한다, 혹은 말을 잘 들어야 한다고 압박하는 분위기가 강하기 때문에 이런 인식들을 개선하는 데 이번 (UN) 발표가 도움이 되었으면 좋겠습니다."

듣고만 있어도 안쓰럽기만 한 우리 아이들의 호소다.


높은 시청률을 얻으며 장안의 화제가 되었던 드라마 〈스카이 캐슬〉을 보면서도 많은 생각을 했다. '이 드라마의 인기 요인 중 하나가 전 국민이 교육 전문가인 나라여서'라는 언론의 분석이 참 씁쓸하다.

우리에게 드라마 속에서 사교육 없이 바른 교육을 외치는 엄마는 잘 보이지 않았고, 오히려 딸을 최고 의대에 보내려고 온갖 비리에 눈감는 엄마에게 더 많은 공감을 했다. 또, 드라마가 학생부종합전형의 폐단과 공교육의 시험지 유출 등에 대한 문제를 지적하는 등 현실적인 교육 현장의 모습을 잘 반영했기 때문에 이 드라마를 통해 현 입시제도의 개선을 논의해야 한다고 주장하는 이들도 있었다. 일리 있는 주장이다.

하지만 아무리 입시제도가 바뀐다고 한들, 부모가 바뀌지 않고는 세상이 바뀌지 않는다. 진정 우리는 어떤 부모인가를 생각해야 하는 이유가 거기에 있다.

교육은 '백년지대계'임을 기억하자.

이 말은 100년을 내다보는 큰 그림을 그리며 100년간 쓸 인재인 만큼 오랜 기간 준비해야 한다는 의미로 해석할 수 있다. 예전에는 백년지대계의 의미가 '큰 그림을 그려가며 긴 계획을 갖고 인내하며 교육시켜야 한다'는 의미였다. 나는 이에 대한 의미는 유지하면서도 여기에 100세 시대를 대입하고자 한다. 교육이 실질적인 100세 시대를 향한 장기계획으로 진행되어야 함을 말하고 싶다.

이제 교육에 대한 고민에서 한 단계 더 나아가 실행하고 변화해야 하는 노력에 더 집중해야 할 때다.

부모, 교사, 사회 등 각 계층이 함께 움직여 아이들이 열정을 가지고 자신의 미래를 개척해 나아가는 데 집중할 수 방법을 적극 지원해야 한다.

여러 번 강조했지만 무엇보다 아이들을 존중하자. 스스로의 꿈을 키우며 원하는 미래로 나아갈 수 있음에 더 이상 불안해하지 않아야 한다.


교직에 몸담은 모두가 그렇듯 나 역시도 제자들을 가르치는 것이 내 인생의 가장 중요한 일들 중 하나다.

책을 마무리하면서, 내 청춘과 애정이 녹아 있는 교단을 통해 배출된 많은 제자가 떠오른다. 그간 나는 '어떻게 하면 이 아이들이 행복한 삶을 살아가게 할 수 있을까'를 기쁘게 고민하면서 교단에 서 왔다. 나도 교직 기간이 30년이 되어간다. 강산이 세 번 바뀐 긴 시간이다. 과학자를 꿈꾸는 어느 시골 초등학생 아이가 교사가 되어 과학자가 되고자 하는 많은 제자들을 가르쳐온 시간들이었다.

제자 중에는 평범한 학생들도 있었고, 때론 어느 분야에 탁월한 영재들도 있었다. 나 역시 한때는 학생들에게 얼마나 공부를 잘하는가, 얼마나 문제를 잘 푸는가에 집중하라고 다그친 시간들이 있었다.

나는 30여 년 가까이 아이들을 가르치며 변화하는 학생들을 지켜봐왔다. 세상이 변하는 만큼 우리 아이들도 변화되고 있다. 변혁의 세상에서 그들의 부모이고 그들을 이끌고 있는 우리는 그들에게 어떤 리더일까. 혹시 〈스카이 캐슬〉처럼 최고의 목표만을 위해 내달리는 불도저가 되라고 등을 떠밀고 있는 것은 아니었을까. 그들이 찾는 부모, 만나고 싶은 교사가 되기 위한 노력을 다하기 위해 애정을 가지고 이 책을 썼다.

4차 산업혁명, 5차 산업혁명….

그 아무리 많은 혁명이 오간다고 해도 가장 중요한 것은 모두가 인정하듯 '사람'이다. 특별한 미래를 살아갈 우리 아이들에게 지금의 기성세대가 줄 수 있는 최고의 선물은 그들의 자존감을 높여주고 지켜주는 것이다.

나의 제자들에게, 선생님이 그것을 잊지 않고 있음을 꼭 알려주고 싶었고 내가 교단을 떠난 후에도 그 자리를 지키며 아이들의 미래를 위해 노력할 후배 교사들에게도 그 부분을 강조하고 싶었다.

그간 교육 현장에서 내가 느끼고 발견한 우리 아이들의 안타까운 내용들이 함께 공유되고, 오히려 좋은 기회가 되어 더 멀리 뛸 수 있는 준비가 되어주기를 간절히 바라고 있다.

우리가 마음을 모았으면 하는 부분은 지금 우리 아이들에게 어른들의 절대적 신뢰와 도움이 필요하다는 점이다.

학부모와의 상담 후에 때로는 마음이 힘들어지기도 한다.

부모님들이 성적과 진학에는 민감하지만 우리 아이들의 행복에 대한 이야기와 아이의 자존감에 대해서는 매우 둔감한 현실 때문이다. 무엇에 민감하고 무엇에 둔감해야 하는지, 이 책과 함께 생각해보면 좋겠다.

잘못한 일들은 얘기할 필요가 없다. 우리 아이들에게는 잘한 것, 평범한 일들에 대한 칭찬을 듣는 과정에서 잘못한 일들은 스스로 고쳐가는 능력이 있다.

결국 신뢰다. 그들을 세워주어야 한다. 지금 자녀에게 메시지를 전하자.

"네가 있어 엄마는 든든하단다. 아빠는 너를 믿는다. 무엇에건 마음껏 도전해라. 언제나 너를 사랑한다."

나는 실제로 이런 내용을 담은 문자를 학생들에게, 두 딸에게 자주 보낸다. 그러면 드라마틱한 회신은 아니지만 그래도 소소한 이모티콘으로 회신을 받는다. 나 역시도 노력해야 하는 부모이자 어른이니 말이다.

우리 어른의 역할은 그런 것이고 그 이상은 결국 그들 스스로 해낸다. 부모의 삶이 자녀의 교과서가 되며 부모는 자녀에게 가장 위대한 학교다.


우리는 왜 공부하는가. 우리는 왜 가르치는가.

다양하게 변형된 답들이 나오겠지만 결국 교육의 최종 목표는 '삶의 행복'에 있다. 우리 모두가 그것을 잊지 않기를 바라는 마음으로 이 책을 쓰기 시작했다. 무엇보다 교육 현장에서 깨달은 내용들이 지면을 통해 공유될 수 있게 되어 감사하다. 이 책이 부모님들이 아이의 미래를 도우며 응원할 때 사용되는 의미 있는 가이드가 되었으면 좋겠다.

무엇보다 책을 읽은 부모님들과 아이들이 걱정을 조금 내려놓고 행복한 마음이 들기를 바란다. 내가 처음 그랬듯 후배 교사가 첫발을 내딛을 때의 각오에도 도움이 되길 바라며, 미래교육을 위한 제도 개선의 방향을 짚어볼 때도 의미가 있기를 기대한다.

끝으로 가장 가까이에서 열심히 응원하며 힘을 실어준, 삶의 동반자인 사랑하는 나의 아내에게 고마움을 전한다. 그리고 아버지가 평생을 지키고 있는 교육 현장의 이야기를 내 딸들, 유정, 유리에게 전하게 되어 매우 기쁘다.

# 추천의 글

급변의 세상에서 다음 세대를 위한 교육은 더욱 중요하다. 이 책은 기성세대가 어떻게 학생들의 진로를 도와야 하는지에 대한 구체적인 내용을 알려준다. 나는 모든 교사는 '진로 교사화(化)'가 되어야 실제적 교육이 가능하다고 생각한다. 《대한민국 미래교육 콘서트》는 교사들의 진로 바이블이 될 만큼 매우 의미 있게 집필되었다. 진로교육을 연구하고 정책을 구상하는 나의 입장에서도 든든한 책이다.

**이지연(한국진로교육학회 회장, 한국직업능력개발원 선임연구위원)**

이 책은 인생의 큰 방향을 정해야 하는 청소년들에게 기성세대가 줄 수 있는 '어른의 교육'에 대해 진솔하게 얘기한다. 진정 무엇이 중요한지를 알려주는 교육서로서 많은 분의 사랑을 받으리라 생각된다. 가정과 사회가 교육의 주체로 세워지고, 사람 중심의 미래교육을 통해 청소년들이 삶의 주체로 우뚝 서기를 바라는 흐뭇한 마음으로 이 책을 추천한다.

**김성묵(두란노 아버지학교 이사장)**

근장현 선생님은 우리나라 진로교육 발전에 정성을 들이는 교육전문가다. 이 책은 그간 학생들의 진로와 진학을 상담하면서 얻은 경험과 지혜를 공유하고 있다. 미래직업 세계의 모습을 제시하는 것은 물론 현재 우리의 교육문제점을 짚고 대안도 구체적으로 제안한다. 무엇보다 UN 아동권리위원회에 제출된 〈한국아동보고서〉를 작성한 류조는 학생이 한 이 말에 힘을 실어주고 싶다. "세상은 넓고 가야 할 길은 다양합니다. 어른들의 역할은 우리 아동들이 하고 싶고, 잘하는 일을 할 수 있도록 지원해주시는 일입니다." 학생들의 간절한 요구에 대한 해결을 위해 교사, 학부모, 나아가 교육정책수립 담당자 등 관련된 우리 모두가 이 책을 통해 답을 찾아갔으면 한다. 교육혁신이 강하게 요구되는 지금 시점에서 우리들에게 선사하는 미래교육을 위한 '선물과도 같은 책'이라는 마음으로 추천한다.

**박정근(전국진로진학상담교사협의회 회장)**

"선생님! 4차 산업혁명시대에 맞는 진로방향은 어떤 것일까요?"라는 학생들 질문에 함께 답을 찾아가는 진로교사의 고민과 실천이 담겨 있는 실천적 교육서다. 미래교육은 물론 끊임없이 다가오는 세상에 대한 담론이 넘쳐나는 시대에 부모로서, 학생으로서, 현장의 교사로서 어떻게 준비하고 열어가야 하는지 이정표를 제시해주고 있다.

진로를 안내하는 교사와 사랑으로 자녀를 품고 있는 가정에서 잘 활용되어 다음 세대가 더욱 행복하고 풍성한 미래를 살아가기를 바라는 마음이다.

**이인숙(경기도교육청 장학관, 국가교육회의 장학관)**

# 참고도서 · 참고문헌

《앨빈 토플러 부의 미래》앨빈 토플러, 청림

《블렌디드》마이클 혼·헤터 스테이커, 에듀니티

《나는 대한민국의 교사다》조벽, 해냄

《4차 산업혁명, 교육이 희망이다》류태호, 경희대학교출판문화원

《미래의 교육, 올린》조봉수, 스리체어스

《어댑티브 리더십1》로널드 A. 하이페츠 외 2명, 슬로워크

《그릿 GRIT》엔절라 더크워스, 비즈니스북스

《한 권으로 끝내는 상속의 모든 것》서건석, 라온북

《회복탄력성》김주환, 위즈덤하우스

《토마스 고든의 교사역할훈련 실천 가이드》Chie Kondo, GTI 코리아

《와일드 하트》존 엘드리지, 포이에마

《교사의 배움》사토 마나부 · 한국배움의공동체연구회, 에듀니티

《서울대에서는 누가 A⁺를 받는가》이혜정, 다산에듀

《꿈 너머 꿈》고도원, 나무생각

《노는 만큼 성공한다》 김정운, 21세기북스

《스탠퍼드 대학의 디자인 씽킹 강의 노트》 리팅이, 스신위, 황즈옌, 황칭웨이, 인서트

《4차 산업혁명과 미래 직업》 이종호, 북카라반

《아이를 변화시키는 유태인 부모의 대화법》 문서영, 책읽는달


〈경기미래교육 비전과 전략 연구〉 김기수 외 7명, 경기도교육연구원, 2018. 3

〈혁신미래교육의 방향과 내용에 관한 연구〉 성열관 외 6명, 서울특별시교육청, 2015. 2

〈미래학교 체제연구 : 학습자 주도성을 중심으로〉 조윤정 외 4명, 경기도교육연구원, 2017. 4

# 자료 제공

p.34 도표 자료. 〈중앙일보〉 2018. 4. 5

p.80 사진. 넷마블

p.82 사진. 박예나 - 육육걸즈 대표

p.83 사진. 이수진 - 야놀자 총괄대표

p.105 설문조사 자료. 취업포털 - 인크루트

p.106 자료. 취업포털 - 인크루트

p.133 기사. 〈중앙일보〉 2018. 4. 5

p.135 자료. 〈인공지능에 의한 일자리 위험 진단〉 LG경제연구원

p.162 인터뷰 기사. 〈매일경제〉 2017. 6. 25

p.183 도표 자료. 이혜정

p.206 글. 한국공익광고협의회

p.234 가사, 간디학교

p.269 사진. 건축사진가 남궁선

# 대한민국 미래교육 콘서트

초판 1쇄 발행 2019년 8월 26일

지은이    근장현
펴낸이    김현숙 김현정
펴낸곳    공명
출판등록  2011년 10월 4일 제25100-2012-000039호
주소      03925 서울시 마포구 월드컵북로 402, KGIT센터 9층 925A호
전화      02-3153-1378 | 팩스  02-3153-1377
이메일    gongmyoung@hanmail.net
블로그    http://blog.naver.com/gongmyoung1

ISBN 978-89-97870-37-0 (03370)